U0117543

陳福成著

陳福成著作全編

第八十冊　新領導與管理實務

文史哲出版社印行

國家圖書館出版品預行編目資料

陳福成著作全編 / 陳福成著. -- 初版. --臺北
市：文史哲,民 104.08
頁： 公分
ISBN 978-986-314-266-9（全套：平裝）

848.6　　　　104013035

陳福成著作全編

第八十冊　新領導與管理實務

著　者：陳　福　成
出版者：文　史　哲　出　版　社
http://www.lapen.com.tw
登記證字號：行政院新聞局版臺業字五三三七號
發行人：彭　正　雄
發行所：文　史　哲　出　版　社
印刷者：文　史　哲　出　版　社
臺北市羅斯福路一段七十二巷四號
郵政劃撥帳號：一六一八〇一七五
電話886-2-23511028・傳真886-2-23965656

全 80 冊定價新臺幣 36,800 元

二〇一五年（民一〇四）八月初版

著財權所有・侵權者必究
ISBN 978-986-314-266-9　08981

陳福成著作全編總目

壹、兩岸關係

①決戰閏八月
②防衛大台灣
③解開兩岸十大弔詭
④大陸政策與兩岸關係

貳、國家安全

⑤國家安全與情治機關的弔詭
⑥國家安全與戰略關係
⑦國家安全論壇。

參、中國學四部曲

⑧中國歷代戰爭新詮
⑨中國近代黨派發展研究新詮
⑩中國政治思想新詮
⑪中國四大兵法家新詮：孫子、吳起、孫臏、孔明

肆、歷史、人類、文化、宗教、會黨

⑫神劍與屠刀
⑬中國神譜
⑭天帝教的中華文化意涵
⑮奴婢妾匪到革命家之路：復興廣播電台謝雪紅訪講錄
⑯洪門、青幫與哥老會研究

伍、詩〈現代詩、傳統詩〉、文學

⑰幻夢花開一江山
⑱赤縣行腳・神州心旅
⑲「外公」與「外婆」的詩
⑳尋找一座山
㉑春秋記實
㉒性情世界
㉓春秋詩選
㉔八方風雲性情世界
㉕古晟的誕生
㉖把腳印典藏在雲端
㉗從魯迅文學醫人魂救國魂說起
㉘六十後詩雜記詩集

陸、現代詩（詩人、詩社）研究

㉙三月詩會研究
㉚我們的春秋大業：三月詩會二十年別集
㉛中國當代平民詩人王學忠
㉜讀詩稗記
㉝嚴謹與浪漫之間
㉞一信詩學研究：解剖一隻九頭詩鵠
㉟囚徒
㊱胡爾泰現代詩臆說
㊲王學忠籲天詩錄

柒、春秋典型人物研究、遊記

㊳山西芮城劉焦智「鳳梅人」報研究
㊴在「鳳梅人」小橋上

總序：陳福成的一部文史哲政兵千秋事業

陳福成先生，祖籍四川成都，一九五二年出生在台灣省台中縣。筆名古晟、藍天、司馬千、鄉下人等，皈依法名：本肇居士。一生除軍職外，以絕大多數時間投入寫作，範圍包括詩歌、小說、政治（兩岸關係、國際關係）、歷史、文化、宗教、哲學、兵學（國防、軍事、戰爭、兵法），及教育部審定之大學、專科（三專、五專）、高中（職）等各級學校國防通識（軍訓課本）十二冊。以上總計近百部著作，目前尚未出版者尚約二十部。

我的戶籍資料上寫著祖籍四川成都，小時候也在軍眷長大，初中畢業(民57年6月)，投考陸軍官校預備班十三期，三年後（民60）直升陸軍官校正期班四十四期，民國六十四年八月畢業，隨即分發野戰部隊服役，到民國八十三年四月轉台灣大學軍訓教官。到民國八十八年二月，我以台大夜間部（兼文學院）主任教官退休（伍），進入全職寫作高峰期。

我年青時代也曾好奇問老爸：「我們家到底有沒有家譜？」

他說：「當然有。」他肯定說，停一下又說：「三十八年逃命都來不及了，現在有個鬼啦！」

兩岸開放前他老人家就走了，開放後經很多連繫和尋找，真的連鬼都沒有了，茫茫無垠的「四川北門」，早已人事全非了。

但我的母系家譜卻很清楚，母親陳蕊是台中縣龍井鄉人。她的先祖其實來台不算太久，按家譜記載，到我陳福成才不過第五代，大陸原籍福建省泉州府同安縣六都施盤鄉馬巷。

第一代祖陳添丁、妣黃媽名申氏。從原籍移居台灣島台中州大甲郡龍井庄龍目井字水裡社三十六番地，移台時間不詳。陳添丁生於清道光二十年（庚子，一八四〇年）六月十二日，卒於民國四年（一九一五年），葬於水裡社共同墓地，坐北向南，他有二個兒子，長子昌，次子標。

第二代祖陳昌（我外曾祖父），生於清同治五年（丙寅，一八六六年）九月十四日，卒於民國廿六年（昭和十二年）四月二十二日，葬在水裡社共同墓地，坐東南向西北。陳昌娶蔡匏，育有四子，長子平、次子豬、三子波、四子萬芳。

第三代祖陳平（我外祖父），生於清光緒十七年（辛卯，一八九一年）九月二十五日，卒於（年略記）二月十三日。陳平娶彭宜（我外祖母），生光緒二十二年（丙申，一八九六年）六月十二日，卒於民國五十六年十二月十六日。他們育有一子五女，長子陳火，長女陳變、次女陳燕、三女陳蕊、四女陳品、五女陳鶯。

以上到我母親陳蕊是第四代，到筆者陳福成是第五代，與我同是第五代的表兄弟姊妹共三十二人，目前大約半數仍在就職中，半數已退休。

寫作是我一輩子的興趣，一個職業軍人怎會變成以寫作為一生志業，在我的幾本著作都詳述（如《迷航記》、《台大教官興衰錄》、《五十不惑》等」。我從軍校大學時代開始寫，從台大主任教官退休後，全力排除無謂應酬，更全力全心的寫（不含為教育部編著的大學、高中職《國防通識》十餘冊）。我把《陳福成著作全編》略為分類暨編目如下：

壹、兩岸關係

①《決戰閏八月》②《防衛大台灣》③《解開兩岸十大弔詭》④《大陸政策與兩岸關係》。

貳、國家安全

⑤《國家安全與情治機關的弔詭》⑥《國家安全與戰略關係》⑦《國家安全論壇》。

參、中國學四部曲

⑧《中國歷代戰爭新詮》⑨《中國近代黨派發展研究新詮》⑩《中國政治思想新詮》⑪《中國四大兵法家新詮：孫子、吳起、孫臏、孔明》。

肆、歷史、人類、文化、宗教、會黨

⑫《神劍與屠刀》⑬《中國神譜》⑭《天帝教的中華文化意涵》⑮《奴婢妾匪到革命家之路：復興廣播電台謝雪紅訪講錄》⑯《洪門、青幫與哥老會研究》。

伍、詩〈現代詩、傳統詩〉、文學

⑰《幻夢花開一江山》⑱《赤縣行腳・神州心旅》⑲《「外公」與「外婆」的詩》、⑳《尋找一座山》㉑《春秋記實》㉒《性情世界》㉓《春秋詩選》㉔《八方風雲性情世界》㉕《古晟的誕生》㉖《把腳印典藏在雲端》㉗《從魯迅文學醫人魂救國魂說起》㉘《60後詩雜記詩集》。

陸、現代詩（詩人、詩社）研究

㉙《三月詩會研究》㉚《我們的春秋大業：三月詩會二十年別集》㉛《中國當代平民詩人王學忠》㉜《讀詩稗記》㉝《嚴謹與浪漫之間》㉞《一信詩學研究：解剖一隻九頭詩鵠》㉟《囚徒》㊱《胡爾泰現代詩臆說》㊲王學忠籲天詩錄。

柒、春秋典型人物研究、遊記

㊳《山西芮城劉焦智「鳳梅人」報研究》㊴《在「鳳梅人」小橋上》㊵《我所知道的孫大公》㊶《孫大公思想主張手稿》㊷《金秋六人行》㊸《漸凍勇士陳宏》。

捌、小說、翻譯小說

㊹《迷情・奇謀・輪迴》㊺《愛倫坡恐怖推理小說》。

玖、散文、論文、雜記、詩遊記、人生小品

㊻《一個軍校生的台大閒情》㊼《古道・秋風・瘦筆》㊽《頓悟學習》㊾《春秋正義》㊿《公主與王子的夢幻》(51)《洄游的鮭魚》(52)《男人和女人的情話真話》(53)《台灣邊陲之美》(54)《最自在的彩霞》(55)《梁又平事件後》。

拾、回憶錄體

(56)《五十不惑》(57)《我的革命檔案》

(58)《台大教官興衰錄》(59)《迷航記》(60)《最後一代書寫的身影》(61)《我這輩子幹了什麼好事》(62)《那些年我們是這樣寫情書的》(63)《那些年我們是這樣談戀愛的》(64)《台灣大學退休人員聯誼會第九屆理事長記實》。

拾壹、兵學、戰爭

(65)《孫子實戰經驗研究》(66)《第四波戰爭開山鼻祖賓拉登》。

拾貳、政治研究

67《政治學方法論概說》 68《西洋政治思想概述》 69《中國全民民主統一會北京行》 70《尋找理想國：中國式民主政治研究要綱》。

拾參、中國命運、喚醒國魂

71《大浩劫後：日本 311 天譴說》、《日本問題的終極處理》 72《台大逸仙學會》。

拾肆、地方誌、地區研究

73《台北公館台大地區考古・導覽》 74《台中開發史》 75《台北的前世今生》 76《台北公館地區開發史》。

拾伍、其他

77《英文單字研究》 78《與君賞玩天地寬》（別人評論） 79《非常傳銷學》 80《新領導與管理實務》。

我這樣的分類並非很確定，如《謝雪紅訪講錄》，是人物誌，但也是政治，更是歷史，說的更白，是兩岸永恆不變又難分難解的「本質性」問題。

以上這些作品大約可以概括在「中國學」範圍，如我在每本書扉頁所述，以「生長在台灣的中國人為榮」，以創作、鑽研「中國學」，貢獻所能和所學為自我實現的途徑，以宣揚中國春秋大義、中華文化和促進中國和平統一為今生志業，直到生命結束。我這樣的人生，似乎滿懷「文天祥、岳飛式的血性」。

抗戰時期，胡宗南將軍曾主持陸軍官校第七分校（在王曲），校中有兩幅對聯，一是「升官發財請走別路、貪生怕死莫入此門」，二是「鐵肩擔主義、血手寫文章」。前聯原在廣州黃埔，後聯乃胡將軍胸懷，「鐵肩擔主義」我沒機會，但「血手寫文章」的

「血性」俱在我各類著作詩文中。

人生無常，我到六十三歲之年，以對自己人生進行「總清算」的心態出版這套書。

回首前塵，我的人生大致分成兩個「生死」階段，第一個階段是「理想走向毀滅」，年齡從十五歲進軍校到四十三歲，離開野戰部隊前往台灣大學任職中校教官。第二個階段是「毀滅到救贖」，四十三歲以後的寫作人生。

「理想到毀滅」，我的人生全面瓦解、變質，險些遭到軍法審判，就算軍法不判我，我也幾乎要「自我毀滅」；而「毀滅到救贖」是到台大才得到的「新生命」，我積極寫作是從台大開始的，我常說「台大是我啟蒙的道場」有原因的。均可見《五十不惑》、《迷航記》等書。

我從年青立志要當一個「偉大的軍人」，為國家復興、統一做出貢獻，為中華民族的繁榮綿延盡個人最大之力，卻才起步就「死」在起跑點上，這是個人的悲劇和不智，正好也給讀者一個警示。人生絕不能在起跑點就走入「死巷」，切記！切記！讀者以我為鑒！在軍人以外的文學、史政有這套書的出版，也算是對國家民族社會有點貢獻，對自己的人生有了交待，這致少也算「起死回生」了！

順要一說的，我全部的著作都放棄個人著作權，成為兩岸中國人的共同文化財，而台北的文史哲出版有優先使用權和發行權。

這套書能順利出版，最大的功臣是我老友，文史哲出版社負責人彭正雄先生和他的夥伴們。彭先生對中華文化的傳播，對兩岸文化交流都有崇高的使命感，向他和夥伴致上最高謝意。

台北公館蟾蜍山萬盛草堂主人　陳福成　誌於二〇一四年五月榮獲第五十五屆中國文藝獎章文學創作獎前夕

目錄

CONTENTS

CONTENTS

CONTENTS

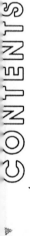

CONTENTS

自序

簡單的導讀

壹、吸取過去一萬年經驗，開創贏的先局

這是一個古老的問題，人類在一萬年前就有領導和管理的「模式」，且在實驗和精進中。

所以，雖已「過去」的後冷戰時代、工業革命，乃至久遠的傳統時代，有許多人們「領導、管理」的智慧精品，盡收在本書的「寶盒」中。在這個基礎上，邁向廿一世紀「新叢林時代」，開創贏的局面。大家切記，沒有過去就沒有現在，沒有現在就沒有未來，你不覺得嗎？

貳、近代領導與管理簡史

當世界局勢進入後冷戰時代，台灣社會也會隨之進入所謂「後資本主義」社會，從表面看似誰也管不動誰了，這時候還須要管理或領導這些東西嗎？答案是肯定的。

管理、領導並非現代社會的產物，人類數千年來就一直在實驗各種管理理論，推展

著管理實務，不斷革新管理方法。我們研究中國古代的宮庭組織，帝王權力結構，百官幕僚運作，或如長城的偉大建築等；再看看西洋古代的帝國統治，教會僧侶有關的職能編組和制度，或如金字塔的建造等都是陣容極為堅強而繁複的管理。此時期可稱為「極權式管理」或「威權領導」。

一五一三年「政治學之父」，馬基維利（Nicolo Machiavelli, 1469～1527）發表「王者論」，主張以堅強的領導，用霸術救亡圖存，領導者必須恩威並用，愛畏平衡。強調領袖權力源於底層，須建立「大眾共識」和培養「凝聚力」，以身作則等，他又倡導政教分離運動。他說：「如遭人民之憎恨，雖有金城湯池，也不足以保障王者的安全。」此後數百年間歐洲的王公貴族領導階層，受「王者論」極深的影響。此時期的管理雖仍極權，但已經開始以法為基礎了。至少是先用霸道，後用王道，極接近我國古代法家韓非的思想。

一八八五年以後「科學管理之父」，泰勒（Frederick W. Taylor）相繼發表「計件工資制度」、「工場管理」、「科學管理原理」等著作，管理乃向前邁進一個更高的境界。有名的管理四原則就是：

㈠工人工作的每一個要素，須發展成一套科學系統；以取代原有的經驗法則。
㈡用科學方法選用工人，實施教育訓練；以取代工人自選工作和自我訓練方式。
㈢各級管理人應與員工合作，以便工作進行更合乎科學原理。

㈣任何工作，管理者和員工負相等的分工責任，不可把責任都推給工人。

顯然泰勒的管理已經運用了民主科學，對工人已相當尊重。同時期另有一位科學管理專家甘特（**Henry L. Gantt**），他發明了一套「任務及獎金制度」，又在一九〇八年發表「訓練工人的工作與合作習慣」，一九一七年提出「甘特圖表」，他對人性的尊嚴已比泰勒更加重視，更強調管理階層的責任，多年後都被管理界一一認同。

一九一六年現代管理理論之父，費堯（**Henri Fayor**）發表「產業及一般管理」，討論管理五大要素——計劃、組織、指揮、協調、控制，並提出領導與管理十四原則。

㈠分工：透過專業分工，可以提高效率。
㈡職權與責任：保持對等。
㈢紀律：其建立來自領導者。
㈣統一指揮：不僅是「原則」，更是「定律」。
㈤統一管理：相同目標的各種作業，僅有一位經理人，僅有一套完整的計劃。
㈥圖體內個人利益，應在群體利益之下。
㈦酬勞：待遇完全公平，外加少數績優獎。
㈧集體化制度：提高集體化程度，但勿有害成員。
㈨領導與組織架構安排：各層級的層次必須維護，跳板原則可以靈活運用，求溝通迅速。

(十)秩序：一切人、事，必須各有「定位」。

(十一)公正：合情加上合理，就是公正。

(十二)安定：在一個團體內長期服務以獲取安定。

(十三)進取心：執行並完成工作的動力。

(十四)團隊精神：永遠要不斷培養和激勵。

一九四三年歐威堯（Lyndall F. Urwick）發表「管理要素」一書，乃泰勒以後各學說之集大成，此後「管理」成為一門專業學問，愈被人重視。

一九五四年，管理學大師彼得杜拉克（Peter Drucker, 1909～2005），提出「管理實務」（practice of Management），之後一九六四年有「成果管理」、一九八〇年的「在動亂時代中管理」，以及再後的「創新與創業精神」等。杜拉克被譽為「現代管理學之父」、「當代最歷久不衰的管理學思想家」、「大師中的大師」。他預測「下一個社會」，正像本書所描述，「新叢林時代」來臨了，要如何的領導？又要如何管理？

以上是一則簡單的「管理發展史」，但領導至今並未被視為一門專業學問，這是否說明管理的層次高於領導，或是管理比領導來的重要呢？確實不是。一個團體執行任務的成敗，目標是否達成。通常我們總要追究是否「管理得當，領導有方」？很難歸功或歸過於單純的某一方面。所以在本書的研究裡，把管理和領導視為相輔相乘的一樣東西，二者不能分開運用，必相合相乘而成事。

參、叢林新時代，開創新贏局面

但「時代在變，潮流在變」，傳統那套管理與領導原則在「現代主義」時代實驗過數百年，到了現在所謂「後現代」時代，似乎有許多不太管用，如紀律、酬勞、秩序、安定團隊精神及統一管理等，在許多人眼中視為「封建、落伍」，必須加以突破，甚至推翻，尤其純中國人的社會裡，在大陸面臨共產主義即將轉型，新秩序正在建立；而在台灣，統獨之爭使民主、法治、秩序、人倫、道德等全部投降，出現了一個叢林新時代。就全球環境言，似又回到「無法無天」的叢林時代。

這是一個「新叢林時代」，以進化論為核心價值的資本主義社會，像一隻超大暴龍般，想要吃下全球，商場仍如戰場、權謀、鬥爭和收買是各領域領導和管理的重要手段，只要贏，只要有大賺，只要能拿下版圖，便能不擇一切手段，甚至作弊、作假都可以，公元二〇〇四年台灣大選中的「319槍擊案」，是一個幾近完美的「典範」。違法、作弊在台灣社會還有誰關心？大家只關心誰贏了！各行各業都在「拷貝」。複製些甚麼？大家在「拷貝」公元二〇〇四年的「319案」，看要使出甚麼「手段」（含陰詐、不法），才能謀奪大位（包含各行的領導人、經管權等）。而有更多民間企業的領導人或經管者，他們心中正在想甚麼？很顯然的，他們正在兩岸之間「選邊站」，而絕大多數選擇前進中國，這雖是一種「市場」考量，但在某種意義上，他們也在唾棄台獨，對中國統一政策的支持。鴻海的郭台銘大手筆投資山西，佈局全中國十六個基地，而統一、旺旺等企業，老早「大膽西進」，入主中國。

經營之神王永慶先生在二〇〇二年五月十八日就講過「台灣大陸是一國，大家都是中國人。」奇美企業的許文龍由「獨」轉向「統」，都是有名的例子。

以上的現象和實例說明甚麼？說明了一個極簡單的道理，在中國搞領導、搞管理，絕對要思考統獨問題，且要唾棄分離主義思想，事業才能做的大。試想，你的事業體中存有台獨份子，你如何領導？

不僅如此，各行各業的領導人、管理者，所要面對的台灣社會環境，是一個道德淪喪與無法無天的環境，總統大選公然作弊，漢奸公然橫行，「三師」唯利是圖，睜眼說瞎話的公然為罪惡辯護的律師，到處虎豹豺狼走狗，而人們視為當然，這一切的因，都從台獨而起，為罪惡之首，當首惡被合理化後，一切的罪惡都合理了。竊國者無罪，竊財偷盜、偷人者，何罪之有？

然而，企業仍得經營下去，領導人要如何在這「無法無天」的社會，做他的領導和管理工作呢？兵法上的思維一定要有的，孫子兵法開宗明義說：

道者，令民與上同意，可與之死，可與之生。

天者，陰陽、寒暑、時制也。

地者，遠近、險易、廣狹、死生也。

將者，智、信、仁、勇，嚴也。

法者，曲制、官道、主用也。

凡此五者，將莫不聞，知之者勝，不知者不勝。

這裡面包含領導與管理的主客觀因素在內，但亦不表示這些兵法上的原理原則，可以無往不利的用在現代社會，蓋「科學」管理已非萬能，傳統的領導統御也吃不開了，有更多的「變數」要納入領導與管理範疇內，加以考量或變通運用，才能適用在現代社會的各類團體，如公司、工廠、政府機關、軍隊、學校，甚至監獄、煙毒勒戒所、中途之家、慈善機構或各種基金會。

孫子兵法開宗明義雖講些「智信仁勇嚴」的本質面，但其他篇章也強調「上兵伐謀」、「兵以詐立」、「兵者詭道」的觀念。由此觀之，台灣獨派用作弊、不法手段，設計「319槍擊案」奪取大位，企業家用非法手段前（錢）進中國，卻不能過度苛責嘛！他們只不過想贏，只不過想要奪個大位，謀些利益而已！不管過程手段如何？最後贏了

「319」作弊又怎？

本書曾是冷戰時代國軍軍事著作金像獎的得獎作品，那個時代國民黨治國，領導與管理專講些「禮義廉恥、仁義道德」的聖人風格，社會一片詳和，誰知道後來台獨奪權成功，「319案」讓大家眼睛一亮，除了仁義道德外，有時需要一些「無恥」的手段才能成大業，那些成大功立大業的領袖人物，那個不是如此？叢林競爭便是如此，這是我要告訴讀者的「新叢林觀」。

肆、台灣異形叢林、新思維與本書架構

中國歷史上各朝各代雖有分合，也有很多悲慘的時代，但絕無如今日台灣這些獨派人馬搞出來的「異形社會」。我們身處這樣的異形社會，要生活，要打拼，要做事業，領導管理當如何？

為適應新叢林環境，適應多變的大社會環境須要，並能兼用於「後現代」的變局，適用於更多變數，讓「領導與管理」帶您走向成功之路。本書經多次修訂才定稿。計有新時代的領導工作、良好的領導關係、員工情緒掌握與調適、內部溝通、輔導、教育訓練、激勵士氣、兵法上的知人用人、特定人員管理、公共關係、知彼及知己之道、堅持成功決心等重要章節，全書十五章，六十六節，約十七萬餘言。每章之後列有問題討論為該

章重點，並能啟發新的理念，提供問題思考之方向，閱讀時不可錯過，最後本書總結，把領導與管理歸納成十個簡單的條文，方便記憶觀察，或做為逐條檢討之用。

本書的基本思維放在「人與環境」的互動關係，在環境上強調在台灣社會的本質，為「移民社會、殖民社會、篡竊社會」，社會型態回到「叢林時代」，仁義道德和廉恥之心流失，身為領導人或管理者，光講些「溫良恭儉讓」等仁義道德，不僅成不了氣候，最後也會失了江山。台灣社會不是一個「常態社會」，做事業、做生意的台灣人要先有這層認知。

有了這層認知，才會做正確的選擇（如奇美許文龍的選擇），做領導管理的工作，才會有「上兵伐謀、兵以詐立」的思維。做生意打拼如打仗，大贏大賺是唯一的最高目的。也許你質疑作弊好嗎？我倒要問你「戰爭不能作弊嗎？」

不是說「商場如戰場嗎？」。總的來說，「新領導與管理實務：新叢林時代領袖群倫的政治智慧」，是政治學、經濟學、謀略學和心理學等，融於領導管理之中，是「人學」，或稱「英雄爭霸兵學」。

本書出版之年，正是吾國辦世界奧運之際，這是千年盛事，更是產業大機會。盼本書對我國生意人有用有利。

公元二〇〇七年春在台北萬盛山莊福盧

陳福成

請你思考幾個問題：

一、自從二〇〇四年「319案」後，台灣社會進入一個「無法無天」的「新叢林競爭」時代，但公司行號還是得開下去，傳統那套領導與管理哲學是否失靈了？

二、若然，你所面對的，已經不是一個「常態社會」，但仍想好好打拼，領袖群倫，本書觀念給你甚麼啟示？

三、事實上不僅是台灣，由於以進化論為核心價值的資本主義，極可能「吃」下全球，全世界都將趨向「M型社會」，這是一個「新叢林競爭時代」，身為領導人或經營者，或即將進入「戰場」的新手，你要小心了！你還想「進場」嗎？或乾脆退場回家算了?!

四、二〇〇四年三月十九日你競爭董事長大位，因對手「偷吃步」而敗落，二〇〇八年你打算再出嗎，你的軍師打算做一點「手腳」（當然不合法，但保證無從調查），必然贏取大位，你幹或不幹？原因何在？

五、這裡所提到的資本主義社會、進化論，M型社會，你了解多少？這可是正要面臨的社會型態，你知道嗎？

1 Chapter

合乎新時代的領導工作

第一節 新的領導涵義

在前面導談讀的夠清楚了，我們正面臨一個新時代，全球資本主義洪流，大陸的改革開放變數，台灣篡竊社會的形成。在這無法無天的社會，領導與管理還是從基礎說起。

「領導」是一種影響他人的過程，能促使部屬熱心及信心去工作，導使他人努力達成特定之目標。世界上自有人類以來就有了領導關係的存在，一個體壯如牛的人帶著一群人去打野獸當食物，就是領導。到初民社會組織中，領導者本身就有一種類似神權的絕對統治力量，人類在這種社會裡渡過數千年。早期的宗教運動，信徒都是追隨他們的宗教領袖，如摩西、耶蘇、墨罕默德等，或如若干帝王將相都是偉大的領導者，甚麼因素讓人願意追隨？十八世紀民主革命後，領導觀念逐漸民主化，開始由個人權利基礎，轉變成領導者與被領導者之間的互動關係。近代由於社會型態日趨複雜，六十年代美國權威管理學者杜拉克（Peter Drucker）首先高呼：世界正面臨「斷絕的時代」，因為進步與變革速度太快，將使歷史斷線，社會脫節，前後都連不起來，亂了。杜拉克提醒大家，管理方法要大幅度改變了。

本來嘛！「春秋時代」的理念，用在「戰國時代」就不通了，台灣在民國七十年代前後，朝野領袖大聲疾呼社會轉型，犯罪增加，人際關係淡漠，爆發富心態等，到了廿一世紀的現在，我們已經面臨一個家庭、社會、倫理、道德等價值全面崩解的時代，已是擺在眼前的事實。台灣社會的公平正義早因「319案」而消失，那些殺人、強盜、性侵、虐童者，沒有幾人受到法律制裁，大多交保或無罪開釋了。不法作弊、篡竊謀奪大位者，在上吃香喝辣，各行各業都想「拷貝」。

現在我們應該知道身處甚麼時代，領導除了應該更講求民主，更科學、理性、合情、合理、合法、技巧、藝術、應變等，另外更聰明、智慧、謀權及誘之以利。有時更要玩些暗算、篡奪、用計、偷吃步、暴力革命或戰爭遊戲，非如此不足以當一個現代新叢林中的領導者或管理者，這就是新的領導觀念。現在許多學者主張應從大環境的反應，來觀察領導及其功能，即領導作用是多向互動的過程。故現代社會對「領導」應有新的涵義或理念：

一、領導是設法啟發被領導人的天賦智慧和學習能力，端正其觀念，使他跟我學；誘導其行為，使他跟我做。培養其責任心與榮譽感，進而建立共同意見與向心力，達成共同目標。

二、領導是利用一切可能的方法（含感情的、權力的和理智的），使被領導人心服口服，而自願為我犧牲奮鬥。若是感情的，或有「士為知己者死」，否則，用權力操作，用利益套牢，也可以領袖群倫。或以一種勢力，趨而東，趨而西，莫敢不從者。

三、領導係指一種能使各種不同角色的人共同合作，以達成其所意圖的目標之活動。換言之，是能集合統一「三教九流」的人，達成特定之目的。眾人之所以願意團結努力，必以「利」動，有利可圖。

四、領導為運用心理學的原理原則，誘導別人行為的技巧；運用科學方法，掌握群眾心理，以駕馭群眾，使一盤散沙成為一個堅強的結合體，產生力量，完成某一特定任務之藝術。人跑不了存在最原始的基因本能，如何用方法去「策動」這種本能，完成所要使命。

五、領導是運用自己的意志、威勢、能力、金錢等各種藝術與條件，來獲得他人的服從、尊敬、信仰與忠誠合作，而達成共同之任務。而他人為何願意合作或服從，也必以「利」動，有利可圖。

六、領導是人際關係相互的影響，在各種環境中，進行相互間的了解溝通，以使工作順利完成。人際關係的重點和方法，不外「拉關係套交情」，不斷「創造關係」。所以，人際關係是科學，也是藝術，立法院院長王金平和一些外交官，屬這型領導風格。

七、領導就是以服務的方法來為全體員工幹部謀福利。這種服務的領導方法是不易力行的，通常宗教家如星雲大師、證嚴法師等，屬這種風格。你看，這些「貧僧、貧尼」，富可敵國。

八、領導就是給他人做榜樣，並促進成員間的分工合作。即要給他人做榜樣，就得以身作則、形像是很重要的，絕對不能到「形像破產」（如陳水扁）。若如阿扁，也無所謂，可用權力領導。

九、不論從商、從政、從軍事等各個角度來看，領導不但是科學技術，也是「真善美」的藝術。所以，領導是一門天大的學問。能使「士為知己者死」，也可能眾叛親離。

根據「青年領導概念及領導能力調查研究」顯示，台灣地區大專青年對領導涵義的看法，他們認為領導是一種藝術，領導是透過組織以達成團體的共同目標，是做決定及督導決定的執行，是促進成員間的分工合作、溝通、與互動，但不是指揮他人來滿足個人的支配慾。這屬於非常傳統的領導觀，用於很正常的社會，有倫理秩序的社會，用於像台灣目前這種變態、篡竊橫行的社會就不行了，至少也就說出基本道理。

該項研究調查由救國團總團部委託周震歐、鄭心雄、廖榮利等三位教授共同設計實施，並聘簡瑜琴、陳家聲二位研究助理。自六十五年一月開始進行，對象為國內大專學生，目的之一是瞭解我國大專院校青年學生對領導的概念及領導能力的認識。

故領導是用自己智慧感情能力去影響所屬，完成目標的一種活動，此種活動是一種互動的歷程，其中領袖影響成員、成員亦影響領袖，其作用在達成領導人或者團體的目的。領導者除須隨時講求領導方法，勿使產生副作用，導致負面影響或反效果，最好能透過各種溝通管道，正確獲得員工部屬的心理反映，做為隨時修正領導作風的依據。

總之，當二〇〇四年「319案」後，台灣社會的本質從「移民社會」、「殖民社會」再度質變成「篡竊社會」，分離主義的社會，這種社會是一種「無法無天」的社會，人人心存「雷公仔點心」，陳水扁和身邊那群人都是「典範人物」。在這種社會，身為領導管理者，光是高舉仁愛、公正、情理、廉恥、合作等精神，都是不足的。必須深入人性之弱點、優點、基本需要、誘之以利、收買、作弊、作假、設計等操作，才有贏的機會。「319 案」若無此種思維，便設計不出來，便拿不到大位江山。不是說商場如戰場嗎？打仗不能作弊嗎？

此外，更須要有兵法「上兵伐謀」、「兵以詐立」（如三十六計思維）素養，才能成為立於不敗之地的領袖人物，領袖群倫，管理領導你的集團，創造大事業。如鴻海集團的郭台銘說：「爭權奪利是好漢、開疆闢土真英雄」，大有為的領導者當如此，總的來說，新的領導與管理概念，是政治學、經濟學、管理學和心理學，也是「人學」，或英雄爭霸之「兵學」。

第二節　領導必須要有的基礎

由於時代進步，分工細密，人們對領導的研究，範圍則更加廣闊。至少在政治上，企業上，心理學上及國家社會等各種立場上，觀點就有諸多不同。

不論那一種觀點的領導，均有共同之處，那就是都認為領導乃是一種具有影響力的行為。換言之，某些人所以成為領導者，是他在影響別人上俱有特殊的魔力。這種魔力就是一種領導能力，並且存在於五種基礎上：

一、於法有據：

在法治國家或在有紀律的社會中，所有人的行為都在法的範圍內。員工部屬一方面為了工作利益，二方面為了自身發展，他們在共同法定或制度之下，服從主管的領導。法律是一個基本面，也是一個最後防線，這是「常態」下「表面工夫」。

於法有據的作用在鞏固資源和權位，有了這些談領導和管理，才有人理你，有人願意效命，無敢質疑者，做事才方便。現在台灣人民有一半以上不接受民進黨政府領導，因為大家認為「319」是作弊，是違法的，你幹總經理如果這樣，還幹的下去嗎？

二、情份交流：

在領導行為中，若全部「依法行使」有時是行不通的。人終是感情動物，屬下的感受與團體發生共鳴，願望與個人情份和領導者結合成一體，自認屬於團體的一份子。自然會接受領導，甚有無條件接受領導者，人之微妙亦在此。從一萬年前的人類社會，到現在以至再一萬年後，領導者和被領導者要有情感交流，這是必須有的基礎內涵。

於法有據也常影響到情份交流的感覺，如台灣現在藍綠陣營，綠營作弊違法吃相又難看，兩陣營人馬不可能有情份交流。朋友都翻臉了，你的公司是否先「清一清」，再談經營。

三、知識能力：

領導者具有特殊專門的能力學問，用以領導部屬，而部屬也願意向上學習，充實自己，準備迎接高昇之機會。反之，若智識能力經驗不如人，則領導基礎必然相當脆弱。但若有很高的人格風範，雖知識能力弱，仍可維持很好的領導基礎。

四、適當懲罰：

領導者為了維護工廠公司之本身利益，或為維護制度規則之尊嚴，對任務執行不力和違紀者給於懲罰的權力。此種懲罰通常須顧及「情理法」三方面的適度，使能獲得群眾的支持，領導基礎必能愈形堅固。

五、財物獎勵

領導者為了提高士氣，宣慰勞工，改善關係，獎勵人才等因素，所使用之一種權利。「利」也是一種最大誘因，使人願意全力以赴。錢財是使人可以全力打拼最大的「餌」，所以說「鳥為食亡、人為財死」，又說「殺頭生意有人幹、虧本生意沒人幹」，搞領導、搞管理、不能不懂這些道理。

所以，把錢財「放」出去，發出去，必有人為你拼命辦事；錢財緊抓住在手裡，雖留住了錢財，人才跑光光，無人願意助你，獨你一人成不了氣候。

在前述五種權利基礎，通常不能單獨使用，而須統合運用，才能強固基礎。如專注或偏重於某一種，忽略某一項，輕者影響效率和氣氛，重則動搖基礎，甚至群倫做消極頑抗，使領導工作不能進行，威脅任務之達成。

領導工作之必須在以上那些基礎，才能運作的方便，才能省時省力，同時在被領導者的立場言，才能心干情願的接受領導，不僅方便，也有利於任務之達成。在以上的五項基礎中，以「於法有據」最為重要，因為合法的事情才能得到支持；反之，不合法，就得不到支持，部屬可以不接受領導，歷史上有很多實例，公元二〇〇四年「319槍擊案」，獨派民進黨用不法手段，作弊取得政權，這是一種竊國行為，形同小偷，人民不僅不接受領導，且成為台灣亂源的開始，同理，如果你的總經理職位是作弊得來，你如何領導員工呢？

第三節　領導產生的功能

有時間、成本概念的人，做任何事一定要思考「功能」面，做一點有一點，若完全無功能便叫「白做工」，人生任何時候千萬不要白做工。

只要領導關係存在，必然會產生領導功能。高明而負責的領導者其功能必然顯著，成效必然輝煌。反之，則不彰。一般來說，領導可以產生下列功能：計劃、組織、協調、溝通、團結、指導、激勵、考核等。茲簡述如下：

一、計劃能周全：

計劃是現代管理之特色，良好的計劃往往是一切事務成功的基礎。「計劃」和「企劃」概念應區分，後者是創意的。

計劃又依據目標而訂，為行動之初步，用以完成預定的目標。計劃也要運用週密的統計和調查，經可靠的效益評估，其可行性才會愈高。針對計劃所做的調查和統計不可止於現況，必須考慮未來因素。任何人在執行工作前，都需有事先的考慮與準備，以便執行時有一定之步驟與程序。週詳的計劃甚至要考慮到應變、危機、季節變化，政府政策，國際局勢，未來發展等。但無論擬訂任何計劃與決定何種工作標準，則為領導者之主要任務。凡沒有計劃之事，多半要慘敗。

二、組織能靈活：

組織是建立企業內部人員和物質的系統，使業務得以順利推展，發揚光大。但組織必受內部穩定和外部發展適應，兩股力量不斷拉扯。

如何使團體中的人與物得到適當安排，時間與空間緊密配合，使人與物在時間上的速度及空間上的方向達到完整協調的地步，就非靠健全的組織不可。但由於組織本身為一死的結構，必須透過「人」之活動始能生效，人如不動，在週密的組織也如死蛇一般。組織宜簡單靈活，不可複雜僵化。尤其現代某些大企業，大者有數百單位數十萬人，如組織不能達到簡單靈活，則運作困難，層層管制，反為自身所害。企業組織如光靠上下的聯繫是不夠的，為了維持企業各平行機構間的合作，橫的連繫亦為重要原則之一。

國內學者對組織觀念也眾說紛紜，但綜合整理各家之說，也有組織十大原則，足為參考：

㈠明定個人職責，事權劃分清楚。
㈡權力與責任相稱，水漲船高。
㈢不盲目分配個人職責或調動職位。

(四)一個單位不受兩個以上主官指揮。
(五)不越權指揮。
(六)維護部屬自尊心。
(七)上下互相尊重既定之權責。
(八)部屬員工升遷獎懲由負責主管決定。
(九)執行與監督要劃分清楚。
(十)對負有考核責任的主管，給予必要協助。

三、協調能迅速：

這是把人與人之間的隔閡，團體與團體之間的立場衝突，圓滿化解，達成行動一致的技巧。在任何機構中必有人事、行政外務、內勤等各種不同部門，各部門在執行工作時，必有許多「意見」。這些意見如不能得到協調與溝通，必影響團體的團結。或由於利益競爭，獎懲升遷，作風衝突等，為了消除這種衝突，迅速協調便十分重要。現代科學又十分講求分工精細，同一團體中的各部門若相互獨立脫節，則這個團體無異四分五裂，一盤散沙。

在小的規模企業中要做好內部協調工作尚非難事，但在某些大企業中，往往很難作到完美。各級主管是操縱內部協調的靈魂人物，必須不斷試驗調整，使同一企業中的個人與團體通暢順利。論及協調的方法，除了組織系統外，就是會議、通報等。甚至辦理刊物，舉行會餐郊遊，都是控制協調的工具之一。

四、溝通能四通八達：

計劃一經批准或決定，即應貫徹執行，執行能否徹底，端賴協調效果如何？有否達到完全溝通。其前題是要人人拋棄本位主義，為全體利益著想。如果沒有良好的溝通，就不會徹底的執行，則再好的計劃也仍屬空中樓閣，不能發生絲毫的實效。溝通的潛在目的是要使各關係人對共同問題有相同的了解。故協調在謀求外部行動上之協同一致，溝通在求思想、觀念、理念、職業道德、經營哲學等內在的共同瞭解，兩者同樣重要。

有效之領導，需建立內部良好的溝通網路而貴在四通八達，使各成員與部門間有消除障礙之途徑，使分歧的意見趨於一致。更能以積極的態度發展有效之正式與非正式的溝通系統，而使全體成員相互信賴與了解，促進其工作效率。

五、團結能緊密：

通常領導的對象就是一群人的「群體」。如部隊、學校、工廠、公司等。欲使這一群體發生力量，則非團結不可，當是千古不變的鐵則。大多數內部不團結的營利機構，都是成員的利益沒有獲得合理分配，意見不能有效溝通所致。這些因素如果不能得到合理解決，就足以使內部造成分裂。要把一個組織內的許多小集團連結成一個堅強的實體，除團結外別無他途。未聞有某工廠內部人員只會為自己打算，四分五裂，老板成天吃喝，員工混日子，而能創造利潤者。

六、指導能有效：

指導是指導者對其部屬的指示、暗示、督策、考評、使其智能得以精進，有利於完成任務。廣義的說，指導也是教育的一種。惟指導部屬，不能全從權力行使與法律關係上著眼，而一味講求「權威慑服」或「下達命令」。更應著重於心理因素與人格的影響。因此欲求有效的指導部屬，確收領導的功效，須注意下列幾點：

㈠規定合理的工作進度，正確的程序以完成任務。
㈡鼓勵部屬在工作中，自我發揮創意。
㈢配合指導時實施經驗傳授，以增進其知識技能。
㈣指導時不必太主觀，更不可專制強求。
㈤考慮部屬的能力、學識、經驗分派其工作。
㈥指導全程要發揮愛心、耐心、關心，不可一味指責與叫罵。

(七)指導時僅提供原理原則，使部屬有自己計劃思考的餘地。
(八)指導者對該項工作必須了解，指導才能深入。
(九)指導要明確，不可朦朧不清，叫人左右為難，進退不是。

七、激勵士氣能不衰：

在領導的過程中，最能提高工作士氣與情緒的，大概就是激勵法則的運用了。甚至受到外界嚴厲挑戰，企業走到存亡關頭時，一帖「對症下藥」的激勵運用，馬上起死回生。當領導者面對部屬，應多理解其人性的各種層面，深入發現他的「需求」和「滿足」。只要掌握這兩種「人性的優點」，必能使「士為知己者用，士為知己者死」。最後目的是要用激勵法則，使每個人發揮其潛能，而與整個團體結合，實現共同目標。可以產生「激勵」的東西有金錢、財物、升遷、調動、利益、休假等。愈是好的利益，愈能產生更高的激勵。切記，激勵士氣不可忽冷忽熱，忽高忽低，而貴在不衰。

八、考核能公正公平：

考核的目的有兩個，一是獎優汰劣，再是檢討過去，策勵將來。考核有時候也是發現人才的重要途徑，由於目前工商業面臨強大的競爭，各種考核的方法不一而足，可謂千變萬化。

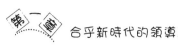

不過考核貴在公正公平，最忌偏私不公，否則小人得志，庸人當道，衰敗由此開始。

從以上的簡述，可知一個有力的領導人物一定要掌握計劃、組織、協調、溝通、團結、指導、激勵、考核等要件，才能加倍產生領導的正面功能；必須是雙向交流的領導，注重啟發和人格的領導，才能有完美的效果。須特別注意的是八種功能不分孰輕孰重，應一體統合運用。

現代領導與管理的功能，除前八項外，一九六〇年代開始重視「企劃」，九〇年代後成為「主要功能」。企劃類似「戰略」（Strategy），有長程構想，重點是「做些什麼」（What to do），而計畫重點是（how to do）。現代企業的共識是，「沒有企劃，就沒有企業」。

第四節　如何做好一個堅強的領導者

堅強的領導者手中必握有最多「資源」，包括位居金字塔的最高點，有可用的人力、物力、財力，他的品德、人格、信任也是資源，但通常智商不是最高的。

領導者不一定是智商最高的，也不必是全能人才，但卻有帶動群眾的能力，使周圍的人崇拜他，為他犧牲奮鬥，這就是領導才能；又能使員工產生工作興趣與慾望，這就是領導者的成功。這樣說尚不能詮釋一個了不起的領導者，餘如視野、願景、心胸、判斷等智慧，能用大錢網羅好人才都是。所以堅強的領導者有一套特殊的本領，有了這些本領，就能領導群倫。

一、領導者的工作，區分為四大類：

(一)預測：要高瞻遠矚，對未來的事要能看的遠、看的正確，並使所屬員工瞭解。

(1)先確定未來可能發生的問題，並逐項記下。

(2)針對問題收集資料，加以分析，再確定目標。

(3)根據目標，研擬處理辦法，絕不能用直覺和靈感下結論，必須採科學方法，才能訂立可行的計劃。

(4)運用現有的事實做分析依據，再找出有疑問的地方，用知識經驗及毅力做決定，這不是盲人騎瞎馬，而是經過統計比較後的安全冒險。

(二)籌劃：要使人、事、時、地、物產生最精密的組合，並發揮最大功效，達到企業目的：

(1)依據所擬定的目標，策定必須要完成的工作。

(2)選派最適宜人員擔任各項工作。

(3)決定何人在何時何地完成何項工作，並訂進度。

(4)明確劃分組織系統和權責，是分工合作達到最完美的境界。

(5)避免越級報告與越級指揮使員工為難。

(三)推動：徹底認認人和機器不同，機器通電就會動，人卻不然。

(1)滿足個人的慾望，是推動一個人去工作的第一步。

(2)給他尊敬和重視，當員工覺得他是機構的一份子時，而且很重要的一份子，他就不推自動了。

(3)一經發生員工情緒不佳，或士氣低落，立刻進行適當處理，以寬宏大量的態度消除不滿情緒。

(四)配合：要達成目標，必須控制和配合。

(1)明定工作手冊和工作範圍。

(2)說明工作方法和工作目標，要求工作水準。

(3)追蹤考核，公正嚴明。

(4)依據考核，進行獎懲。

二、領導者的責任雖千頭萬緒，可分兩類說明：

(一)對管理方面應負的責任：

(1)貫徹企業組織所有明定的管理政策。

(2)對上級決定必須服從，如有異議應以善意提出建議，未得採納，仍要服從原來命令。
(3)強調工廠規則和安全措施。
(4)維護企業資產，防止不必要之損失。
(5)加強員工部屬的教育訓練，發現人才。
(6)維持高水準的作業方式，達成生產目標。
(7)以身作則，做員工的兄長師友。
(8)對所有的工具機器善加保養，維持良好的使用狀態，減少意外事件發生。
(9)人力和時間講求經濟原則，避免浪費。
(10)培養團體榮譽觀念，鞏固團結。
(11)稽查工作的質與量。
(12)革新工作方法和管理。
(13)引進新的科技和管理技術。

(二)對員工部屬方面應負的責任。

(1)尊敬部屬為完整的人，即使一個工友也不要輕視他，你會得到更多友誼。
(2)對全體人員講解工廠規則，工作程序，獎懲事項，目標政策等。
(3)以身做則，帶動全體，是領袖，不是牧羊人。

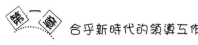

(4)對部屬的工作適切指導，要求他注意安全。
(5)指引屬員向上發展，並協助他。
(6)對屬員的獎勵要真誠不可輕浮。
(7)不要當眾批評部屬，或惡意漫罵。
(8)指派工作要依據他的能力，促其易於達成目標。
(9)發生重大問題，要勇於擔當，不要推到屬員身上，否則爾後在屬員心目中將是一毛不值。
(10)有了成就不要佔為己有，應與員工共享。
(11)對屬員的優良事蹟和進步情形詳細記載。
(12)對待每一個員工都要公平公正，並有愛心耐心。
(13)心平氣和接受屬員的抱怨和申訴，並要公平適切給予處理。

三、美國有部分社會心理學家，如柯雷奇等人把各種領袖的功能歸納為下列兩種：

(一)在團體目標的達成方面：

(1)團體計劃與政策的推行。
(2)團體行動的策劃。
(3)團體政策與方針的擬計。
(4)提供情報、知識和技巧。
(5)團體對外的代表。
(6)團體中其他成員的楷模。

(二)有關團體內部的協調方面：

(1)控制團體內部各種關係。
(2)賞功罰罪的實施。
(3)公平處理成員糾紛。
(4)代替部屬下達決定或擔任責任。
(5)思想、信仰及價值判斷的提供。
(6)部屬的「似父人物」，即父親的代替者。
(7)代罪羔羊。

四、領導者的特性：

另外根據哈佛企業管理顧問公司所出版，派卡德所著「企業之剖析」一書之研究，一個成功之主管必須要能夠貢獻自己，忠誠，能撐得住大場面，能玩一點心機，對工作能適當配合，勝任愉快之外，還有七種能力要具備：

㈠保持高度衝勁的能力。
㈡要有靈巧的掌握人群的能力。
㈢對特殊問題能隨機應變的能力。
㈣溝通與創意的能力。
㈤處理氣怒糾紛等要有客觀的能力。
㈥樂於組織和計劃的能力。
㈦培養信心的能力。

一個人如牢記著這些條文，並不能保證可以達致成功。但如果善加運用，把它奉為圭臬奉行不渝，至少不會使情況太壞，至少可以使失敗減少很多分。

五、在國內婦女界形像極佳的李鐘桂博士，在一次接受訪問時便發表了領導者的八大條件：

㈠基本的學識和才能。

㈡要有新的構想，並且富有創造能力。

㈢要思想縝密而且精密，對任何事情的考慮都要巨細靡遺，以免掛一漏萬。

㈣要能當機立斷，在重要的決策當口，做一正確而明智的抉擇，才能使同仁心服口服。

㈤要知人善任，要會用幹部，要會用好人，這一點很重要。因為人性本善，所以我們要用部屬的長處，而避免用他的短處，這樣做事才能發揮功能，也才會有助力，而沒有阻力。

㈥要有擔當，要有責任感，絕不可以有功則爭，有過則諉，因為成功是靠團體每一分子努力得來，應將功勞分享給大家。

㈦要有充沛的體力，而且精力旺盛，讓別人從外表上即能感覺到你的神采奕奕，活力永存，尤其自己在觀念上要確立以做事為樂，而不以此為苦。

㈧要勇於負責，也就是說，做任何事不要推、拖、拉，要儘可能在有限的時間之內做好；

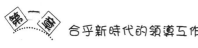

對事情亦不要加以排斥，不要怕負責任，正因為不要怕責任所以責任才會加重，一個領導人必須要攬事來做，而不能「無為而治」，這樣才能使單位進步、茁壯、發展。

李鐘桂特別提到女性主管在領導部屬時，除了要具備上面條件外，還有下列三個要件：

第一：她必須花更多的精神、思想和時間才能勝任愉快，也就是要付出相當代價才能有所收獲。

第二：她更要以身作則，這就是「身教重於言教」的表示。

第三：她必須公私分明，而且懂得分工合作，也能相當放心地授權給部屬。

可見女性要當一個好主管比男性困難，目前基層單位的女性職員可謂「一枝獨秀」，高級主管則仍然屈居下風，原因在此。更顯然，男女兩性要當好一個堅強的領導者，必需要具備高人一等的責任心，充分的條件、能力、特性，始能立於不敗之地。

六、論及最高階層領導者，如總裁、總經理、協理、處長等成員，其所負責任與使命，層次更高，通常如下：

㈠建立企業經營策略：包含經營方針、經營路線、經營理念、進取精神、風險承擔、未來計劃等。

㈡設訂企業主要政策：有下列數端，策略評估之動機，策略評估之回饋系統，策略評估之品質標準，策略評估之數量標準等。

㈢改變企業組織與結構：乃為企業未來發展和利益，而做更大的遠見及鼓勵，只要有利於企業發展，雖有風險或阻礙，也必須突破。

㈣高層管理人員之任用和選擇，如各級財務、行銷、製造、批發、消費、人事、行政等部門的經理或主任等。

㈤長期策劃與應變：包括㈠㈡㈢㈣各項的長期策劃，中期策劃，短期策劃及臨時應變計劃。

㈥大額資金支出與合約批准。

㈦負責主要合同談判。

㈧企業形像的塑造人和代表人。

㈨年度預算校准。

㈩協調與控制。

七、領袖　蔣公曾於「如何養成領導人才」訓詞中有明確的指示，認為養成領導人才的要件有：（別以為老總統落伍了，還很管用呢？）

要陶冶其有堅定的意志和正確的判斷能力；要養成其注重客觀的對象與彈性的思考：要養成領導者能考核人才與選優汰劣的能力；要充實其一般常識實習行政管理的方法；以及要注重其人格的修養及陶冶其忍辱耐苦的品性。關於領導者的條件，則有二十個項目：

(一)以身作則，忠於主義及革命。〈相同政治立場〉
(二)有高尚人格。〈取位以正〉
(三)有偉大學問。〈領導與管理的知識〉
(四)有宏達的大志願。〈大願景〉
(五)須對全部工作負起責任，並須領導得法。
(六)必須不斷研究與發展。
(七)必須善於運用幕僚能力。
(八)應抱定為國犧牲之決心。〈表態是老闆的人馬〉
(九)應有忍辱負重精神。
(十)要不愧對自己的部屬與群眾。
(十一)以父母之心待百姓。
(十二)應視部下如子弟。
(十三)要有與部下共患難同生死的精神。
(十四)要有大公無私的精神。
(十五)要有大無畏精神。
(十六)必須要有健全的幹部，並注意幹部訓練。

(七)要有知人之明和用人之法。
(八)必須懂得指揮的道理。
(九)要能貫徹命之。〈有執行力和達成目標能力〉
(十)並能追蹤命令貫徹後的效果。

儘管領導者必須要產生一些功能如計劃、組織、協調、溝通，或激勵、考核等，但「終極功能」是甚麼？也就是最後要得到甚麼？吾人稱之「領導目標」或「目標管理」好了。這是一個簡單思維，例如所有在野黨領袖的領導目標為何？只有一個「拿到大位」而已；所有執政黨領袖的領導目標又為何？也只有一個「鞏固大位」而已，而任何公司行號的領導人，其目標又為何？不外謀利（鞏固即有的），拿取未得者，都算謀利。

前面提到許多當一個堅強的領導者所具備的條件和特性，或必須負怎樣的責任和使命，要當好一個傑出的領袖實在不容易。台灣的中小企業有許多產品，如鞋、傘、腳踏車、網球拍等，產量曾是全世界第一；這些冠軍業都有一個強勁的領導者，如網球拍界的羅光男，以驚人的魄力見長；腳踏車界的劉金標，以精打細算，科學管理見長。還有王永慶、張忠謀、郭台銘等人，他們共同領導的特色，是面向挑戰，永不後退，永不服輸，永遠追求「第一」。以前是如此，廿一世紀也是，以後也不會改變，因為這種價值（原則）是有恆久性的，有高尚的人格，永遠會受人尊重。

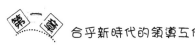

要「撐」起一個大事業，絕對須要一位了不起的領導人，每個領導者都有其「特質」，有的親和力好的像兄弟，有專制如皇帝。鴻海集團的郭台銘就以「霸氣」聞名，鴻海的主管曾說：「只有像這樣近乎專制的霸氣領導，才能打造鴻海這麼龐大的帝國。」

問題討論：

一、你往常的領導見解是否有偏差？打算如何改進？如何面對新環境？

二、你以前使用的領導方式發生怎樣的功能？何謂「企劃」？

三、檢討自己對領導的責任到底負責多少？你常有「不敢負責」的情形發生嗎？如何改進？

四、如果你的主管是女性，打算如何適應？或有適應困難嗎？如何改進？

五、如果讓你用作弊方法可以當上總經理，你幹不幹？幹或不幹，都講出原因？

六、如果讓你用作弊方法可以當上總統，你幹不幹？幹或不幹，都講出原因？

七、你是老闆，你的政治立場是統派，你發現你的一個得力幹部是台獨基本教義派，他有可能向你效忠，共同打拼事業嗎？請深思之！

2 Chapter

建立良好的領導關係

第一節　那一種領導方式最好

每個人因為先天和後天條件不同，智慧有高下，能力有強弱，故在任何群體中，總有些人能領導或控制或影響別人。這種能力有的天性，有後天訓練的。不過大多是後天磨練的，我們稱為領導者。領導方式的區分有多種，有分成權力領導、父道領導、契約領導，互用領導；有分成專制、民主、放任或「人」為中心，「事」為中心方式，以下以後者為準分述：

一、依權力運用方式來分：

由權力之運用，可將領導分為專制領導，民主領導與放任領導三種，簡述如下：

㈠專制領導：

在古老的社會裏經常出現「專制領導」，往往是建立在命令、權力、壓力、威勢，甚至神話的基礎上，這是因為智識未開所致。自表面暫時觀之，此種領導方式在當面或有人監察之下，頗似有效。實質上，是人被層層管制，不得已之下的消極作為，若管制解除，領導關係立刻瓦解。可惜現在有少數頑固不靈的人，仍然採用，這種領導方式的特徵有：

(1)屬員的工作與同伴，通常由領導者指定，員工無選擇之機會，大家都是受命完成工作的人。就算高級幹部，也是唯唯諾諾，大家都像「奴才」。

(2)領導者依自己主觀偏愛，對部屬實施獎懲，按自己特殊須要或私慾選用人才，下級反映冷漠，而內心不服。

(3)層層管制，控制嚴密，表面也許很好，但心理上都是心懷怨恨的。

(4)領導者很少參加團體活動，與部屬保持相當之心理距離，甚至根本不參加員工各項活動。有的甚至是「神秘人物」，很少露臉。

(5)所有的公司工廠的決策，都由上級決定，底下的人祗有奉命行事，沒有參與制定政策的權利與機會，反正多做也無益，所以下級人員的情緒低落而沒有創意。

(6)此種領導方式下的單位，因為效率低，所以品質也差，人力的浪費更視為必然。

(7)一切工作過程和活動，都用規章加以律定，沒有彈性。人員的工作行為，都以法規為依據。因此不能適應繁雜多變的現代社會。

(8)主管和部屬只有公事關係，沒有私人情份在內。

(9)遭遇危機，或經濟不景氣，馬上各自為政，機構不易渡過難關。

(10)勞資關係建立在相互利用上，故基礎不穩。

㈡民主的領導：

在這個講究人權民主的時代，所謂「民主的領導方式」當然會被大多數人所接受。事實亦然，它是主管基於尊敬和理性與部屬達成溝通，並以身作則，共同完成一項工作。而少以權威懾服人，其特徵如下：

(1)領導者積極參加各項團體活動，與部屬間無任何心理上差距。如同一家人，成敗相關。員工比較原意努力打拼，也較能創造利潤。

(2)領導者對其部屬的考核，都以客觀與事實為依據，公平公正能服人之心，獲得信任。

(3)主管與部屬有多重關係，如長官部屬，朋友同事老師學生等，同時存在。有利於相互勉勵，營造團結氣氛。

(4)人格受到尊重，領導者不會要求部屬「非如何不可」，部屬可以靈活運用各種工作方法，俱有創意。員工也願意用新方法，節約時間和資源。

(5)因為各級員工積極主動，所以監督的次數和人員減少，節省人力與財務支出。

(6)人員可自由選擇他們的工作，和其工作同伴。因此全體成員工作士氣高昂，大家彼此分工合作，共同為達成團體的目標努力。

(7)遭遇難關，或經濟不景氣時，勞資雙方能同心協力，共體時艱，渡過難關。

(8)在民主領導方式下，所有的政策是領導者與屬員共同討論的，主管少做單獨決定。

(9)部屬參與開發創意，設定目標，提高參與感。
(10)勞資關係建立在平等互惠的原則上，基礎穩固。

㈢放任的領導：

在這種地方做事是「誰也不管誰」，就個人而言有極端自由的權利，往往形成自私自利，一盤散沙。內部且難溝通，其特徵如下：

(1)領導者從不過問工作進度，讓團體及個人完全自由去決定一切，做多少任由各人高興。
(2)由於各自為政，員工只顧私利，團體沒有競爭力，遇有危機，不易渡過難關。
(3)組織鬆弛，不講效率，所以人力浪費也多。
(4)無明顯的目標與政策，亦無良好的人事制度，故各有一套規定，內部紊亂。
(5)由於沒有競爭力，成員的本職學能少有進步。單位內部也少有調整。
(6)很難發現人才，因為有才的人絕不在此浪費時間和生命。

二、以主管的領導作風來分：

每個主管的領導作風不同，大致上區分兩類。一類以「人」為中心，一類以「事」為中心，其特點分述如下：

㈠以「人」為中心：主管重視員工的工作負荷，身心狀況及員工問題的解決。諸如福利、

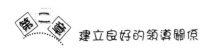

健康、保險、活動等，都為下級員工部屬設想週到。其特徵如下：

(1)各級幹部受到尊重，都能堅守崗位；各級員工也能自動自發，完成工作。都能舉一反三，工作效果高。

(2)員工自由發展機會多，升遷亦多，故離職率少。

(3)領導者對於部屬有公平公正的考核，容易發現人才。

(4)主管對部屬的指導，只有一般性指示，細部計劃則由部屬自行設計。

(5)各級都主動積極，上級少有嚴密監督，可節省人力和財力，主管有時間從事思考與創造。

(6)向心力高，故遇有危機，勞資同心合力，克服危機。即使偶有磨擦，員工也「不好意思」擴大。

(7)員工生活福利較能被重視，安全等均有良好保障。

(二)以「事」為中心：這是一種比較近乎「殘酷」的領導方式，一切以工作為準，以表現為準。很少考慮到員工個人的情緒和心理變化，其特徵如下：

(1)因為工作表現的好壞，決定薪資和去留，所以推展工作的手段或方法，往往只求達到目的，不顧及道德或感情問題。

(2)領導者為激勵部屬工作情緒，經常以身做則，事必躬親處理，有時容易養成部屬被動心理。

(3)部屬容易被教育成現實、勢利、殘忍、不道德、不守法的「病人」。

(4)團體裡缺乏向心力、紀律感，大家都認為有績效就好，其他都可以不要了。故遇有強力的挑戰，易於瓦解。

(5)員工福利、健康、安全、保險較不受重視。大部份員工士氣不高，遇有較好單位，馬上離職。

(6)同級員工，因為表現不同，績效不同，薪資差距很大，經常造成不滿怨恨等。

(7)下級自主權甚微，凡事請示上級，員工少有創意。

(8)在某些特別狀況下，因為較少受到道德法律的約束，在利誘前提下，可以很快達到目的。但經不起考驗。若利少便離職而去。

前面我們提到各種領導方式，顯然民主領導相似於人為中心的領導，在工商企業方面，根據大多數心理學家和社會學家的試驗結果，民主領導最好。

K.Lewin, R Lippitand R.K 等曾在美國愛握華大學（Iowa University）把十歲小孩分成三組，做成領導典型試驗。結果獨裁式領導，領導者在現場時，工作情緒高，不在則情緒低落。民主式領導，不但工作情緒高，又合作愉快。放任式則工作情緒低，並且爭吵不堪，大家都不想幹活。

按「青年領導概念及領導能力調查研究」所示，理想的領導方式是積極的，發展的，有目的的，而且是民主的、合作的、開放的；必須有良好的批評與建議，促使個人善盡團體的職責，分層負責，講求系統、組織、有效監督與相互鼓勵。而且要在友善的氣氛中共同協商，不是濫用權力或專制的方式。顯然舊的領導觀念要改良，代之以新的領導方式。

第二節　領導與部屬行為有何關係

我們瞭解領導乃是主管與部屬之間，相互影響互動過程，接著我們要探究被領導者的行為特質。尤其領導與部屬行為有何關係？甚麼「東西」影響行為？

一、如何產生行為：

我們所稱的「行為」包含兩方面，一是能見能感的外顯活動，再是內在心理活動歷程。前者如工作、講話；後者如飢渴喜怒。實質上，任何人成天所表現的莫非是「行為」，行為的產生就是刺激：

㈠刺激是指可以引發個體活動的情境和事件，例如聲、光、人、事、物等。行為係指由刺激作用所引起的個體活動，亦就是個體受到刺激而產生的反應。

㈡個人對於刺激反應，視其個體條件，不同而有強弱之別。如發一萬元年終獎金，對總經理和工友一定有不同的反應。

㈢一個人有時在同一特定的環境和時間內，可能受到多種不同的刺激，有強弱之分與矛盾的存在，因而我們很難確定那一種刺激才是真正發動行為的原因。

此外刺激反應的關係有下列幾種型式：

㈠在同一環境中，相同的刺激，刺激不同的個體，有時這些不同的個體，表現的行為卻相同。

例：主管對於無故不上班或竊取產品的員工，祇要沒有正當理由，均加以懲罰。這樣一來就不會有人亂來。

㈡相同的刺激，刺激不同的個體，產生不同的反應行為。

例：公司加班趕製產品要求全體員工暫停休假，有的人則心甘情願，但有的則表面接受，內心不悅，更有的採取激烈反對。

㈢為了達到有效的領導，領導者有時可以不同的刺激，刺激不同的個體，使其產生相同的行為。

例：每個人的需要都不同，領導者可以不同的獎勵方式，促使不同的個體，共同完成某項任務。

(四)刺激引起反應，也有可能導致環境的改變。換言之，人的行為改變了環境，而環境也在影響人的行為。現在有句流行語，「時代搞壞青年，青年搞亂時代」，誰是禍首？

美國學者桑代克（Thorndike）於一八五八年，發表著名的實驗報告「動物的智慧」（Animal Intelligence），發現刺激反應間的關係。此即刺激反應間的關係受三個原則支配：(一)練習的多寡(二)個體自身的準備狀態(三)反應後的效果。

刺激與反應間所產生的各種強度不同的行為，就是一種學習活動。這種活動的強弱要靠反應後的效果來決定，若反應後使個體獲得滿足的效果，其行為活動就會加強；反之若得煩惱不快樂的效果，其行為活動就減弱。

運用在員工領導方面，我們就可以發現一個簡單的道理，領導者有怎樣的領導作為（刺激），被領導者就有怎樣的行為表現（反應）。換言之，若員工愈能獲得滿足愉快的情緒，主顧之間的關係就愈能加強，關係好了，當然有利於合作與溝通。

二、如何改善部屬的態度：

人類的行為受心態之影響最大，心態看不見，但可以觀察得到。所以領導者如不明瞭部屬之心態，那麼對部屬的行為就無從瞭解與掌握，當然會增加領導阻力。

我們有時聽人說，那個人心態不正常。乃是指他的言行舉止不正常，譬如喜怒哀樂，是非善惡，忠孝節義等，各種衡量標準與常人不同，甚至與正常標準相去太遠，造成所謂的「偏見」。偏見長期存在團體中的各成員，是一種危險的訊號，也是一種無形的中傷。

我們研究心態的目的在於瞭解心態，改進心態化解偏見，使每個人都能表現出有建設性的意見，進而表現正當的工作行為。

由於個體教育和生長環境不同，心態也不同，同一家庭中各人心態不同，同一工廠中各員工的心態更是大不相同。尤其成長環境、性格（基因），對心態影響最大。

如不良的心態已經形成，應如何改善呢？簡述幾種方法，以供參考：

(一)標語口號的利用：即利用標語文字、口號等方法，使部屬從視覺上的刺激，引起內心的共鳴。

這是許多機關、團體最常用的辦法，可以顯現單位主管在領導與管理上的理念，或提示當前大家必須共同努力的重點。再者，在管與被管，領導與被領導的上下關係中，可以在心態產生溝通效果，但這個辦法也有限制，用久了就「麻木不仁」，大家視而不見，所以標語要常換，在臺灣松下公司的一間展示室有四句標語，頗得員工好感。

(1)製造產品之前，先要培育人才。

(2)樹立優良廠風，涵育員工氣質。

(3)貫徹公司理念，擴展經營知識。

(4)配合政府政策，提昇技術水準。

(二)運用辯論或討論的方式，使大家能充份表達自己的情感和意見，因為團體共同產生的結論，對個人有極大影響力。

(三)如心態已經嚴重不正常，要專案處理，採取輔導措施。(見六、七章)

(四)用獎懲的手段，對建設性言論給予實質獎勵，對惡意中傷等不良心態予嚴厲處分。

(五)一個好的領導者要隨時關切部屬。能適當的解決部屬所面臨的問題，因而能促進部屬的向心力，表現出良好的工作態度。

(六)說服：運用「情理法」三個有力的角度，將所持理由坦誠說明或將對方的意見駁斥推翻，使心悅誠服地接受意見。但說服一個人絕非容易，要誠心，更要「專業技術」。

(七)訴諸恐懼情緒，在某些場合中，欲改變別人的心態要利用他的恐懼情緒。例如：傳教士為了使人信仰上帝，就大談地獄如何可怕等。此種辦法近乎恐嚇，所以萬不得已少用。

(八)個人心態受度所屬團體影響，所以改變團體的生活方式，美化環境設施，多辦理團體活動，也能改善成員的心態。

以上八種方法若能巧妙運用，必能促進部屬彼此的了解，使部屬的心態趨於一致，而有助於全體員工合作無間，增加生產，提高利潤。

三、遇有困難行為如何解決：

領導者主動積極為部屬解決困難，從情上來說，可以拉近雙方距離，促進情感交流；從理上來說，這是一件應該而無法逃避的工作；從法上說，是對員工的一種保障。所以身為別人上司者，除了要求工作外，也要替部下解決問題：

㈠解決問題的步驟：

(1)遭遇困難，了解困難在那　。

(2)分析情況，確定困難的性質。

(3)假設可能解決的方法或途徑。

(4)由假設推理並蒐集資料以至問題解決。

(5)證實所得結果是否正確。

㈡到達目標的途徑：

當你到達目標之前，經常要通過各種「困難行為」，始能克服目標。其途徑有三條：直接貫穿障礙，克服目標；間接迂迴，避開障礙，達成目標；放棄原來目標，重新訂一個可行的目標。

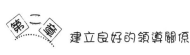

㈢處理困難行為的方法：

解決俱有挑戰性的困難行為，可使人產生積極性作為。原則上解決之道應循正常合理的思維程序，採解決問題的五大步驟。而其方法則千變萬化，須視「人事時地」之不同而訂，才能適應錯綜複雜的現代社會。略提數種方法，簡要如下：

(1)排演一部短劇：

某工人一直不滿意領班的作風，在可能情況下就叫他去當領班，看看是否能得到全體的信任支持。這種方法可使每個人有充分的機會瞭解或體驗他人之立場，觀念、與態度，藉以培養凡事設身處地為他人著想的態度。

(2)適切運用獎懲：

在對付意志力較弱或得過且過的員工，如能相機運用適當的賞罰方法，可以鼓勵他克服困難而走向正常。

在懲罰時，要在私室進行，不可公開。同時給他積極的改善建議，才足以收到較佳的效果。而且，應隨時隨地給予下屬合適之讚揚，蓋讚揚也是一種能夠滿足「自我」的獎賞方式。

(3)改善環境：

處理困難行為最有效辦法，乃改善環境，如員工認為工作場地衛生不佳，灰塵太多，伙食不好，有集體辭職之預兆，老闆就先下手改善環境。

(4)領導者以身作則：

這種方法對領導者而言是苦一點，往往能發揮帶動全體的力量，且眾志成城，一口氣衝破難關，到達目標。

這一章我們講建立良好的領導關係，雖顯得千頭萬緒，但也可以簡化到「以身作則」的規範，所以「上樑不正下樑歪」正是此理。活生生的例子發生在台灣地區，千禧年後執政的台獨政黨，當陳水扁及其家族成為貪污腐敗的「吃錢中心」後，就喪失了要求「下面」的能力和資格，領導者「信任破產」，失去人民的信任，同時也失去統治的「合法性」，此為必然之理。經營一個公司或任何團隊，原理原則差不多，上樑不正，下樑必歪。

問題討論：

一、你對於處理困難行為的方法運用是否恰當？

二、為提高員工的工作效率，你如何運用「刺激」？

三、如果你有雄心要主持一個大企業單位，你該如何培養自己的領導作風？

四、目前國內各重要的政經領袖中，你欣賞那位的領導風格？為甚麼？很多人說馬英九太正派，太講仁義道德，你認為這不好嗎？

五、你的公司中，若有員工發生統獨爭論，你如何排解？以使領導工作順利進行。

六、如果你是奇美企業的領導人，你會放棄原先的台獨信仰，轉而支持中國統一之立場嗎？他為甚麼會改變？

3 Chapter

員工情緒掌握（EQ管理之一）

第一節　情緒的種類和性質

掌握情緒的目的，就是要管理情緒（EQ），進而運用情緒提高工作情緒。到底甚麼是情緒，它是個體受到刺激後產生的激動狀態，自身不易控制，且對個體行為有干擾和促動作用，並導致生理與行為的變化。所謂的工作情緒，是一種抽象微妙的東西，它對工作成敗有很大的影響力。我們可以說工作情緒就是一種個人的心理狀態或團體的精神，存在於個人心中，表露於個人的各種情感、態度和團體的反應中，為情願和自動合作完成團體目標的動力。

傳統儒家有「七情」說，正是喜、怒、哀、懼、愛、惡、欲，釋教也有七情是喜、怒、憂、懼、愛、憎、欲等。以下試將影響工作的情緒簡單分類，計有生氣、喜樂、哀愁、害怕、親愛、希望等。

一、希望

希望是人類基本的本能，源自需要與滿足，人的一生有許多時間是用來獲得這兩種東西。饑則求食，寒則求溫，疲勞則求休息，生病則求醫療，潦倒則想發達，窮則想錢，凡此皆屬本能上的需要。當一個成功的主管，要知道部屬喜歡吃什麼，就給他「吃」什麼，相信可以獲得不少「愛將」來為自己打天下。

希望也是一種最能吸引人的「願景」或理想（注意！不是幻想），是有實踐步驟和可完成的。我們常說「用錢賺錢」，但更高境界是用希望（願景）賺錢，用希望吸引人才、資金來投入。郭台銘經營鴻海和世界知名的「杜拜經驗」，都是用「希望」吸引眾人目光。

二、害怕：

㈠在日常生活中，人經常害怕某些事務，於是逃避，但是始終不能擺脫，終其一生，還是害怕。一個領導人物如能運用自己的智慧。明瞭部屬心中所怕為何物時，必有利於統御工作之推展。

㈡各種人害怕的都不一樣，有錢人怕小偷，窮人怕窮，漂亮的女人怕老，大老闆怕倒閉，企業家怕不景氣，工人怕失業。而大多數的人更怕戰亂、災害、強盜、殺人等天災人禍。有些心理不正常的人還怕黑、怕高、怕太太等。

㈢常人的害怕不外五種，害怕未知的境況，害怕現狀突然改變，害怕所擁有的失去，害怕群起而攻之，怕死。

㈣害怕的程度與身體狀況成正比，身體強精神好膽子大，體弱多病的人，成天都在耽心害怕。

篡位竊國者最怕「春秋之筆」，也怕「包青天」。二〇〇四年民進黨人搞個「319竊案」，像小偷一樣偷得大位，但綠營人馬最怕人家說他們「篡竊」，這是很不光彩的事。終究逃不出歷史的批判，如同人怕死一樣，像游錫堃說話大聲「我就是政客！」其實他們每個人心裡七上八下，因為大位是偷來的，害怕！漢奸最怕清算，也怕國法，更怕歷史批判。

三、親愛：

「愛」是世間最偉大的力量，最珍貴的情緒，天主教，基督教及台灣的佛教四大道場（佛光、中台、法鼓、慈濟），能吸引數百萬人，形成巨大的力量，不外一個「愛」字。

親朋好友男女之間所產生的感情，統稱之為親愛的情緒。天倫之樂是人生最圓美最甜蜜的情緒，友誼的溫馨是人生最大的安慰。在這個大社會中，一個人能求得「親情友情愛情」這三方面都能完整無缺，豈不是一幅「真善美」的人生！

四、哀愁：

當然，在現實生活中是沒有絕對「圓」的，因為現實是殘酷的。當失敗不斷向你逼迫而來，你會痛哭崩潰，經過這樣的洗禮，你對人生會有更深的體驗，對生命會有更妙的領悟。

固執的人、知識水準低的人、陷進哀愁的坑洞就很難爬出來；開朗的人，教育水準高的人，樂觀的人，經過哀愁的浸潤，更能發現人生的光明面。

五、生氣：

雖然醫生常說「生氣就是慢性自殺。」哲學家也常說「生氣是自己對自己過不去。」人還是常生氣，有些人更是天天生氣。更可怕的是，凡看到聽到摸到的，不論與自己有關無關全要生氣。真是「與生俱有」的，是人類固有情緒的一種。醫學實驗已證明長期生氣的狀態，可以導致高血壓、胃潰瘍、結腸炎、偏頭痛等。

生氣通常來自害怕、膽卻或理虧等，因為做了虧心事。例如前面引的「319竊案」，用不法手段謀奪大位，這是要受到天譴的事，所以他們害怕，又怕別人講或傳，就要生氣。領導一個國家和領導一個公司相同，生氣對領導工作是沒有幫助的。

我們講EQ管理並不是叫人沒有情緒，或叫人永遠像一個君子書生那樣心平氣和，人生有很多時候要「鼓動」情緒，讓一群人（或任何對象）High翻天，例如戰場上打仗，政治選戰，談判，表達某種高昂情緒，用以「造勢」，許多成敗勝負不必等到正式開戰，事前的戰略態「勢」，內行人一看便知定局。

第二節　情緒須以順應處理

情緒如水，水無常形。不能圍堵，必須因勢利導，妥善鋪排，才能產生積極的效果。具體言之，面對一個狂怒或狂喜的人，第一件事就是先要瞭解他順應他，導引他，對員工如此，對自己亦復如此。情緒的順應有下列各種辦法：

一、傻瓜精神：

若秀才遇到兵有理講不清時，或面對利令智昏的棘手問題，力量和智慧都已無能為力時，乾脆裝瘋賣傻，大智若愚。極端嚴肅的事體，往往在嬉笑中怒罵間消解無形。不但能避開針鋒相對的火爆場面，更可以在推拖敷衍中，消弭對方的凌人氣燄。

二、忍的哲學：

忍是一門科學，一門藝術，也是一門哲學。不會忍的人，不會忍出病來；會忍的人，就能成功立業。這之間全在「忍」字，多少人因不能忍而壞了大事，故以下提出幾種「忍」的功夫：

㈠靜下來：人際關係中，最常發生不平、侮辱、欺詐等都是引起爆跳的導火線。當此時，趕快對自己說：「靜下來！靜下來！」如果心中有了這樣呼喚，那麼一切就好辦了。當初司馬懿可能用這個辦法，才忍住胸中那股憤怒的，而迫「死」孔明退兵。

㈡審察利害：光是能忍，只是對內心的制壓，有不良於身心。如果再能審察，考慮處境，權衡利害，怒氣也可以立刻減壓。動氣不但沒有圓滿的結果，也是柔弱的顯現。

㈢離開現場：這是「退一步，自然寬」的道理。有人激怒你時，你不聽、不看、不理，自動引避，有時可以平息一場風波。不要認為沒有面子，這是為自己節省時間和體力，好做有益工作。離開現場，很多時候等於遠離危險，確保安全。

㈣找理化解：能忍能避，見效一時，終非長久之計。如能找到一個理由加入化解，馬上可以心平氣和。例如，有人罵你，你想他可能醉了，不是故意要罵人。

㈤有了忍氣的情緒不能消解時，去咖啡廳聽音樂看小姐，或看閒書，蒔花，運動，散步等辦法，以轉移胸中怒火，都是好辦法。

三、疏導發洩：

如石門水庫瀑滿，此時須以最大之洩洪量把超量的水洩掉，才能得到安全。人亦然，當激動情緒時，必須讓他透過適當管道，盡情發洩，等他洩完了，也就平靜了。有時發洩完，就沒事了，宗教上的告解正是。

四、多謀出路：

這是一種轉移的順應方式，也是疏導發洩再更發揮。如洩洪量很大，一條圳排解不完，則打通附近各圳的閘門，共同排洪。情緒不安時，可解除身上所有壓力，使氣氛愉快，有助於頭腦冷靜，思慮對策。

五、獎勵增強：

獎勵所產生的功能很多，疏通情緒是其一。所謂「貪賤夫妻百事哀」，沒有良好的物質條件，情緒通常不好。世上的「顏回」，畢竟是極少的。將有形無形的獎勵加以增強，就能獲得眾人好感，進而運用其情緒。

六、寄託於形而上：

文人雅士遇有胸中不平無處宣洩，則寄於詩酒。民族英雄岳飛壯志未酬，遂作滿江紅詞以見志，把憤怒的情緒洩入「八千里路雲和月」。如你被上司責備後情緒不佳，不妨提筆賦詩詞，對於疏解員工部屬情緒，其道理相同。儒家用「詩書禮樂」教化學生，教人平心靜氣，相互友愛，就有穩定疏導情緒的作用。

第三節 如何掌握情緒

一個「東西」如何能「掌握」？必是有了相當程度的了解，尤其了解其中的「變項」，能處理這些變項，才能談判「掌握」。情緒亦然，否則是空談。

掌握情緒首要抓住部屬的注意力，使其專注於你的表演，簡述如下：

一、控制環境：

情緒不是自發的，它是由環境中的刺激所引起。環境包括個體自身的內環境和外環境，為了達到預訂目標，要設法控制環境中的各項條件，則可得到預期的反應，使人在不知不覺中，達到吾人所希望的模式。

個體的內環境，諸如腺體分泌，生理性驅力（飢、渴、性等原始動機）。外環境指外面的自然環境和社會環境，上兩者都能發生刺激作用，使個體產生情緒變化。即控制環境，就能掌握情緒。

二、用智馴服：

情緒激動必有原因，找出造成激動的各種因素，若能用智慧去馴服，引導其走向積極的光明面，就能產生無比的力量。馴服的方法著重於講話技巧，攻心為上，予以説服。可有圓滿的境地。

負面悄緒必導至負面行為，正面情緒當然有正面行為，一個人面臨任何環境若者能從「光明面」思考，人生必是光明的，但當你碰到「黑暗面」思考的人，如何引導他走向光明面？須要很大智慧和耐心。

三、宗教教化：

自古以來宗教信仰就對人類有極大懾服力，兩伊戰爭中伊朗能夠支持下去的，就是靠「宗教狂熱」。在台灣的某些大公司工廠附近都設有一座廟宇，供員工膜拜，對安定員工心情，穩定其情緒，有極大的幫助。台東監獄更試行佛法感化教育，叫受刑人頌經禮佛，實以超越掌握的程度。

宗教對人的情緒確實有大的安定作用，你見過星雲法師或證嚴法師「情緒失控」嗎？恐怕連生氣都沒有過，近年國內流行的禪修，正是一種境界很高的EQ管理。

四、勇敢果斷：

一般社會中人慎謀為多，能斷者鮮。重大事故往往經緯萬端，瞬息萬變。有辦法的人是掌握機會，斷然處理，不但可以扭轉群情，還可成就自己功業。

前述想要掌握一種「東西」，必先「了解」那種東西，現在知道了情緒便是人的愛恨情仇，要把這些者掌握（或控制）的好，對現代人言，真是愈來愈難了，但掌握之道不外人和環境，從這二處下手，談領導與管理，難也得努力的做。

第四節　如何運用情緒

到達可以「掌握」情緒之後，接著便是如何「運用」的問題了。正如你手中握有一本孫子十三扁，但不會用，實在可惜。「運用」之術講求變化，終而臻於「窮則變，變則通，通則久」的妙境。

一、靈活變通：

人生舞台無不變之原則，尤其在這個多變的時代，一切法律道德，所有人文科技，隨時在變，能臨機應變，見風轉舵最為上稱。情緒容易激動的人，派他做群眾運動工作；沈靜而不易衝動的人，叫他做諜報；推鎖員更要見人說人話，見鬼說鬼話；至於本身是領導者的人，喜怒悲愁歡樂更要表現的恰到好處，叫人看的天衣無縫才行。

二、適切激勵：

田單復國時他設計敵人把同胞的祖墳挖開，屍骨當眾焚燒，於是群情激動，都要出去拼命，這是激勵。如對需要錢財的人，突然給他大筆獎金，可使感激涕流，不惜赴湯蹈火，感恩圖報，這是因為你要用他。以身做則是要感動更多的人，帶動群倫跟著你走，這種收獲比你付出的更多。給將失意退休的人員以重任，他必感恩圖報。

三、因勢利導：

「雖有智慧，不如乘勢」，勢者是一種「天機」。「雖有鎡基，不如待時」，講的就是窺破虛實，把握時機，必能「勢如破竹」。凡重大事件之發生，不必用硬碰硬或面對面去處理。以四兩撥千斤的方法，巧妙的進行，以最小成本，換取最大利益。

四、體察動機：

情緒原本俱有動機的作用，動機又源自刺激和需要，例如，痛的動機是起於刺激，渴的動機是起於生理需要。故我們深入觀察個人或群體的動機，找到「受甚麼刺激」和「需要甚麼」，對情緒之運用至為有利。員工受到不良工作環境的刺激，所以情緒不好，產生辭職的動機，很顯然員工需要一個良好的工作環境。能體察入微的主管，先一著改善環境，使事件消匿於未萌，是為太上手段。

在現代社會人人都要做好EQ管理，可以斷言「EQ管理和事業成正比」，不是只有身負領導或管理的人要EQ管理，凡是要顧好形像的各行各業經營者、工作者，都要EQ管理，你見過林志玲情緒失控嗎？

問題討論：

一、你對自己的情緒能控制多少？打算改進嗎？貴單位重視EQ管理嗎？
二、你對部屬情緒能控制多少？要如何改進？
三、現代流行「EQ管理」，你懂多少？你的EQ好嗎？請反省。
四、假設你的公司有「台獨份子」，經常為「我是台灣人，不是中國人」與其他員工爭吵，甚至情緒失控，你是老闆怎麼辦？
五、貴單位員工（或你的部下）參加過「紅衫軍運動」？或其他示威遊行？為你帶來困擾嗎？

4 Chapter

員工情緒掌握（EQ管理之二）

第一節　消弭抱怨於無形

有人就會有抱怨，有些抱怨能處理要處理，有些不能處理須用革命方法解決。例如，現在台灣人民抱怨獨派是「不法正權」，只有革命一途，但此處重要在一般事業體的抱怨，可以處理的。

人是永遠不會滿足的動物，無論過多麼好的生活，享受多麼優厚的福利，領多高的薪水，員工還是要抱怨。只是或多或少，最重要的是如何解決，有沒有處理，絕不能因抱怨小而不處理，任其滋長。抱怨不處理或處理不當，後害無窮，維吉尼亞理工學院校園大喋血案是例子。

所謂「幹一行，怨一行」就是最好的說明，真是人間處處有抱怨，抱怨通常不是突發而來，它像受到敵人生物化學武器的攻擊，要在稍有徵兆立即對症下藥，當可有效解決問題。否則等它漫延開來，到了人人中毒，則破壞力就很大了。員工的抱怨，不滿並非只發生在生產線工人或低層職員身上，各級經理、學生、軍人、專門專業人員，主任或秘書都可能發生。如不能適宜處理，常徒增領導與管理者困擾。

一、為甚麼會有抱怨：

任何地方都有抱怨的發生，處處都會有情緒問題困擾著你。所以領導者要管理一批貨物並不難，而要「管理抱怨」就不太容易了，致於為甚麼會有抱怨呢？

㈠因為意見未被接受或溝通，所以產生抱怨。
㈡因為工作環境一直未見改善，情緒不好而抱怨。
㈢因為薪水總是比較低，所以產生抱怨。
㈣因為一起出道的人都高昇了，獨我無缺而抱怨。
㈤太太生產不能請假，抱怨。
㈥因為失戀、交通亂、治安敗壞、政府無能……。

抱怨的產生實在無奇不有，不過只要員工的內在心理和外顯行為有不安，就會發生抱怨了。通常人之所「欲」不能得到，就有抱怨不滿發生。

二、員工不安的原因：

「不安」是抱怨的根源，其原因分內在與外在：

㈠內在的原因：

(1)起源於人類無窮的慾望，這是永遠不能滿足的，工資高了想更高，收入多了想更多，享受好了想更好，這是造成抱怨不安的主要原因。

(2)平等觀念，其實也是慾望的一種。俗云：「不患寡而患不均」，不均則亂。如甲廠的工資比乙廠高，乙廠工人自然不滿，結果不是要求提高工資就是脫離乙廠進甲廠。若不能如願，則勞資糾紛遂起焉。

(二)外在原因：

(1)社會的進步，生活水準相對提高，員工為了應付眼前的生活，只好要求提高待遇。

(2)勞工組織堅強，有了組織就發生力量，以前不敢提的，現在都公然要求。甚至整體罷工與資方相抗衡，如此早已超出不安與抱怨的程度。

(3)工會領袖逞功逞能，他欲求會員工人的愛戴，必然要為他們謀取福利，向資方提出要求，俾有所表現。

(4)勞資之間，存在有實際上的重大隔閡，影響員工福利，安全等問題。

隨著台灣獨派的「鎖國政策」，產業移往中國大陸愈來愈多，「關廠」也愈多，員工更不安，抱怨更多，這一切都是「台獨」惹的禍，若全面三通問題都解決了。

三、怎樣發現抱怨：

發現之道靠觀察，表現於外的可以察覺，深藏於心的潛意識意念就靠直覺，甚至有所謂的「第六感」。能發現出多少，端視個人的經驗和慧根了，以下徵候可以參考：

㈠對工作沈迷至違反常情，可能對家庭懷有不滿。
㈡員工突然有極端苦悶或反常的沈默。
㈢從來不流淚的人，突然哭泣。
㈣突然喜歡爭辯或有暴力的行為。
㈤平常所合法固定領用的財物，突然拒絕不要了。
㈥員工的態度突然變得冷淡，或消極抵抗。平常很計較，突然無所謂了。
㈦工作效率的低落，製造成品品質變的低劣，但又找不到低落的原因。
㈧有情緒激動的行為，有任意離職的現象。
㈨一反過去合作的態度，而有憤怒的表情出現。
說是難其實也不難，都離不開「心理學」的範圍。「知己知彼，百戰百勝」，不但是商場與戰場上的格言，又為何不能用在發現抱怨上面呢？

四、如何消弭抱怨於無形：

抱怨處理的妥善與否，決定內部工作的順逆氣分，故必須慎重處理。身為主管平時就要表現出平易近人的態度，主動接近接納部屬，用誠心去對待各級員工，他們一有問題就必然會說出來，不但有助於溝通，也可以先期發現抱怨，方便解決。當員工提出怨言時，主管再以樂意的心情處理，致於要如何處理才能使抱怨消弭於無形，有其特定程序：

㈠首先接納他所說的一切：

有抱怨的人總是認為他對的，合情合理法的。所以員工以激動的情緒訴說抱怨時，首先要靜下來聽，聽他說些甚麼，讓他說個痛快，並且暫時與他站在相同立場，同意他的見解，接受他的抱怨，可以初步拉近兩人的距離。

㈡調查事實真相：

抱怨者經過一番發洩後，情緒已較安定。可以進一步就情理法的角度，把問題加以分析。如抱怨者所提問題尚未解決，或有加以調查的價值，則須公平公正進行，不得偏私：

⑴就人事地物廣泛瞭解，探查事情的真相。

⑵針對本團體的各項作為加以檢討，找出毛病。

⑶過濾員工有關基本資料。

(4)把你所發現的問題逐一分析，找出關鍵所在。

(5)就整個事件真相與有關部門或人員研討，尋找解決辦法。

(三)設法解決抱怨：

瞭解了真相，找出了問題，進一步就要解決。解決之道首在迅速，不可拖延。並要告訴抱怨者事實真相，消除員工偏見和誤解。通常有下列方法：

(1)對事實之真相加以解釋或澄清。

(2)對抱怨之員工保證事實上甚為樂觀。

(3)不斷對抱怨者表示愛心耐心關心。

(4)在可能範圍內給他物質或精神上的幫助支持。

(5)協助員工解決個人的問題。

(6)提供有關抱怨的各種資料和消息。

(7)如有涉及法律問題，應輔導妥採解決途徑。

(8)在解決過程中，對員工個人自尊和價值要維護。

(9)在品德修養上做適當的機會教育。

抱怨經過處理之後，還要利用時間觀察後效，確定問題已獲解決，抱怨人的工作表現已恢復正常，到此時才算週圓。有了一次經驗，就是一次活生生的教育。

五、安全與保密：

情緒或抱怨問題的處理要顧及安全與保密，在美國工商界有一套流行多年的「員工訴怨處理系統」，安全和保密效果很好，方法簡單，頗具參用價值。

(1)人員溝通：對尋求協助的員工，他最須要的是情報，能提供正確情報，解釋政策，消除謠言，是訴怨系統基本上的必備功能。

(2)秘密指導或諮詢：諮詢的作用在於協助缺乏技巧或信心的員工處理爭執問題。員工諮詢可以幫助各級員工和經理雙方看清問題，有效地澄清問題，以及提出解決方案。

(3)調查、安撫、調停：處理訴怨最富創意的方法是強調解決爭執，而不是裁判。專門負責調查和調停的專業人員，都能有效提出雙方可以接受的辦法，解決糾紛。

(4)裁判：員工訴怨先上訴到直接上司，再呈員工關係部門、管理上訴委員會，最後進行綜合裁決。

(5)向上回饋：由公司設計許多方法，讓管理人員主動並有機會發現員工事件和訴怨，像員工調查，顧問會議、員工稽核等。

這一套訴怨系統，部份與我國軍中的「申訴制度」頗為相似。在「以廠為家，以廠為校」運動方案中，及「勞動基準法」和附屬法規中，也有詳細規定，都可為我國工商業界參考，最終目的就是消弭抱怨和解決問題。

根據大前研一的說法，資本主義發展到極限，出現「M型社會」，即中產階層被頂層和底層的「掠食者」挾攻而消失，變成「兩極社會」，台灣、日本、美國和多數地方階如此。到那時可能有無窮的抱怨，且超越了抱怨，將再度出現全球性的革命浪潮，各位老闆們！準備好應付嗎？

第二節　爭取全體員工的合作

現代的分工細緻，責任清楚，但不能忽視分工中的合作，此事是一體兩面，無從分割，工作使能順利推展。部份機關由於分工仔細，「各搞各的」，造成合作困難，其中「人」的因素最大。良好的合作關係可以減少抱怨，提高工作情緒。

一、培養合作的新觀念：

㈠尊重單位裏的傳統習慣：

傳統和習慣是一個單位非法定組織範圍內的活動，其形成是經過長期逐漸演變而來。

領導者不可違反此種傳統和習慣而冀望得到合作，先要瞭解它並運用它，如有壞的傳統和習慣影響業績，也要逐步改進，不可冒然。若想「斷然」行動，必須三思。

㈡要使合作心滿意足的發生：

合作是與大家共同完成任務，而非為別人賣勞力，因此合作的動力始於自動自發。員工與員工之間，主管與主管之間，人人認清合作只是統合大家之力，完成自己也有一份的工作，等到完成後，自己也得到勝利。而這樣的觀念則有賴各級領導者以身作則，才能帶動風氣，故合作有下列特性：

(1)有利害相關的共識。

(2)目的一致。

(3)工作方法和原則一致。

(4)不能只想到個人私利，要思考到共同的目標。

(5)有共同完成任務的信心。

㈢合作是事業成功的必要條件：

在現在的工商社會競爭激烈，組織龐大，關係企業眾多，想依靠單獨個人的努力而成功，實在已不可能。只有整個集團的成功，個人才算成功。所以個人也在依賴團體的成功，再說無論如何好的制度計劃，大家都不合作，各部門之間相互對立，制度計劃或法令規章都成廢紙一張。分工乃組織龐大之機構所必須，合作則非圓滿不可。爭取員工同仁的合作就是贏得實際領導的工作，能獲得眾人真誠合作，監督的工作就輕易可行，為主管人員重要工作目標之一。

㈣合作與員工的個人關係：

合作首要贏得員工的誠意支持，要使他們認為值得合作，為了取得大家的合作，要考慮員工個人的各種需求和願望。我們發現員工進退或態度改變，以經濟（薪資、福利、紅利等）、地位（升遷、關係）、溝通（瞭解、共識）三者最鉅。要得到員工忠心的合作。死心踏地的工作，以上三項因素必須考慮。合作最有效的辦法是使每個員工知道，團體賺錢就是自己賺錢；工廠倒了，大家都失業。

二、爭取合作的秘訣：

㈠爭取員工合作的動力，最初來自領導者。他必須態度真誠，主動和下級合作，各級員工才會積極參與合作。合作為生活之一部份，平時就要建立，並非臨渴掘井的事。以下是建立合作的最佳條件：

⑴當員工有不合作現象發生，盡可能直接處理。

⑵如果分配某人的工作，就必須信任他，不可懷疑他的能力。

(3)員工的行為態度，決定在各級廠長、科長、總經理等主管人員手裡。如用極權手段，威脅利誘，要得到合作如上青天之難。

(4)如果是領導者自己錯誤，要勇於認錯，不可為面子而固執己見。

(5)員工的建議勇於決定，答覆要明確。

(6)讓員工有參與決策的機會是合作的關鍵，可使他們有歸屬感。

(7)領導者務必負起領導的工作，要了解員工的工作，工作分配要合理，給予適當時讚美。

(8)各種規定章則要使所有員工了解含意與用意，執行時可減少阻力。

(9)要認清自己也不是全能的人，員工必有勝過自己的才能和技術之處。必要時不恥下問，以員工為師為友，可爭取合作。更要運用民主式的領導，爭取更大合作。

此外要運用民主式的領導，爭取更大合作，可有下列要點：

(1)在會議或私人討論時，對相反意見不立刻採取對立態度，儘量讓員工表示意見。

(2)設法運用演說技巧，掌握人類心理的原理原則，促進平和氣勢，也可以培養員工學習好習慣。

(3)不能同意時，要說明理由，注意人格尊重，因為人有下列弱點，必須要掌握住：

①喜歡得到寵愛、重用、讚美。

②總覺得自己意見是重要合理的。

③喜歡被人請教，喜歡大家都知道他。
④喜歡人家向他吐露心腹。
(4)勸告不必太頻繁，否則會動搖員工信心，發生反效果。
(5)一般人最怕的是現狀發生劇變，所以大多數人喜歡現狀。當公司或機構有重大變遷時，各級領導人要切記：
①不必太急，使人適應不過來。
②要能配合時機和狀況。
③要把下一步行動全部安排計劃妥當，才能改變現狀。
④不要一意孤行，要召集員工會議，廣徵意見。
⑤各級領導人或負責人意見做法要溝通。

㈡爭取主管老闆的合作：

一個人初入社會，不論是在私人機關謀生或公家機關謀職。能獲得上一級主管或老闆的信任是走向成功的初步。所以對自已上司，雖不必表現得凡事唯唯是諾，如奴才狗才一般。但要注意做好下列事項：

(1)對上級不必有隱情：把本身執行的工作，全部讓老闆瞭解，讓上級主管人員進入狀況。也不必拿一些小事瑣碎不斷請示，要有擔當，能負責。

(2)適切提出建議：有些人愛用奴才，不過在企業競爭之下，大多數主管會用人才。上級有錯誤決定時，應考慮上級立場與情緒提供善意具體的建議，態度應中肯，語氣宜緩和。切記，不可惡意批評，冒犯上級威嚴。能運用說話技巧，點到為止，使上下立刻溝通，採納建議當然最好。如上級堅持不接受，或老闆固執，最好還是貫徹所交待的工作。否則只有另謀他職，於已未必有利。

(3)對上級負責忠誠，是被重用的原因之一。所謂忠誠就是盡心盡力，把交待的事都做好。對上級不要有惡意批評、曲解意見。切記，偷雞摸狗，不數日就解職。

(4)要主動攬事來做，遇事不要推卸責任，主動積極，犧牲享受，多數上司會看的很清楚。

㈢爭取同仁間的合作：

一個部門主管的自私，往往引起其他主管的聯合攻擊。同機構內的主管最忌互爭長短，自求表現。過分強調本身業務而忽視其他部門的業務，均將使組織效率低落。所以在與同仁合作上注意下列各點：

(1)遇事虛心請教，其他同仁有問題來請教時，也能助人解決提供建議。

(2)不批評同仁，發揚隱惡揚善的作風。

(3)主動連繫，爭取相互間之瞭解溝通。

(4)對其他部門的業務不要批評，保持良好關係。

(5)遇事情多協調，給予他人方便。

(6)體認合作的真意，古人說：「天下之務當與天下人共之，豈一人之智所能獨了。」

個人突出的時代已成過去了，只有集團合作，才能有成。

合作是要和別人共成事業，當然要與人分利。提醒常被忽略的，任何合作要考慮政治信仰，這道理也簡單，例如現在台灣獨派這群人，死的可以說成活的，活的可以說成死的，為人處事不誠，不擇手段，要如何與他們合作，所以商場上碰到台獨份子要小心，別被賣啦！

第三節　如何提高工作情緒

一、提高工作情緒的重要：

工作情緒之要提高，正如選手成績必須不斷進步一樣，否則只好敗退下去。這是普遍性的，上至總經理，下至守門的警衛都必須提高工作情緒。有高水準的工作情緒對各級領導人、管理人、監督人都有莫大益處；對督導管理階層的人來說，他會發現員工都自動自發地工作，不須要他天天緊盯著，碰到要加班趕工或有困難時，員工也能主動幫忙，整個工作的過程充滿著一份愉快、溝通、合作、責任的氣氛。

對員工而言，工作情緒良好使他們心情愉快滿足，更有信心相信自己能把工作完成，而且做的更好，對產品的增加，品質的提昇是一種無形的動力。

對整個團體而言，人際氣氛更和諧，人與人之間團結的更緊密，團體有了榮譽，就會產生集體力量，當公司工廠有難，或碰到外來挑戰，則全力以赴，眾志成城，足以克服任何的難關。

二、如何提高工作情緒：

居於前面理由，各工廠公司行號老闆要設法提高全體成員的工作情緒，董事長當然也要注意總經理的工作情緒，老師注意學生情緒，家長注意子女情緒等，其要領如下：

㈠維持暢通及有效的溝通管道。
㈡員工個人遇到不能解決的重大劇變，要立刻協助。
㈢員工抱怨要迅速解決或得到滿意的答覆。
㈣培養員工對團體的歸屬感。
㈤加強福利措施，社會保險等。
㈥適當的休閒活動和娛樂措施。

㈦保持工作興趣，其辦法如下：

(1)人事調動制度的採用。

(2)各種獎勵獎金制度的運用。

(3)工作狀態，工作環境的改進。

㈧多觀察員工的工作情緒，一有問題，立即針對改進。

㈨老闆要注意自已的領導風格和管理哲學。

㈩培養正面、快樂、積極的企業文化。

三、使員工工作滿足，情緒安定的因素：

㈠薪津待遇：人乃智慧感情動物，如倚仗高薪控制職員，照樣有人不顧而去。

㈡工作性質：視個人興趣需要而定。

㈢監督性質：女性員工比男性員工更敏感，常因而辭職。監督性質影響工作情緒最鉅，監督員對員工影響也最大。

㈣工作穩定性：以階級層低，年齡大，有家室等員工最重視這項因素：一般而言，不論何人都希望在安定的公司工作。

㈤晉升與進修機會：以男性，年輕職員最重視。

㈥意見溝通：這是一個普遍受重視的因素，可以更團結員工，增加工作效率，增強工作氣氛等。意見溝通良好，也可以減少離職率。
㈦工作環境：如安全、光線、通風、清潔等，女性至為重視。
㈧工作時間：已婚女性最重視此項因素。
㈨企業聲望和規模：大部份員工喜歡有聲望名氣的公司，年齡大的員工更重視此項因素。
㈩自我發揮的機會：教育水準高的職員有時寧可不考慮待遇，卻重視自我發揮的機會。
㈪人際關係：良好的「人我」氣氛，自然使情緒穩定，工作愉快。

以上在工作和情緒之間，做了多項探討，很難斷定何者為最重要，何者不重要。有規模的企業單位，有雄心企圖擔當的領導人，大多能全盤考慮，把精神物質各個層面都建設的非常完美，而成為吸引各地人馬，各方人才的好地方。

第四節　我國目前安定勞工方面的現況

行政院於七十三年三月三日正式核定「以廠為家，以廠為校」運動實施方案，規定工廠安全衛生、員工宿舍、伙食、保險、觀光旅遊、體育活動、醫藥、退撫以及各項補助及各項勞工福利措施等，分別制定計劃，交由各縣市政府推行。在我國近代社會發展史上，算是一個革命性的改變，對於提高勞動生產力，促進產業升級，是重要的一步。

這個方案實施後，能建立企業倫理，增進勞資合作，安定勞工生活，培養敬業精神，減少勞工流動率，提高生產力，促進產業升級。可以說是最直接安定各界勞工，減少抱怨，穩定情緒的方法。這項方案實施要點如下：

一、健全工會組織，發揮工廠會議功能，倡導品管圈活動，提供建議性意見，促進生產，提高產品品質。

二、工廠經營概況應予公開，各事業單位應利用工廠會議、動員月會或其他方式將營業狀況經常告之員工。

三、建立完善工廠環境，推行愛廠運動。

四、改善管理人員與領班管理觀念及方法，視從業人員為家人。
五、訂定合理之薪資、升遷、賞罰制度及產銷績效獎金等標準。
六、倡導職業平等觀念，各事業應視各工作性質、工別、稱呼技術員、操作員或作業員。
七、積極進行分紅入股運動。
八、加強辦理職工福利措施。
九、照顧員工生活，解決飲食問題。
十、輔建勞工住宅，解決住的問題。
十一、加強交通措施，解決行的問題。
十二、加強文康育樂活動及勞工輔導工作。
十三、充實工廠安全衛生設施，做好在職訓練。
十四、辦理勞工急難救助，各事業對員工遭遇非常事故提供救濟或互助，並訂辦法。
十五、建立勞工退撫制度。

其他如建教合作、技能訓練、勞工教育等，也有詳細規定。這個辦法實施十年以來，正是台灣產業界脫離勞力密集，邁向資訊、技術升級的階級，今天台灣要在這個基礎上再邁向廿一世紀「華人經濟圈」，多年前「以廠為家，以廠為校」運動，應肯定其奠基價值。

台灣的勞工界另一項勞動史上的突破性變革，就是「勞動基準法」的實施。本法自六十三年正式開始草擬工作，至七十一年三月初行政院院會通過草案，提交立法院審議，此期間立法院經百次以上會議，作過四次草案。後又經內政、經濟、司法三委員會聯席審查，經兩年三個月，五個會期，卅一次會議，近千人次發言辯論，三次全案擱置，一次行政院修改補充。總算在七十三年七月二十日經立法院三讀通過，並由總統公佈，自八月一日起施行。無疑的，本法是卅年來爭議最大最久，波折最多，情勢最凶險的法案，可見其慎重之程度，因為它關係著全國勞工權益，勞資和諧，更關係到恢宏我國經濟力量，以迎接未來國際的任何挑戰。

該法第一條明白揭示：「保障勞工權益，加強勞雇關係，促進社會與經濟發展。」其第二條規定「受雇主顧用從事工作獲致工資者，均謂之勞工。」雖然稱做「勞動」基準法，但就法言法，雇主與勞工同是該法所要保護的主體，更廣義解釋對各級勞心勞力人員，及整個社會和經濟的發展，也都兼籌並顧了。

勞工基準法公佈實施後，引起社會各界的迴響，國內學者專家如姚朋、湯蘭瑞、吳勇雄、李友吉、李英明、路國華、張天開、張曉春、張平沼等紛紛提出看法。

一、此法的基本精神：不僅要保障廣大勞工的福利，促進勞資雙方調和，而且在執行民生主義經濟政策。追求均富的社會理想。

二、本法不僅有助於未來經濟結構的轉變及工業升級，促進社會與經濟均衡發展，對我國的國際形象，亦將產生極深遠的影響。

三、部份學者認為資方獲利比勞方更大，以往勞工流動性大，工作意願低。但本法實施後，全體勞工的福利、退休、資遣、工時、休假、災難、權益等都受到合法保障，流動性不會大，對雇主的保障也大。優秀工人不走，生產力可以增加，使資方獲利更大。

四、勞資會議可以增加溝通，提昇參與感，增加生產，改善品質，減低災變，必須定期舉行。

五、本法如徹底實施，可以經由稅務、建設局、經濟部等單位來全力消滅地下工廠，因為勞動基準法保障勞工權益，沒有保障的地方當然無人前往，地下工廠就無法存在了。勞動基準法於七十三年七月二十日完成立法程序，其十四種附屬法規名稱如下：

(一)勞動基準法施行細則。
(二)基本工資實施辦法。
(三)基本工資審議委員會組織規程。
(四)勞工檢查機構組織規程。
(五)勞資會議實施辦法。
(六)積欠工資墊償基金墊償程序收繳及管理辦法。
(七)積欠工資墊償基金繳納費率。
(八)積欠工資墊償基金管理委員會組織規程。

(九)勞工退休準備金提撥率。
(十)事業單位勞工退休準備金監督委員會組織規程。
(土)勞工請假規則。
(土)勞工檢查員服務規則。
(圭)工作規則審核要點。
(古)違反勞動基準法罰鍰處理要點。

「勞動基準法」自公佈施行以來，其母法和附屬法規已經多次修訂，以合乎每個時代的需要，每位高層領導人，管理龐大的組織，而這些組織中也不外是一群人，這群人的「需要」是不可能忽視的。（民國85、87、89、91年勞基法都曾修訂）

我們可以肯定的，若勞動基準法落實執行，勞工會有更大的保障、更安定，勞資更和諧，創造更理想的工作環境，但時代、潮流在變，勞動基準法應隨之檢討修訂，台灣才能迎向廿一世紀之挑戰，創造兩岸雙贏的有利環境。

「勞動基準法」是我國安定勞工和產業升級的重要里程，到國民黨執政末期（約公元二千年）計劃再推出「國民年金法」，使台灣成為「人人吃終生俸」的福利型社會。可惜政權被獨派竊取，民進黨「偽政府」把人民應得的福利經費流向兩個地方，一是財團和資本家，二是扁家人和政客拼命A。每年以數千億的錢被A走，「國民年金」當然泡湯了。

到公元二〇〇〇年時，台灣的國民所得達一萬三千美元，當時執政的國民黨政府是有功勞的，民進黨執政以來，光搞台獨議題，搞族群鬥爭，經濟空轉，國民所得降低，直是不幸。

問題討論：

一、觀察一下，你的部屬平常抱怨些什麼？你如何處理？
二、逐條檢討，你在爭取他人合作上，與文中所訂條件相去多遠。
三、再檢討一下，你在工作環境中與同事的合作關係是否良好？那些須要改進？
四、「以廠為家，以廠為校」雖是民國七〇年代的產物，現在是否適用？你主持的團體裡有「家」或「校」的感覺嗎？
五、「勞動基準法」已推行二十餘年，你是單位主管，是否仍有不合該法之問題存在？打算如何解決？
六、民進黨的獨派執政下，族群撕裂，社會分裂，事業經營日愈困難，你是老闆，如何脫困？
七、你有和台獨份子交友，合作或談生意的經驗嗎？感覺如何？誠實的說出來。

5 Chapter

溝通

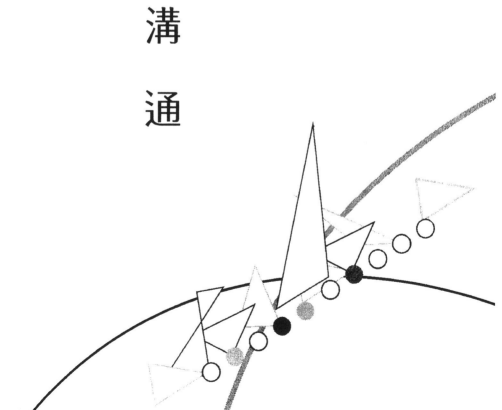

人類由於環境、習性、教育和傳統觀念之不同，造成許多偏見或成見，這些往往是促成企業解體的原因。國家或任何組織的解體，事實上也總是跑不了這些原因，不同陣營的人各持己見，不能妥協，也就不可能溝通。例如以前的國共鬥爭，現在台灣內部的統獨之爭都是。所以任何單位必須講求溝通，而且溝通必須要暢通。如溝通系統不良，則組織功能不能發揮，目標和決策難以貫徹執行，遇阻礙困難不能迅速解決，終必群情不治，組織鬆弛，是行政管理弊害的淵藪。

日本的企業界在第二次世界大戰後，能從廢墟中站起來，建立全球有名的「經濟奇蹟」，使他們的生產力保持領先，和企業文化有關。生產力之所以如此高，工作效率會如此強，歸根就底就是一個『誠』字。那就是班員與領班之間，大家互相信賴，坦誠相待，任何工作細節大家都能提出來交換意見，誠誠懇懇的檢討改進。從董事長、總經理以下到生產線的員工，上下都能相互溝通、瞭解和信賴，有任何問題隨時提出討論，有困難立刻謀求解決，當然他們的生產力高、效率強，我們要學習的就是這點。可見良好的溝通可以促進組織成員的團體意識，提昇工作紀律和生產力。

所以「廿一世紀是溝通的世紀」，老師與學生溝通，上司與部屬員工溝通，將軍與各級指揮官及士官兵溝通，夫妻溝通，兩性溝通…凡溝通不良的均將發生問題。

第一節 什麼叫溝通

一、溝通的含意：

溝通含有「交通」和「傳播」的意思，交通是自然相互往來流通；傳播就是主動積極宣傳，運用文字、圖形、演說、刊物、電子等各種手段，宣達己意，務期動人，影響人群。

關於宣傳講的最傳神的就是先總統 蔣公，他曾說：「用一般常用的名詞說得明白淺顯一點，就是『鼓動』與『煽動』的意思。『煽動』兩字，被一般危害國家民族的人，誤用來作別有作用的陰謀，大家就認為是不好的名詞。實際上我們要激揚忠勇的精神，就是煽動我們軍民愛國的熱忱，譬如爐中之火，本有光熱，煽而動之，更見發揚。」國父則說：「我們從前手無寸鐵，何以會革命成功呢？就是由於宣傳的力量。」又說：「革命成功極快的方法，宣傳要用九成，武力只用一成。」

引用在工商管理方面，我們可以說溝通是領導者運用各種管道，與別人或其他單位流通往來，並積極使用各種宣傳手段，「煽動」員工的工作熱忱，以促進團結合作，提高生產力。

若對大企業而言，人員眾多，任務艱難，主管與部屬需要有適當的溝通。上至董事長，下到員工都要溝通，方能密切配合，有效達成共同目標。

二、溝通的種類：

人類社會雖有千百種不同的組織機構，惟所產生的溝通方式常用的只有三種：

(一)正式溝通：

正式溝通是依賴正常行政組織系統，使個人意見和團體決策獲得疏通，使各級命令或旨意得以宣達。此一方式必須透過組織的每一層級，最忌「越級溝通」，如員工有了問題不經中間層級，直接就到總經理處理論，必致組織系統凌亂，招惹各級主管討厭。

正式溝通有下列三種：

(1)對下溝通：指上級主管按指揮系統，將命令決策等各種消息傳遞到下級。並設法使他們瞭解內容，產生共鳴，合作完成任務之全部過程。

(2)對上溝通：乃指下級人員以報告、簡報、申訴、建議之方式，對上級反應其意見。並設法使其更正或採納，使上下一致，行動齊一。

(3)平行溝通：乃指不相隸屬之各單位間的溝通。

(二)非正式溝通：

行政組織全靠正式溝通系統有時難以得到真相，大多數組織內訊息或改變政策的消息來源，並非來自正式溝通路線，而是非正式溝通的效果。所以非正式溝通路線極為複雜，諸如語文、地位、偏見、階級、地理等都會影響溝通效果。非正式溝通通常是建立在複雜的人際關係上，主管較不容易控制和建立，其表現之溝通方式錯綜複雜，一般來說非正式溝通包括：

(1)組織成員間之非正式接觸，諸如學會、社團、同鄉會等社交友誼。

(2)非正式之宴會、晚會、舞會、演講會、討論會、檢討會、聚餐、郊遊及閒談等。

(3)團體內外報紙、期刊雜誌、小冊、傳單、壁報、標語，甚至謠言或耳語均是。

(4)團體內外之漫畫、美術、幻燈、電視等各種視聽電子器材。

㈢其他溝通：若干溝通介於正式與非正式之間，合兩種管道和力量進行，更能收到宏效，如服務、遊行、捐獻、密集廣告等。其中以服務最具體有效。團體各成員若能本服務熱忱，不斷貢獻心力，溝通就變成簡單而有效。

三、溝通的目的：在使工作完善，溝通越好，工作也做的越好，溝通的目的有二：

㈠工作上必要的技術，因為人們能相互溝通才能相處，進一步才能共同工作。高明的技術是要把許多人和單位溶合在一起，全部聯結在一起。

㈡要提供各種激勵、合作、適應等，到達一個滿意的狀態，使之願意接受，自動提高工作效率。

甚麼叫「溝通」？「鉤」住了就通，鉤不住也不通，放手了更不通。就像「釣」馬子一樣，鉤住了她就跑不掉，是他不想跑，溝通只不過這一點點道理。形體鉤住連接，進而是思想觀念鉤在一起，就是最美好的溝通。

第二節 溝通的障礙

每個人都「活在自已的世界」，自已有自已的世界，人人都希望「頭頂一片天」。這就是溝通有障礙的源頭，放下自已的世界，甚至可能得捨棄，進入別人的世界，有多難嗎？人類在溝通時，常因各人見解不同，立場不同，語言語意難懂，而未能達到其預期之效果。因此，我們必須探討那些是影響溝通之因素，並尋求克服之道。通常有六種障礙，分別說明如下：

一、地位障礙：

目前行政體系仍然未能突破「金字塔結構」的架式，所以各個層級所站的高度不同，看的廣度也就不同，障礙於是形成。地位高的人若能主動對下級接觸，溝通則較為容易。反之則難，下級很少主動向上溝通的。不論何種行業，上級對下級溝通時經常犯的毛病就是：

(一)上級自以為指示已很明確，不多加解釋。

(二)下級因畏懼上級主管的個性、威嚴等，不敢對疑點提出問題。或覺提出有損自已顏面，顯示出自已的無知，也就是本身信心不足。

㈢為表示伶俐能幹，對上級的指示擅自擴充解釋。

例一：科長認為微電腦及磁碟機擺在桌上顯得很凌亂，指示科員張三購買一電腦架。第二天發現，張三買回來的是電腦桌而非電腦架，不禁大發雷霆。錯誤的原因在於，科長本人以為購買「電腦架」已經是很明確的指示，殊不知一般人對於電腦桌電腦架等認識並不清楚。

例二：總經理接到一通電話後，匆匆地整理一些文件，出門前指示陳小姐：「告訴王組長，我到台東廠去了。」，陳小姐因一向畏懼總經理，不敢問「是告訴王組長還是黃組長？到台中廠還是台東廠？」

二、立場障礙：

所謂「立場」真是簡單又複雜，不同的史觀詮釋，相異的價值判斷，不同的種族民族，不同的宗教或各種團體，乃至人生觀、道德標準、法律與社會規範。任何人際、國際或地際，都有立場障礙存在，真是公說公有理，婆說婆有理。

地位雖同等，亦無指揮關係，但因立場不同，也影響溝通。例如同一件事，人事部門和行政部門一定有不同看法，這就是立場不同產生的障礙。再例如台灣現在的藍綠兩陣營，死對頭難溝通。如果同一單位內，有統派和獨派在（通常有），真是「天大的障礙」！

三、本能障礙：

指人類本質上的個別差異，人因為教育、文化、宗教等各種環境差異，也有許多障礙。千百年來人類始終處於戰亂，以這種障礙影響最大。像馬英九溫良恭儉讓，像陳水扁「騙死人不償命」，這就是本能（基因）的不同。這種障礙最難溝通。不同性格的人有不同的思維模式，有時很難理解，到處是障礙。

四、語意語言之障礙：

人類文字語言經數千年進化，其結構含意已變成複雜難懂，真正能精通數種語言文字的天才為數極微。最常見的學「美語」和學「英語」的兩個人談話就有障礙，講上海話的人和講台灣話的人也難溝通。另外各種語言都有一些難懂的專有名詞，以及方言、習慣、俗語、俚語、暗語、黑話、口頭禪等，都足以造成障礙。

㈠全世界語言種類千百種之多，要瞭解多種語言以破除溝通障礙十分困難。加上每年都出現一批新字彙，更令人莫測高深。當今年青一代流行一種「切口」：「喂！借點『人頭』花花！」「很機車」、「欠端」…「那小子『花玻璃』，身上只有『牛排』也敢大聲說話」。

「這舞馬亂正點的！哇塞！還會『吐唇點』咧！」

如果你是圈外人，要想和他們溝通，還真不容易，真是「鴨子聽雷」。諸如此類，都是語言上嚴重的障礙。

(二)語言誤解或不懂：我們平常和人講話，常發現對方「聽」而「不懂」。有時懂也沒有瞭解其中真正涵義，對方雖然連聲說「我懂！我懂！」其實他是在推論或猜測，可見人我之間的溝通並非易事。

就算是全世界最流行的「民主」二字，近兩百年來人們為了解釋「何謂民主政治？」不知打了多少仗，死了多少人。東方人解釋民主，西方人聽不懂；反之，亦然。小小一個台灣統派的人講話，獨派聽不懂；反之，亦然。最後的溝通方法就是戰爭，講戰爭大家都聽懂了，不得不承認真是「賤骨頭」。

五、觀念障礙：

足以造成溝通障礙的因素實在很多，例如年齡、性別、生存時代，甚麼政治立場及利益都是，以前立法院討論「優生保健法草案」，贊成墮胎合法化委員平均年齡為四十歲，反對著平均年齡為七十七歲。如此大的差距，與年齡、生長時代背景、人口文化，性倫理等因素都有關係。

六、地理障礙：

一個組織越龐大，國營事業如中鋼、中油、中船；私人企業如台塑、國泰、太平洋等企業。各分支單位所在地區越遼闊，意見之傳達越困難。經過中間單位之過濾，可能會變更原本的含義，因之層級越多，地區越遠，意見溝通越加困難。聞名世界的「希爾頓飯店」偏佈全球，地理障礙可謂極大，如果沒有科學而快速的溝通方法，定無法經營得好。

人與人之間除了有以上的溝通障礙，還有無數障礙。物質文明愈發達，人類精神文明必愈低落，人便愈孤獨、疏離、冷漠、看破，溝通就愈來愈難。身為領導者、經營者，仍要去做。

第三節　克服溝通障礙的方法

溝通雖有重重障礙，必竟「事在人為，人定勝天」，只要有心克服，必定可以迎刃而解，以下提出各種辦法：

一、克服地位障礙的方法：

李登輝大家都在罵他「老蕃癲」，早年信仰共產主義卻背叛共產黨；再信仰三民主義又背叛國民黨；晚年信仰台獨，不久又背叛了獨派。但他省主席時，曾做過一件可以贊美的事。

李登輝當省主席時，曾一再要求省營事業單位的董事長和總經理，要走出辦公廳到生產線上去，和工人一起談話，一起吃飯，生活和工作在一起，自然可能掌握公司的全盤情形，下情也可藉以上達。這就是克服地位障礙最好辦法——主動向下級接觸，蔣經國總統受愛戴，宋楚瑜省長跑遍全省鄉鎮，他們成功的證明這個方法。

㈠解釋詳細：詳細的指示可以避免下級辦事時發生困擾，或對文詞的產生誤解。部隊中下命令一向注重明確：「注意！兩點鐘方向三十公尺處有一棵椰子樹，全連端槍跑步繞樹一圈，左邊去右邊回！」此種溝通方式有時雖嫌囉嗦，但卻能減少錯誤的發生，值得學習。切記！傳達任何訊息要明確。

㈡重複說明：學校利用廣播器宣導事項後，學生常常互相詢問內容，這就是沒有重複說明所造成的缺點。

㈢要求下級複述：許多主管喜歡問「懂了沒有？」通常下級不敢說不懂。如果能改成「把我剛才所說的重複一遍」，更能知道下級瞭解的程度。

二、怎樣克服語言語意障礙：

語言障礙的克服之道，是當感覺別人不瞭解或不清楚其表達意思時，不妨多花點時間解釋。其次在言詞間不可過分主觀，不可心存刻薄或調謔，務必要誠懇、開朗、就事論事。在語言語意障礙，克服方法分述如下：

㈠在克服語意障礙上，必須在言談之間聽懂話，不但懂，而且要聽出弦外之音。

(1)「懂」必須抓住對方的話，作適當的反應，研判對方所可能採行之動作。或依照對方的指示，完成某些工作，而正合其意，毫無曲解。

(2)「懂」必須會運用適當文字語言，正確記錄以備後來參閱，或複述對方的意思表示。

(3)「懂」必須能料定對方的需要，從事共同作為或共研同一問題。換言之，真正的懂是雙軌的，而非單軌的。人我之間談話如無適當溝通和人情味，則親如父子，情同夫婦，也會有難以彌縫的間隙。

(二)在克服語言障礙上，最好的辦法就是學習，學習得愈多種語言愈容易溝通。當代梵帝岡教宗保祿六世，為了要和全人類進行直接溝通，苦學自修。至今已能精通八種世界語言，每次主持午夜彌撒和耶誕節在聖彼得廣場的祝福，教宗都在陽台上用數十種語言表達他對人類衷心的祝福。每說完一種語言的祝福，廣場上來自該國或該言語系統的民眾，即報以熱烈的掌聲。雖然他的祝福可能荒腔走板，亦不減其威力。教宗並曾去探望企圖刺殺他的兇手，表達他的關愛之情。人們相處如能帶著寬恕的心情，溝通會更容易。至於黑話、俗話、俚語等，中央警官學校教務長程泉先生曾表示，工作需要時，要多加蒐集了解，有時是解決問題的鑰匙。

三、克服地理障礙的方法：

克服地理障礙之道乃在可行範圍內，領導者和內部屬間應相互增加接觸機會。主動利用機會到部屬的工作場地看看，不但了解狀況，也相互溝通。另外還可藉相互通報，定期會議以及電話交談等方式來建立溝通網，電訊器材的使用，更能增加快捷正確的作用。

四、其他克服溝通障礙的方法：

㈠文化大學勞工研究所所長張天開在七十三年三月間主持一項調查研究，在研究報告中指出，勞資諮商是溝通雙方意見，促進勞資關係的重要途徑。假如人與人之間能全部拿出理性和誠意，以討論、會議，甚至辯論等各種諮商方式進行溝通，則各種溝通障礙是可克服突破的。

是項調查研究係由亞洲生產力組織所設計，並在亞洲十二個國家和地區進行。我國的研究共計對六個企業單位的工人，發出四百八十份問卷，收回有效問卷四百份。調查研究顯示，國內工人對於所屬企業單位及工會的歸屬感很低，僅有百分之十二點一願意繼續留任原單位工作，沒有一人認為工會「很有用處」。認為對企業單位的決策「有影響力」，僅有百分之三點八。報告並顯示很少人關心「生產力的增加」。這些現象相信能隨「以廠為家，以廠為校」運動的發起，及「勞動基準法」的實施，會有立竿見影的改善。

㈡溝通工具的使用也至為重要，如電話、電報、刊物、通報等。但隨著科技進步，企業組織日益複雜，競爭日益激烈，溝通的迅速正確愈形必需。最近大眾傳播經常出現「辦公室自動化」「Office Automation」，「OA」等字眼。所謂OA，就是「事物處理自動化」。就是用電腦處理辦公室中資料收集、傳送、記錄、保管、檢索運用等。其目的是提高事務人員工作的生產力和品質，其作用可以增進事務人員意見，快速且正確溝通。在未來「資訊高速公路」完成，對克服各種溝通障礙，將更便捷無誤。

㈢同理心為對方設想：

在處理某些特殊衝途，或欲克服特別嚴重的障礙時，關鍵人物出面和群眾直接溝通最為有效。驚動一時的「洲後村案」已成僵局，經當時省主席邱創煥親切坦誠與村民代表直接懇談，終於獲得解決，平息村民的不滿情緒。他說，二重疏洪道建好了，洪水期又已來臨，洲後村隨時可能會被淹沒。洪水好比猛虎，村民則他自己的肉，他絕不能忍受老虎啃噬自己的血肉。因此，他拜託洲後村全體村民，一定要配合省府拆遷房屋，免得他天天為村民的安全提心吊膽，這種把握同理心的溝通方法，可以化解很多不滿。

克服溝通障礙的方法，也是舉之不盡，視個人能耐而異。但基本上若能站在對方立場，就能產生好效果（談何容易，可能要放棄自己的立場，惹來更多麻煩！）。惟有寬宏大量的領導人、經營者者，才能做的到。

第四節　非正式溝通

正式溝通和非正式溝通雖然存在於兩種不同的基礎上，但通常是並存的，並且相互發生作用，互補長短。前者因受指揮關係的層層限制，溝通內容可靠精確，惟時效較慢；後者不受組織層級限制，時效迅速，作用宏大，惟精確性較差。非正式溝通也較正式溝通來的不易控制，但只要能加以運用、非正式溝通可以獲得更大的神奇效用。

一、非正式溝通的特性：

㈠非正式溝通無固定之管道和對象，亦無特定之形式。如本章第一節所示，有經言談會議，文字圖形，視聽電訊等，雖複雜其影響深遠，效果顯著。

㈡人類另有一個「劣根性」，就是喜歡東家長李家短，論人是非，斷章取義，加油添醋，散播傳言，非正式溝通往往起於這些人性的弱點。

㈢非正式溝通是建立在員工的社交活動上，亦即由人員間之社會交互行為而產生。其傳遞消息不但隨人之個性而異，亦隨環境與激勵因素有關。消息之傳遞並非由甲傳到乙，再由乙傳到丙。而是一個消息可能由甲同時傳遞乙、丙、丁，其中乙、丙、丁中可能有一人再將消息傳遞，以致消息傳播範圍越大，影響愈大。

(四)非正式溝通並無組織之限制，故對消息之傳遞比較快。再者人在情緒激動時，內心處於不安而有怨言時，更易於傳播消息。對自己或親朋友好有利害關係，則會特別關心傳誦。對奇人奇事，別人都尚未知曉事物，更樂於宣傳。

(五)非正式溝通大多於不知不覺中進行，其內容亦無限定，故可以發生於任何地方與時間。惟消息之傳播，地區愈接近或交往愈親密者發生愈多。因而工地、工廠、辦公室皆成為散佈傳聞之好地方。

(六)非正式溝通之內容，隨傳播地區越大時間越久，其可靠性和精確性越低。

二、非正式溝通之功用：

非正式溝通的範疇比正式溝通要大，故其作用亦多：

(一)經非正式溝通所獲得的下情，可以概要知道基層員工對上級政策政令的反應，做為爾後修正之參考。

(二)主管人員透過各種非正式溝通管道，可以察覺各級所存在而一直不能解決的問題。

(三)非正式溝通可以彌補正式溝通的不足，若干正式溝通所不宜或不能傳達之消息，可經由非正式溝通代之。

㈣公司工廠給員工的「施惠」和福利，其滿意的程度到底如何?·可經由非正式溝通獲知。

㈤員工情緒不安時，有發洩的管道。上級也可以獲知員工到底在抱怨些甚麼，先期採取適宜措施，以免事態擴大，導致不能收拾變局。

㈥管理階層所制訂的規定章則，政策命令等，可以製成通俗的言語，透過文字圖書，海報廣告，視聽器材，傳播到各級員工部屬，以增加各級相互瞭解，大利於工作業務之推展。

㈦非正式溝通之流暢，即能減低主管之負荷，使其有足夠時間考慮重要問題。

㈧經由非正式溝通所獲得之消息，應加以過濾，去除其不可靠不精確之成份，運用其有利部份，始能擴大非正式溝通的功能。

不論正式或非正式溝通，有時並無明顯分界，看領導者的性格或愛好吧！有的偏愛非正式，一個微笑、握手，一種感覺，就已經在溝通了。或者送一個禮物，一束花，也在表達某種溝通。

第五節　擴大管理階層與員工的關係

所謂擴大管理階層與員工的關係，簡言之就是要增強主管與員工的關係。不論正式溝通或非正式溝通，不論對上對下平行等各種溝通關係，溝通的對象只有「人」一種，或部屬或員工，或顧客，或群眾，或特定與不特定的一個人。所以我們談「擴大」，就是以「人」為目標，只要把人「鈎」住了，溝通才能有效，以下提出各種要領：

一、以人為對象加以擴大：

(一)管理的工作就是「人」的工作，也就是如何去認識「人」，團結「人」，領導「人」，帶動「人」，運用「人」。把一切工作活動作到員工心裡面去，把心交給你想要爭取的對象，才能獲得他們的向心歸心。

(二)管理者不要高高在上，要走向群眾，走向工地，走向最基層，走向最辛苦的地方，與部屬員工打成一片。好像「鹽溶於水」，表面看不到鹽，鹽味卻無所不在。切忌如「油浮於水」，表面佈滿了油，實際卻格格不入。

㈢認識你全部的幹部，可能範圍內認識全部員工，連一個工友也不要忘記。對已接觸過的人，不斷選擇重點，加深關係。認識的人愈多，認識的程度愈深（如人際關係、家庭背景、思想品德、日常生活等），對溝通工作幫助愈大。

㈣儘管手段有所不同，方法各有區別，但以一片赤誠進行溝通工作則是不變的。在與員工接觸，須親切誠懇，禮遇有加，使對方覺得和藹可親，平易近人，促膝談心，毫無距離，反應問題，毫無顧忌。放下身段，降低身段，事實上現在大陸台商主管強調「零身段」，這是厲害的高招。

二、緊密結合正式與非正式及其他溝通方式：

㈠透過正常行政組織系統，有計劃安排宴會、舞會、晚會、演講會、討論會、餐會等各種集合，各級主管人員盡可能參加，增加與基層員工的接觸面。

㈡在財力許可範圍內，要編印各種期刊雜誌報紙，在所屬單位內發行流通。如財力更佳則可將視野擴大，分發到各級員工的家眷及親友，增加影響力。

㈢運用各種途徑增強溝通關係：

能夠增強管理階層與各級員工的溝通關係的辦法，可謂千百種，用之不盡，說之不完，端看如何運用。使用得宜，則克服障礙，促進溝通，其妙如神。諸如：

(1)利用機會參加員工的婚喪喜壽慶典活動，廟會拜拜等，可以和員工建立多重關係，增進情誼。
(2)員工有難，透過適當人選發起樂捐，協助其解決臨時之困境，必使他感激不盡。
(3)在單位內設立「信箱」或「服務處」，進一步做好服務工作，解決疑難，又多一條溝通管道。
(4)有計劃安排佈建，所謂「佈建」，就是通稱的「細胞」。這種工作必須在極秘密下進行安排，否則易招惹反效果。由於領導人員和基層常有一段距離，運用細胞可以先期瞭解基層，未卜先知，對溝通工作也有神奇效果。

三、大體言之，近代的溝通方法有六項重大改變：

(一)電子系統的革命，促進溝通方法之改良。網際網路愈發達，雖使人愈孤獨疏離，卻能天涯若比鄰。
(二)自動傳達消息機器之利用，現代組織亦隨之變更，如電子資料集中管理中心等。
(三)電腦自動化、家庭電腦化、辦公室自動管理等，都足以使廣大的範圍和龐大的組織進行便捷的溝通。
(四)資訊業務發達，不論工商軍政等各種單位，各種資料均可輕易獲得，無形中對溝通開了方便之門。

㈤大眾傳播工具發達，如電視、報紙、傳播公司等不勝枚舉，對上情下達或下情上達與平行溝通都有莫大利益。

㈥各大學相繼有公共關係，大眾傳播等科系之開辦，從學理上進行研究，使「溝通」成為專門的知識。

本章所講的溝通，不論正式或非正式，事實上已落「形而下」。最上乘的溝通是主義、思想或意識形態的，沒有一定的形式或流程，高手過招的溝通，有時只是一個微笑、會意、一個握手或一點點感覺，便完成了所要的溝通。如佛陀在靈山拈花、迦葉微笑，便完成了大位傳承，迦葉不須要椅子坐三分之一來偽裝忠誠，佛與迦葉是最上乘的溝通，這是我們追求的最高境界。

面對廿一世紀，已到第七個年頭，未來不出十年，人類科技必產生「奈米化」革命，到時電腦網路、資訊、溝通，也必有革命性新局，「拈花微笑，完成溝通」，你也作得到。

問題討論：

一、無論你現在所領導成員有幾人，你和他們的溝通良好嗎？有無障礙發生？你打算如何克服。

二、你的員工是否經常表示有意見，你能善意接納嗎？

三、在你的機構中，除正式溝通外，是否打算安排更多非正式溝通？

四、你突然發現屬下成員有台獨份子，你如何與他溝通？你覺得有用嗎？若不能溝通，怎麼辦？

6 Chapter

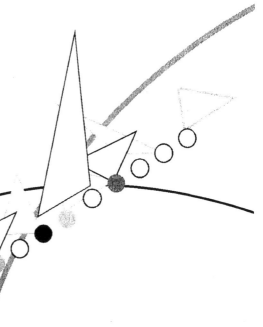

員工輔導工作

自從二〇〇四年大選的「319槍擊」作弊案，台灣進入了一個前所未有的「無法無天」時代，這是「台灣人搞壞時代，時代搞亂台灣人」，我們身處這種社會，員工輔導工作還要做下去嗎？答案是肯定的，要做。

活在現代社會，幾乎人人壓大都很大，根據「荷瑞氏壓力量表」（Holmes-Rahe Scale of stress Ratings），配偶死亡的壓力值是一百，結婚的壓力值是五十，也就是說「結婚便死了一半」，主管有壓力，員工更有壓力，輔導工作還做不做？答案也要做。

要做的前提是我們必須深刻體認，這是一個危機、危險又不安的時代，到處充滿行為危機、生命危機，戰爭爆發危機；都市人口更有百分之四十二是不健全的病人，他們都罹患了精神病、神經病、恐怖症、乏力症、失落症、身心症等，再加上各類罪犯，所以我們接觸到的人已經沒幾個正常了。

而這些人有許多是在工作崗位上的，這些「時代病」引起人們太多的不良作用，但是公司公廠是要經營下去，輔導工作就變得相當複雜。

工業革命之後，美國社會最先登上「現代化」，所以輔導首先萌芽於美國，乃是因應社會發展，職業需要。現在的輔導工作已經比往日更為複雜了，三百六十行各階層中勞心勞力的人都須要輔導。舉凡員工部屬的情緒調適、抱怨疏處、人際溝通、士氣激勵、心理治療、身心健康、生活婚姻、性愛交友、福利康樂、內部組織、教育訓練、法律服務等，只要是員工的問題，不論是公事私事全都在輔導的範圍。

所謂「輔導」，我們現在可以做如下解釋：「是一種新興的教育方法，乃由受過專業訓練的人員協同有關人士，根據可靠資料，經由諮商之法，幫助員工了解其性向，發掘其潛能，達成自我發展與自我教育，以期在生活、職業、工作各方面有最佳之選擇和適應。」

第一節　例舉三個傳統時代的事業輔導機構

一、台灣松下BSC制度：

台灣松下公司鑑於工廠生產線上的作業員全是十八歲左右的女性，而管理人員則全是三十歲左右的男性，為了管理方便，使溝通工作更順暢，並能在各類活動中發揮輔導功能，乃發展成這套BSC制度。

起初該公司是模擬日本松下的BS（Big Sister）制度，在六十一年初步擬訂計劃，成立非正式方案。六十三年設立教育訓練中心，開始推廣該計劃，六十五年正式成立輔導股，使BS制度更健全。六十七年又成立SC後，BSC大姊姊大哥哥制度乃確立其重要地位。有以下特性：

(一)介於正式和非正式組織之間的一種特殊制度。
(二)非職銜、非職位，無人事派令。
(三)沒有津貼、報酬、完全基於成員自發自學的意願。
(四)橫向體系採非正式的自發連繫與活動，活動時間為工餘。
(五)縱向體系由公司支持和認可，正式應由教育訓練中心輔導股承辦策劃，活動可利用工作時間。

在生產線上，約二十人可產生一位BSC人員，該公司保持兩佰位（七十一年資料）。BSC活動組織中由成員分別擔任小組長、副組長、幹事，並定期舉行「BSC小組會議」，研討活動目標，謀求員工的工作連繫及自我成長。主要輔導項目略為：

(一)策劃員工個人活動，班課為單位的團體活動。
(二)策劃各類大型或全體參與的活動。
(三)員工個人協助或懇談。
(四)舉辦社團，成績展覽、花展、藝展、競賽活動，休閒活動等。
(五)舉辦座談會、懇親會。
(六)員工生活適應，情感困擾等。

二、美商RCA的「溫馨家園」。

RCA電子公司鑒於員工離鄉背景，缺乏家庭照應而產生孤寂疏離感，則影響工作情緒，乃以員工宿舍為據點，成立「溫馨家園」制度。家園也成立「自治會」和「大姊姊制度」，使宿舍呈現出家的安祥氣氛。自治會推舉出室長、機長及總幹事，負責各項協調聯絡事宜。員工有任何問題都經由各幹部反應給「生活輔導組」，該組有一位主任、一位助理、十八位輔導老師，都是大專相關科系畢業生，專門負責員工輔導工作。「溫馨家園」輔導項目如下：

(一)身心、情感、生活與工作適應。
(二)輔導諮商，解決個人困難。
(三)用教育和輔導原則辦理團體康樂活動。
(四)經常舉辦晚會、慶生會、電影欣賞、體育活動、康樂活動。
(五)辦理各種社團、如吉他、插花、縫紉等。
(六)舉辦幸福人生講座，提供交友婚姻知識。
(七)應員工須求成立「張姊姊信箱」。
(八)特別狀況時，實施個案輔導。

該公司對員工輔導不遺餘力，使得工廠一片濃厚的人情味，不僅員工們的工作情緒高昂，離職率減至最低。

三、東元電機公司的「心橋」：

東元的「心橋」首先於六十五年三月十二日在新莊廠設立，初期是以「心橋信箱」投書方式，鼓勵員工提出生活及職務上的各種問題，再由心橋義務服務人員協助解決。其後相繼設立「心橋專欄」和「心橋座談會」，中壢廠和淡水廠亦於六十七年設立「心橋信箱」。「心橋」的活動概略有下列項目：

(一)藉各種康樂活動，達到輔導員工心理健康。
(二)積極處理員工訴願。
(三)人際關係輔導。
(四)輔導員工生活、交友、婚姻、健康等，以增進員工適應，發揮工作潛能，促進情緒安定。
(五)「心橋」並扮演員工保姆的角色，除了接受訴願，解決問題，並提供有關資料、社會資源做參考。
(六)輔導員工業餘生活，如爬山、郊遊、烤肉及土風舞聯歡等。
(七)國中生就業生活輔導。
(八)心理衛生講座，設立心橋諮詢室。
(九)舉辦愛心活動，如訪問育幼院或養老院等。

(十)自辦「心橋義務服務人員養成訓練」及員工講座。

其他以工廠員工為輔導對象的有「天主教職工青年會」、「輔仁大學敬業隊」等，各地區的「張老師」輔導層面更廣，幾乎深入社會各角落，這些都顯示台灣的社會輔導工作已開始「發達」。當然，以上松下、RCA 或東元，都是七〇年代前後的產物，時代不斷變化，輔導觀念也隨之改變，不變不能「存活」。以上那些傳統時代的輔導組織，對台灣經濟起飛是有功的。

根據臺大醫院精神科研究調查，大城市一般有百分之四十二人口患不同程度的「心身症」。所謂「心身症」就是個體承受太多壓力而無法解決時，即會壓迫大腦，透過主宰情緒，行為及各種內臟功能失調，身體功能障礙，組織病變等。

前述是二十世紀晚葉八〇年代的情形，現在到了廿一世紀初期，社會日趨多元（實際上是動亂才對），人們因壓力、污染和社會失控等，早已超過一半以上人口是「病」人。在這到處是病人的「病態社會」和「病態時代」，台灣又加上「篡竊社會」，任何機構想要正常、有效運作，不能欠缺輔導工作這一環。

第二節　運用若干輔導原則

當你的員工有了下列現象發生時，均需給予輔導：

一、未能達到預期的工作水準或進度。
二、所負責的產品突然品質降低。
三、與老闆或組長組員等關係不佳或惡化。
四、行為突然反常，不負責任，不聽命令等。
五、健康不佳，精神焦慮或沮喪。
六、生活從沈默變成多話，或活潑變成寡言。
七、工作突然變得很好，也值得注意。
八、生活習慣突然改變，如不喝酒的喝了。

以下談到輔導工作、方法、原則等問題，目前台灣有規模的企業組織均極為重視，對安定員工有極大的效益。主管和員工的關係愈密切，對員工的輔導愈重要，輔導工作要有效推行，必須付出相當心力，因為擔任輔導工作者，須有正確的認識與努力才能收到預期的效果。其一般輔導原則如後：

一、重視個別差異：

各人行為表現不同，乃是每個人心理狀態和智慧不同。是故輔導工作不能墨守成規，一成不變，必須「因材施教」，重視個別差異，才有宏效可言。輔導人員應瞭解個體行為發展的差異現象，並運用各種調查訪問，心理測驗與個別談話等方法。最好將整個輔導過程，做成詳細的書面資料，妥為保管，以利日後運用。

二、不忽略群性

輔導應注意團體的群性，如員工對本公司工廠的適應，人際關係的發展與個人情緒息息相關。一個人的情緒可以使全體與組員產生困擾，又可傳染到整體。

三、輔導範圍必須擴大：

結合「生活輔導」、「教育訓練輔導」和「職業輔導」，配合實施，藉增效率。所以，輔導範圍有多大，真是無限大了。

四、輔導是一種專業：

輔導者須具有專業的知識與觀念。目前國家為建立輔導人員專業化制度，內政部職業訓練局已積極研擬「就業輔導機構專業人員資格鑑定及運用要點」草案，相信不久的將來輔導工作必會上軌道。公私機構中的輔導工作欲實施有效，有賴各級主管的密切配合，輔導人尤需隨時吸收輔導的觀念和知識。

五、輔導的主要功能：

在協助員工培養健全的行為態度，使反常者正常，正常者更健康。以期個人與團體的共同利益能相互配合協調，個人願望能達成，公司公廠的利潤也能提高。

六、注意本身言行，要本身教重於言教的原則。

施教時特須顧及傳統道德和時代潮流的整合，主管是所有部屬的身教模範，如同總統是全國模範。公司行號的老闆應有老闆的樣子，否則如何領導，國家也一樣。

說到這裡，有一件事對全體台灣人而言是很可惜的，大家都知道陳水扁已經「信任破產」，他的「總統」形像已成為負面榜樣，源頭來自篡竊所形成的貪污腐敗政治。人民有樣學樣，使台灣社會愈來愈亂，其亂源是台灣那些人的壞榜樣，公司行號引為「鏡子」。請問，總經理或董事長的位置如果是「竊」來的，如何領導屬下，老師是小偷，怎能要求學生不能作弊。

七、服務幫助：

輔導也是一種服務工作，幫助有困難的人。運用他的專業知識，協助被輔導人自我選擇與調適，以親愛精誠的態度，站在他們的立場，給予各種輔導。

現代社會已經到了幾乎「人人須要輔導」地步，不是只有學生、員工、部屬或小兵要輔導；身為長官、父母、高級幹部、政務官；都須要輔導。因此，輔導已經成為一種服務工作，事實上輔導的核心觀念正是服務。

八、把握和諧氣氛：

輔導是一種高尚事業，輔導人員與個體之間如師如友，如兄弟姊妹，如一家人。所以輔導要具有愛心耐心，在親切而平和的氣氛中，被輔導人才能感受到溫暖，改進不良習性或偏見，成為一個正常人。

九、設法獲得受輔導人的合作：

這是輔導過程中最重要的課題，如不能取得合作，輔導等於空談。晤談時先與閒聊，除去敵意或緊張關係，建立友誼，逐步再開始討論中心問題。務使相互間無陌生隔閡之感，才好取得合作。

第三節　要了解輔導些什麼

輔導工作實施的目的，在增進全體員工身心建全發展，培養其高尚的人格，以適應工作的需要。為達此目的，輔導實施的內容可包括對本公司的瞭解，工作情緒、生活調整、身心健康；知識增長、本職學能、教育訓練、人格品德、休閒活動、社交關係等。茲分別簡述如下：

一、瞭解輔導對象：

(一)對本公司業務或工作無深刻認識者，要輔導他透過各種管道或方法，變成本公司的能人，變成助手。

㈡其他對本公司組織成員、廠房設備、地理分佈、溝通管道、法令規章等，有不明白之處均要進行輔導，使其瞭解。

㈢本事業體所有成員的政治傾向，尤以主要幹部必須了解。政治仰雖是個人「私事」，但當你在佈局中國，大膽西進時，你的幹部在搞台獨，他有可能為你效勞、效忠嗎？他的言行真誠嗎？

二、生活調適。

由於社會結構改變，人際關係日趨複雜、舊的社會道德日趨式微、新的社會規範有待建立，在這轉型期中，社會現象失調，部份員工不能適應。進入廿一世紀，社會分岐異形，問題更多更大。

㈠協助新職員早日適應本團體的生活。

㈡協助員工培養正確的生活習慣和理想。

㈢使員工身心活動正常發展，亦即身體勞動與精神勞動要適度調和。

㈣任何人生存於團體之中，都要獲得調適，否則非衝突即隔絕，都非上策。調適原則有順應、同化、合作、克制、統御、轉變、利導、奮鬥、自慰、彌補、謙退等，任何對象皆可視狀況運用。

(五)對生活靡爛、心理違常者，要輔導他對人生抱有新希望，改善其生活方式。

例：某些新職員染有注射速賜康惡習，亦曾參加幫派活動，雖痛改前非，但卻受人中傷，致老闆對其懷疑，使其感灰心喪志，向善的意念發生動搖。

輔導原則：部屬立志痛改前非，受領導人關愛感化之影響甚太。當其意志動搖時，亦只有平時關愛他的主管可作其支柱。所謂「浪子回頭金不換」，老闆應重視自己對職員有莫大的淺移默化力量，對於需要特別輔導之職員，應適時採取輔導行動。必要時可調動其職務，新工作、新地方、新環境可以給人新氣勢，具有挑戰的味道。

(六)對有病的員工千萬不能隨便就辭退，可能你去除一個臨時生病的職員，會帶給全體員工一陣寒心，嚴重打擊士氣。

例：某廠有一員工，由於工作壓力太大，心情過分緊張、精神恍惚、頭昏腦脹、無法工作、雙眼視力模糊，顯然生病了。

輔導原則：員工若有病痛，即應送醫檢查，妥為治療。各級主管要認清這正是表現愛心的機會，應主動慰問，協助解決困難。這些表現在其他員工心中會留下深刻的印象，可以樹立你在人群中的地位，獲得眾多支持。

三、情緒困擾的輔導：

㈠對懷有不滿情緒者，運用消弭情緒的辦法，去除此種不滿的情緒。例：連夜或整月趕製產品、情緒不穩又沒有休息或休假，員工頗多抱怨。輔導原則：現代社會不論公家機構，或私人企業組織，員工休假都很重視，為最直接福利之一。休假正常為許多人選擇工作的條件之一，休假不正常也足以造成員工離職現在由於生活緊張忙碌，精神常處於重大壓力之下，須要休息。再者現代人生活水準提高，重視休閒，也須要休假。如果趕製產品不能休假必須在獎金和待遇上加倍補償，才能使勞資雙方關係「暫時滿意」。

㈡對人生消極悲觀，因挫折而生厭世心理者。輔導這種員工，想把悲觀變成樂觀，把消極變成積極，可以說有如起死回生之艱。不過動之以情，曉之以義，還是很樂觀的：

(1)首先聽他講完全部的故事，仔細聽問題出在那裡。並表示無限關心，或站在相同立場暫時同意他的看法。

(2)針對他的問題提出分析，如某一點也許可以如何處理，某一方面或許可以向某單位求助，及本公司可以協助解決的範圍。

(3)第三步暗示他，連動物草木都有求生之本能，何況吾等為人呢？

(4)以當前社會上的殘障者奮鬥成功的實例，也向他說一則故事。
(5)用賢人偉人在堅苦中如何奮鬥，及他們留下的名言給他鼓勵。
(6)針對他的困難採取協助，或運用輔導人員展開積極輔導。以上輔導的成功與否，端賴輔導人員的愛心、耐心、技巧和三寸不爛之舌。

㈢協助員工保持身心的健康。一個營養充分，睡眠充足具有適宜娛樂活動的人，必較一般健康不良的人，善於控制他的情緒，工作效率無形中提高。

㈣輔導員工控制自己情緒。對於員工情緒的發展，我們應該使之「發」，而且要「中節」。強行抑制壓迫情緒，固然有害於身心，但是任其衝動，放縱情緒也將會後患無窮。人非草木，必有情緒。輔導其自我節制，當是最佳方法。

例：某職員家遠在東部，隻身到台北工作。他的個性天生軟弱、人際關係不佳、心生怨恨、心情混亂。

輔導原則：現代人變遷太大，往往離鄉背景，應隨時掌握其動靜心態。少數人思鄉情況嚴重，可能會因一時想不開，再加上受責備或工作功課壓力等，輕則產生心理失常，重則自裁或人身攻擊。對於這類員工，應多與他們接近，以話家常方式。瞭解他們內心的苦悶，給他安慰鼓舞，使其鬱悶得以有傾訴發洩之機會，可減輕其內心之痛苦，緩和其激動之情緒，不致因無法忍受長期的痛苦而導致惡化局面。

(五)輔導員工面對人生。人生有光明面也有黑暗面，對於世事的看法，要輔導他們走向積極光明之面。地球上總有一半是黑夜，一半是光明，多往光明處看。

(六)輔導員工自己處理愛情問題，包含異性交往和性兩個問題。

例：某職員在公司正幹得起勁，女友與他人結婚，甚感痛心。

輔導原則：這種感情的創傷，幾乎任何人都會痛心疾首。甚至有人會步入極端，產生報復或厭世心理。身為他的主管平時對部屬的感情生活，應有所瞭解。有關這方面的資料，可經由訪問、觀察、個別談話或報告等方式獲得。如發現員工心情抑鬱，行動異常，主管就應提高警覺，並鼓勵他尋找新生活新目標。

四、輔導員工保持健康身體：

(一)協助員工獲得有關健康的知識與技能。

(二)協助員工平時明瞭個人身體健康狀況，如定期實施健康檢查，一有疾病馬上就醫。

(三)協助員工建立規律的生活，建立正常的生活習慣。

(四)使員工注意營養衛生，並對兩性容易發生的疾病，進行衛生教育。

(五)協助不健康的職員，恢復健康生活。

(六)協助員工發展積極的心理衛生。

(七)培養員工在工作或日常生活中的安全觀念，隨時注意自身安全。

五、輔導員工增進本職學能：

(一)協助員工充實他們本職內之知能，儘早進入狀況，使工作能夠愉快勝任。

(二)加強員工本職學能，使他們成為工作崗位上的高手。對能力強求成績好的員工也要輔導，不過係協助他們獲得更高深的工作技能與發展。

(三)對學習能力較差者要妥加輔導，使人人皆有豐富的知能和精純的技術，大利於業務推展。

(四)加強員工教育訓練（本項於第八章專章討論）。

六、輔導員工人格品德：

其中心課題乃在於培養員工高尚的道德觀念和高潔的人格。一個工廠中的員工，如果大家都俱品德優秀人格正常，主管就不必操心了。

當二〇〇四年的「319案」後，台灣成為一個篡竊社會，仁義道德的價值流失了，百萬人民高舉「禮義廉恥」要求無恥作弊的政客下台，如蚍蜉撼樹，台灣社會的道德價值沒了，大社會不可為，小社會仍須盡力有所為。

七、輔導員工正常的休閒活動：

㈠培養員工高尚而正當的休閒活動。例如許多公私機構舉辦職員郊遊、旅行等。
㈡鼓勵職員參加富有學術性、技能性及康樂性的娛樂活動。例如：攝影、球類比賽。
㈢使員工在休閒活動中得到健康與歡樂。

八、輔導員工建立良好的人際關係：

正確的群體生活習慣，良好的人際關係讓人生活快樂，工作有精神，人也會樂於為別人服務，這是良性循環。發揮服務精神，熱愛團體，樂於與人交往，產生更多正面效應。

總之，要了解輔導些甚麼？也真是千頭萬緒，到處都是問題，大社會因台獨「篡竊社會」而變得不可為，人性日趨變質，社會日愈回歸「叢林化」，但吾人以為，在小團體公司這個小社會，仍要有所為，否則，事業別做了。

第四節　個別輔導

個別輔導是輔導員與當事人的關係處於個別狀態中，對個體實施一種獨立而有別於團體輔導的活動。並視個體問題之程度，透過個別談話、諮商技術、個案研究等途徑、達成輔導目標。這些學問對輔導而言，該是專案性的，但對身為領導者或各級管理人；則是不可不知的基本常識。

一、個別談話：

這是面對的情境，談話時只有兩個人的單獨交流關係，彼此要建立相互信任的真情，使雙方積極合作，效果才能彰著，其全部過程如後：

(一)談話前準備：

(1)搜集當事人各項資料，如生活、家庭、社會、宗教、人際關係、工作表現、個性、心態等，深入分析，研擬進行輔導的頭緒。

(2)安排見面時間地點與次數，找個清靜、舒適、秘密的處所。

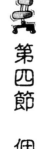

(3)草擬談話腹案，如從閒聊入手，進一步聽他說些甚麼，接著你該對他說些什麼，當事人可能有的反應，你對各種反應準備如何應對，才能收到最好的效果。

(二)談話時注意那些：

(1)態度要和藹可親，以充份的愛心、耐心、關心表達你的誠意，可以消除當事人內心的隔閡。避免強迫回答，疑心的詢問，訓話的意味及不客氣的斥責，才能建立良好的談話氣氛。

(2)積極鼓勵，須要輔導的人大多是對己對人缺乏信心，此時積極鼓勵最重要，對他的優點要讚美發揚，對缺失要客觀分析，使其了解。務必把他原始的感情、熱情、善良、向上等「煽動」起來，鼓勵他積極走向光明。

(3)注意當事人個性，有些人不喜歡別人的「同情」，就不要使用此種字彙，有的孤僻，有的沈默不語，有的慌張、偏激、消極等形形色色，應使用不同的談話技巧。

(4)避免造成情緒緊張，關係對立或不合作等現象。如已不可避免的發生，應盡快使談話在雙方和諧氣氛下結束，並另請高明輔導人繼續輔導。

(三)談話後的工作：

(1)整理晤談記錄，應盡可能完整，以備日後參考運用，且做日常輔導的憑藉。

(2)當事人所提問題要謀求解決，與各部門單位有關係者即刻進行協調。與上級主管有關係要提出具體建議，與其家庭父母妻子兒女友人有關係，提出適當輔導辦法。不論何種解決辦法，要快而有實效。

(3)追縱考察，當事人經過輔導後，是否改進，要看日後表現，故追蹤考察致為重要。

二、諮商技術：

諮商是個別輔導工作中一種專門的方法和技術，旨在瞭解當事人，協助其自我發展，或解決其自身所遭遇的問題，使個體能更有效順應他自己及其工作環境。

(一)諮商特性：

(1)關係獨立：輔導員與當事人關係獨立，每一個個案發生，都要單獨處理，特具秘密性，絕不同於一般人際關係。

(2)關係獨特：不同於父子、朋友、師生等，輔導員可以容忍當事人表達其不滿、抱怨、反道德、反家庭社會等情緒，而不加以批評指責。

(3)關係客觀：輔導過程中輔導員沒有情緒問題，雙方關係親切而有適當距離，對意見和價值不加裁決或批判。

(4)關係有限：輔導員避免要求過多，對當事人發生反作用。如果沒有特殊情形，就照計劃進行，時間上不要任意延長減短。此種限制目的在促進當事人自動自發，由內而外的自我改變。

㈡諮商過程：

⑴建立雙方關係。

⑵問題敘述。

⑶問題討論。

⑷個別審查，測定其性向。

⑸當事人工作表現的研究。

⑹綜合⑵⑶⑷⑸項，協助當事人擬訂一個改進計劃，如生活、工作的適應問題。

⑺協助推動計劃，當事人的改進計劃或許與上司、家人、朋友、同事有關係，須會商共同合作解決，使有問題的個體，成為一個新人。

⑻後續諮商，當事人接受諮商後，回到工作場所，要驗證其改進情形，不斷輔導，直到全部改善。

㈢諮商技術：

⑴如何開始：開始以雙方建立友善最重要，態度親切自然、表達關心、負責保密。

⑵給他充份反映感情的機會，不要打斷阻止。

⑶接納對方，使他毫無顧忌的談。接納應出於真誠，信任對方，雖有不同見解，仍能獲得諒解。真誠才能使對方把「心」交出來，諮商才能有效。

(4)諮商過程雖按計劃進行，仍須顧及突發狀況，應變技巧。認識當事人所提問題，給予合情合理合法的處理方式。

(5)引導當事人趨向自我領悟、創造、思考、啟發，有助於當事人提高自我訓練教育的效能。尤其正確的認清自我，有助於問題的解決。

(6)當事人只要有些微改進，或能合作接受勸導，或有少許優點，輔導員應抓住擴大增強之，可以恢復其信心，激勵其理想，煽起其熱情。

諮商目的並非要造就偉人聖人，也不僅僅在處理問題，乃在運用長期輔導，協助個體更能適應生活，提高工作情緒，最後目的當然是提高生產力，促進團體和諧氣氛。

三、個案研究：

對於經由晤談諮商等方式，尚不能使其恢復正常的個體，須以個別研究進一步處理。例如情緒反常，嚴重影響其他員工的工作情緒者。工作效率低落，又不明原因或不聽勸改者。行為不端，喜邀其他員工賭博滋事者。其他對工廠、團體、員工等不利的行為，或有安全顧慮者。

個案研究也是個別輔導重要技術之一，是以有系統有依據的科學方法對個案加以調查分析，瞭解真相，找出輔導辦法。這種個案研究的益處可以徹底探究當事人的行為動機，困難所在，情緒發展過程等，堪稱合乎科學精神。

㈠個案研究步驟：

⑴確定對象的徵狀，如在公司工廠行為表現，工作情緒，由他所製造產品的品質數量。

⑵搜集相關資料：

甲：個人現狀

①籍貫、年齡、血型、性別、出生等。

②身體狀況，如聽覺、視覺、身高、體重、營養、表達能力等。

③教育狀況，如學歷、科系、成績等。

④心理狀況，如智力、興趣、性向、情緒生活，別人觀感等。

⑤社交生活，如參加社團，與同事交往情形、休閒生活等。

⑥政治信仰：統獨或其他。

乙：個人發展歷史

①身體發展，歷年健康情形，疾病就醫等。

②進入本廠工作後情形，歷年績效、表現、升遷過程，所經主管對他考核等。

③社交歷史，往來朋友同事，男友女友，感情生活，財務關係的過去現況等。

丙：家庭背景

①家庭現狀，如經濟情形、教育程度、家庭教育方式、家庭生活等。

②家族背景，直系、旁系、姻親等各種關係，現存家族人員生活教育情形。

(3)就現有資料分析原因，所搜集資料如很完整，必然可以找到導致問題的前因後果，不難推究其癥結所在。

(4)妥擬處理辦法，根據前因，找出真相，研擬處理方法，訂出輔導計劃，積極按計劃行事。

(5)追蹤考核，問題員工經過如此周密的輔導，有多少起色，在當時不能斷言處方是否有效。須待其回到工作崗位後，與人群發生關係，開始工作之後，始能證實，故追縱考核是很重要的「收尾」工作。須講求秘密自然，不動聲色等技術。

(二)個案研究方式：

(1)慎選輔導員，往昔規模大的企業如RCA電子公司，有近二十位輔導員，要依個案問題性質，輔導員專門善長方面，選定適宜人選擔任個案研究。

(2)邀請專家學者機構內有關部門主管，或與個案有關並有利於輔導之人等共同會商處理。因為前面已經提過現代的輔導工作已變得相當複雜廣範無邊，大部份的個案都會涉及多方面問題，如法律、薪資、社會工作、醫學、家庭；如不能集合多方面智慧，通力合作，輔導經常太過形式而且效果不彰，或輔導員疲於奔命，還落個空。

(3)專案會議，如時限急迫，案情重大，可經由指揮系統，邀請與個案有關人員，提報各項資料，由負責人統整所有資料。亦可運用會議，共同討論，商定輔導辦法。

㈢個案研究報告，這是最後收尾的工作，務必完整無缺，以供日後參考運用，亦可分送關係企業所轄各工廠公司輔導部門參考，或寄送社會各界輔導單位運用。此時須考慮個人尊嚴秘密等問題，萬不可因報告的分送，再引發個案後遺症。

第五節　團體輔導

把個人集合起來的複合體，就是團體，對一個團體進行輔導就是團體輔導。是以設計一個適當的情景為手段，以發展群體目標，解決群體問題，達成群體教育為最後目的。在團體輔導過程中，輔導員須運用專門方法和技術，為適應團體份子的性質，對一般或通常的問題提供協助。

團體輔導著重於事前的計劃安排，對會議討論、活動等各種過程，要先有周密之設計。主持人、帶頭發言人、輔導內容也要先期準備妥當，必要時可預演一變，團體輔導才能做到最佳效果，臻於公認的完美情境。

一、團體輔導之實施過程：

㈠以團體為背景，設計一個良好的學習環境，這個環境須要有關單位和負責人精心計劃。一個好的團體有如一片花園，使人心平氣和，安靜愉快。個體與個體之間、團體與員工之間，都會產生一種無形的力量。這種團體可以發生下列效用：

(1)消除個人部份疑難雜症，並可發現須要個別輔導的對象。
(2)易於達成個人目標或獲得願望等，利於提高士氣。
(3)以省時省力省錢的經濟方式，達成輔導目的。
(4)疏解因工作而產生的心理壓力，宣洩或溝通人際關係所生的不快情境。
(5)共同研討職業生活、工作方法、價值標準，職業順應等問題。
(6)培養團體精神，提高工作效率。
(7)學習人群關係，民主生活習慣。
(8)對於管理領導問題的建議或溝通，討論輔導工作的改進，有助勞資和諧。
(9)在發生經濟不景氣時，易於上下合作，渡過難關。

㈡組成團體之原則：

⑴團體中各份子的地位不要相差太懸疏，管理階層主管或高級領導人參加時，不要發表太多意見。

⑵信仰、風俗、習慣、教育水平大致相同，最忌在大圈圈中再劃小圈圈，對團體情境，輔導效果，會有不利影響。尤其團體中有統獨兩批人馬，最要小心。

⑶各成員間的公共關係大致和諧。

⑷團體規定事項必須遵守，並以團體公認的風俗習慣為自己的風俗習慣。

⑸公司工廠的主管階層必須鼎力支持。

㈢團體領導者（主持人）或輔導員除具備一般領導者所應有的條件外，尚須注意：

⑴把握輔導主題的重心。

⑵對「團體份子、團體性質、團體活動目標、團體共同須要」等要多方瞭解。

⑶對青年心理，群眾心理要能把握，才能易於帶動，達到預定的活動目標。

⑷對自己及活動成員要有堅強信心。

⑸適度幽默感。

⑹絕不批評團體中任何成員，發現有問題的個案不當場揭發或處理，事後實施個別輔導。

⑺注意領導輔導的技術，必須民主且能擴大參與。

(四)用會議方式進行輔導：

有關公司工廠的決策方面，可先透過有關會議研究策劃，訂定具體作法。再安排人員提出討論議決，使其成為員工自己的意願。會議氣勢，儘量保持輕鬆愉快，鼓勵員工踴躍發言。主管對員工所提意見，能辦應立即辦理，可以改善的應速加以改進。無法辦理的，亦因說明原因。大家本一切說明白，交換意見，溝通觀念，消除誤會，以促進團結。會議討論方式，一般有圓桌式、小組討論、全體討論式、陪席式、論壇式多種，看看情況運用。

(五)利用休息時間，舉辦文康活動或各種比賽，使員工於充滿歡愉的活動中，增進彼此情誼，消除身心疲勞。對員工身心的陶冶，工作之氣氛均有極大幫助。

(六)用團體活動進行輔導：

輔導團體活動，須作下列各點：

(1)訂出明確的目標：團體生活必須有明確的目標，否則輔導效果不大。目標必須適合各成員的需要或條件，例如一個普通工廠辦理員工旅行，卻把目標訂在「歐洲半月遊」，則參加人員可能有限，只有少數人可以參加。

(2)合乎大多數人利益：團體活動能達到共同的目標，固然可以滿足個人的需要，但個人更希望自己意見被團體接受，自己在團體中有相當的地位，自己被稱讚等。能否滿足每一個的需要關係團體活動的推行至大。應將一切決策付諸大多數人的意見，唯其如此，個人才會感到團體真正屬於自己，積極參與團體活動。

(3)培養團體觀念：藉著員工活動的實施，培養員工健全的團體觀念。此外個人參加團體活動，亦可以增加其自信心。

(4)利用競爭心理：無論個人或團體活動，競爭心理對於活動的成敗影響至大。在工商企業界內，不論員工或整個集團，必須培養正常的競爭心理，最好把辦法訂到政策和目標中。（企業內部競爭切記不擇手段，像「319」那樣作弊、作假是絕對不行的。）

二、培養團體增強競爭能力：

現代社會賴以進步發展，尤其現代市場經濟活動賴以創新制勝的動力，就是競爭力的逐日增強，處處是挑戰，只有經得起挑戰的團體才有成功機會，面對如此的環境，團體輔導應以增強競爭能力為考量。

(一)減少「保護」：

台灣目前已經是一個開放社會，儘管因統獨之爭仍有諸多限制，但基本上是「關」不住了，「開放」是未來必然趨勢，國內及國際競爭不斷增強，對工商各種團體輔導手段，應減少保護，去除僥倖心理。這個理念最初是由「鐵頭部長」的趙耀東先生提出，深受當時的立法委員支持。

㈡要有「戰術」和「戰略」的觀點進行經濟戰爭：

這也是趙耀東先生提出的理念，他認為經濟戰爭是動態的，全球經濟戰爭來勢兇猛，必需有「戰術」和「戰略」之原則，突破按步就班或死守制度，才能打贏經濟戰爭。趙耀東早已不當部長，但他這些理念應是台灣面對歐、美、日等「經濟強權」，足以抗衡制勝或不敗的戰爭原則。未來在兩岸四也的競爭，更要有戰略觀，這也是本書加強的觀念。

㈢培養團體有共同的政治信仰：

政治信仰並非不可變，李登輝和許文龍不是變了嗎？一個團體內的政治信仰要力求相同，尤以各級幹部為要，試想老闆決定組一個「七人小組」考察中國市場，這七人中能使台獨信仰者同行嗎？這道理太簡單了，其他亦同。

從這些實例、措施、努力來看，我們不難瞭解要輔導培養一個集團的競爭能力，過度的保護就是致命傷。保護太多不僅失去競爭力，結果會讓他在「叢林」中喪命。

有競爭才有進步是不變的定律，故步自封，只有使自己愈來愈脆弱，得過且過，終至不堪外力一擊。國家如此，個人如此，工商團體如此。

百事可樂公司培養員工用競爭來迎接挑戰，因此它的員工信條是「打敗公司內外的競爭對手，才是成功的途徑。」而政治信仰的一致，有助於團結，有利於任務執行和目標達成。

問題討論：

一、你所主持的機構本月份營業額突然降低很多（國際性景氣除外），經過觀察原來是大家對你的信心及公司的向心力已經動搖，如何輔導？才能使公司起死回生？

二、如果你是一個小老闆，員工六、七人，你對他們的輔導工作週全嗎？這六、七人中有因政治信仰為你帶來困擾嗎？

三、為使工作更順利，事業更成功，請檢討一下自己的輔導原則是否正確？有人須要個別輔導或有安全顧慮嗎？

四、在你主持的機構內，同事間如何爭競？有人使用「惡劣手段」嗎？有那些競爭項目？你的競爭者是誰？

五、二〇〇四年「319槍擊」作弊案對台灣社會一般人心態影響有多大？總統夫人、親家和身邊政客的貪污腐敗，在員工之間產生何種影響？

六、你是公司的輔導員，你是統派，你熱愛中華文化，現在你輔導的對象是一個台獨份子，只愛阿扁，你要怎麼辦？

7 Chapter

對問題員工部屬的輔導

正當本書出版之前，二〇〇七年四月美國維吉尼亞理工學院，發生韓藉學生趙承熙在校園大殺戮，三十多人死已，事後各界發現他是問題人物，為何沒有好好輔導？

第六章所討論著重於員工生活、職業、情緒、溝通等一般性輔導。超越了「個案研究」的對象，而達於「反社會、反法律、反家庭、反傳統、反權威、反道德」之心理傾向，就是問題員工，乃本章討論之重點。趙承熙是須要這種輔導，且是最嚴重的一種。

台灣地區公司工廠的員工到底有多少「問題行為」，並無有系統的專案研究，不過問題總是存在的，而且經常爆發各種案件。隨著工商繁榮，人口大量流動，各種問題人物不僅是「數」的逐增，更成「面」的擴散，實在是社會隱憂。

第一節　問題行為的種類

台灣地區存在各類型團體中的問題人員（行為失常者），並未有系統之研究統計，常見者有下列各種：

一、女性員工未婚媽媽，日愈增加，也日愈嚴重。

二、沈迷聲色場所，青少年到年長員工都有的案例。

三、已婚而發生不正常關係，且這種不正常愈來愈形成為「正常」。
四、與有犯罪習性的人交往，或自己有違法亂紀習性。
五、參加或組織不良幫派，包括台獨組織。（註：都屬非法、不人道組織）
六、對其他同事有暴力傾向。
七、對上司故意反抗，舉止粗暴。
八、有偷竊或作弊習性者，「319」案是層次最高的竊國案。
九、色情狂、性偏差、暴露狂、亂倫、同性戀等。
十、聚眾鬥歐，經常傷人。
十一、聚賭、抽頭，或從事各種賭博行為。
十二、攜帶刀械、槍枝。
十三、吸食痲醉或迷幻物品者，或販賣各種毒品。
十四、品德操守低劣，思想偏激，喜歡凡事「泛政治化」。
十五、極度孤獨、頑劣、不合群、推卸責、適應不良等。
十六、焦慮症、憂鬱症、恐懼症、衰弱症、健忘症、歇斯底里症等各種心理病症而未達於住院程度者。（依理即是病就要治療）
十七、對現存法律、秩序、家庭都極端不滿的人。即反社會人格。

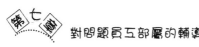

十八、家庭破碎、婚姻破裂、生意失敗等。或其他原因，生活不能過。

十九、其他敗德壞行，如賣血換取揮霍等。賣身賣兒女換取毒品，也日愈增加。

二十、政治狂熱份子，以台獨份子或獨派粉絲最多。

幾乎不勝枚舉，可謂隨著時代愈進步，愈有更多問題行為在流行，任何公私機關、工廠、公司、學校，甚至船上飛機上都不能避免類似的「病人」存在。如果不加以發覺輔導，可能是團體的一顆不定時炸彈；如果積極輔導情況就必然會改善。但如果輔導對象是一個國家的總統，怎麼辦？為甚麼把台獨份子列為輔導對象？因為他們的偏激影響團體和諧和安全，甚至大規模災難可能發生，這是很多機關團體、公司行號，共有的顧慮。

按以上問題行為的概述，以陳水扁為首那票設計「319」作弊案的人，全都要好好輔導，以糾正其嚴重的偏差行為，以免禍害下一代。不要整個社會被台獨拖下水，不要整個台灣都陪葬，但誰去輔導呢？真是天大的難題。也許革命是最佳「輔導方法」。

第二節 為何會發生問題行為

談到為什麼會發生此種問題行為，歸納起來主要的有個人和環境兩個原因。致於遺傳究竟如何影響人格，國內外學者雖有研究，尚未獲得肯定答案。

在個人方面，如感情過分敏感，身體不健全，精神不正常，意志力脆弱，個性冷漠孤獨。也可能慾望過大，進取心過高，又難以達到目標，形成潛意識的矛盾情緒。反正身心不正常就足以造成。在年齡上有三個重要階段，廿歲左右鬱鬱寡歡的危險期，卅五歲左右因處事過於謹慎，對外界的不信任與懷疑，皆有患病傾向。五十歲左右的更年期，經常經不起打擊。

在環境有家庭、學校、社會三方面。家庭因素有父母婚姻不健康，家庭悲劇發生，親子關係失常，長期壓力焦慮。家庭管教失當，獨子獨生女過份溺愛，或家庭中的環境問題（父母好賭暴戾均是）等，學校德育與訓育不足或管理不當，結交惡友或幫派，老師不負責等都足以使學生產生問題行為。社會方面的因素更複雜，由於原來的家庭學校教育失常，再加上社會環境不良。例如到處充滿兇殺之氣，各種黃色書刊影片及非法營業場所，都足以使人墮落，精神情緒違常。一個意志力弱的人，在這種染缸，就發生問題行為。綜合個人家庭學校來說，不外民族教育、社會教育、倫理教育建設三大落空。

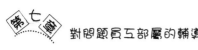

某些心理疾病的產生，則與社會階層有密切的關係，社會階層愈低，罹患心理違常的比率愈高。明顯的說，低社會階層民眾面臨較大的生活壓力，使他們比較容易產生心理的不正常。世界各種不同文化中，也有一種共同現象，愈貧窮的人，愈容易造成心理上的不正常。但不論何種社會階層，都普遍有心理疾病的患者，問題行為就永遠不可能在地球上絕跡。

若追根究底，世上人人都有一身「問題」，這世上並不存在一個沒有任何問題的人，也就是不存在所謂「完美」的人，這是從本質面來看問題。外加人生百年打拼、競逐的過程，為爭奪利益、大位、名望，必然有更大更多的問題。例如，我們抱怨二〇〇四年「319 槍擊」作弊案。事實上人類社會到處有作弊，篡竊行為也不是現在才有，古今中外都有。

所以，我們追問「為何會有問題行為」？這「問題」真是即簡單又複雜。身為領導者或經營人應有一個認知，你的部屬說沒有問題，肯定就是有問題。

追到源頭人人都是一張「白紙」，之後被環境（如錯誤的政治信仰）污染，偏差日愈嚴重，問題愈來愈大，舉例，日本人民如同各國人民一樣善良，但政客不斷煽動，說日本應「統一日中朝」，成一「大日本國」，為世界之盟主，人民信以為真，火不斷燒，軍國主義於焉形成，戰火燒、燒、燒……。

成天的台獨也一樣，「本來無一物，何事惹塵埃」。但那些黑心的台獨政客不斷燒火，人民於是被「洗腦」，台灣內部的戰火就燒、燒、燒……問題都是這樣來的。

第三節 對問題行為的診斷

輔導者或主管如發現員工在日常表現有問題，即應診斷其發生問題行為之因素，以謀積極之補救。放任不管常導致不可收拾的局面，或造成大災覆。

問題行為之發生如前述各方面，很難斷定其關鍵所在。故不可僅憑主觀猜測，用第一印象以為偷竊源於貧窮，成績低落源於愚笨，或頑劣凶暴必為惡友所影響，所見未必是真相。要運用科學方法，實際觀察，設法找出發生問題行為的根本因素，以利輔導。以下有數種診斷方法：

一、對行為反常者實施體格檢查：

對有反常行為傾向者應做一次詳細之體格檢查，因生理缺陷、損傷、毒素、傳染疾病、營養不良、環境關係、病態遺傳及內分泌失調等因素，均可導致問題行為。

就算沒有那些問題，也還有思想偏激、心理偏差、個性或情緒極度反常的人，過度內向、自戀等在現代社會很多，也須要經由心理醫生好好檢查，才能有正確的診斷。

二、實施有關測驗：

個體之智力、情緒、興趣、性向及學習能力等，皆可由各種客觀測驗中測量出來，以作診斷時之參考。例如某一個員工始終績效不佳，是能力不足或智商太低抑或由於情緒不穩定，可由測驗獲得部分可靠因素。

三、機會談話：

利用工作談話，各種活動，主管要和被輔導人保持接觸。這是一種最自然和緩之診斷方法，因輔導者常能經由員工密切連繫，進而建立一種良好的關係。而在和諧之氣氛中獲得許多真實之材料，且可相機提出忠告或暗示，以改變其不良適應之態度和習慣。

四、實施家庭訪問：

當員工發生困難，身為他的老闆的人親自到家裡訪問，瞭解其困難或不能適應之因素，最使員工感激。當你在進行訪問時必須注意下列各點：

(一)訪問時，應與對方竭誠合作，互換交換意見。

㈡訪問者應將對方所提之意見，隨時記錄或默記要點，或訪問後補記。以利而後問題之處理，也為追蹤管理的需要。

㈢訪問時應使對方信賴，對方不願作答的問題，可以改換方式從側面探悉，不應一再追詢，免生反感。

㈣訪問時態度應誠懇，和善，言語要委婉而明確。

五、個案進行研究：

個案研究是按前章第四節之方法，從各方面收集與個人有關之詳細資料，如童年家庭環境，求學時在校情形、智慧能力、交友情形、志趣性向、社會關係等，以作為診斷問題行為之依據。

六、心理分析：

「心理分析法」係弗洛伊德所發明，其方法可分四端說明：

㈠自由聯想：設計一個安詳舒暢的環境，輔導員與心理疾病者單獨存在。設法去除患者內心的抗拒和不安，使他盡情傾訴，吐露無遺。最後分析整理所獲資料，可逐漸逐步顯示被輔導人內心癥結所在及其抑制的問題。

㈡夢的分析：弗洛伊德認為做夢是有目的，有意義的，是一種潛意識行為。正代表個人願望、慾望和滿足，所謂「日有所思，夜有所夢」正是。從夢的情境內容，經推斷分析聯想，可以獲得患者實現生活中的部份資料。

㈢轉移作用：即輔導員與患者相處後，患者將以前別人的感情轉移到輔導員身上，而視輔導員如親人朋友，把內心的不快壓抑，全部逸出無遺。此時輔導員特別注意，不可為其情感困擾，更不可建立輔導以外的社交關係，只須冷靜觀察，獲取資料。

㈣闡釋：即對患者詳細解釋，使其自我了解，明白各種阻力、障礙所代表的意義，而恢復正常的現實生活。在整個過程中，運用時機技巧對患者善加解釋，是重要的一環。

七、觀察研究：

直接觀察為最有效的診斷、觀察之法依其情況可分「自由情境」、「控制情境」、「部份控制情境」，視情況自由隨機運用。情境之安排應使研究對象無法察覺，所獲資料才能可靠，輔導員使用觀察須注意下列四點：

㈠走入問題行為者的生活範圍，親身體驗觀察。

㈡注意特殊行為或不正常的心理反應。

㈢發現特殊行為或異常心理反應詳加記錄。

㈣針對㈡㈢項所獲資料，加以探察原因，避免主觀偏見。

㈤如自己不能解釋有不明白，即刻請教高明或專家。

八、自傳法：

是為最簡單省時的方法、自述可回憶過去，亦可發現內心之痛苦。寫作方式最好不要有任何限制，不論用書信、日記、作文、心得、小說圖畫等任何形式表達，都可以從所獲資料中，分析研判出人格傾向，甚至瞭解現實生活中的情況，找出病因。

以上幾種方法均為良好的診斷法。嚴重問題行為的診斷，須採取一、二種或數種方法，分別研究，綜合評斷，求其真正的原因。如果是輕微的症狀，輔導人若能施以適當之輔導，大多很快可以制止其惡化，漸漸轉入正常之狀態。

第四節　對問題行為者的輔導原則

對員工中有問題行為傾向者加以診斷後，應採適當方法，予以匡正輔導，而實施輔導時應把握下列原則，始不致事倍功半。

一、輔導個體去認識自己：

此等行為違常的人，另有一種想法，他們總以為自己了不起，自己高高在上，誰勸都不聽。所以要輔導他認識真面目，明白自己與人群的關係，瞭解工作環境，進而自己設計前途，依自己能力所及進行適當工作。

二、訓練被輔導人面對現實：

現實是殘酷的，然而必須面對。大多數問題行為者都有逃避的心態，要訓練被輔導人能面對現實，叫他把錯誤和不幸當成一種珍貴的經驗；也不要太計較眼前一時的失敗，把十次失敗才成功的故事告訴他，總會收到效果。

鼓勵被輔導人，把最佳精力用在今日，追悔過去是沒有用的。當然，一個人既然有了嚴重問題，需要輔導，就不會三言兩語所能解決的。這個訓練過程全賴愛心之付出和耐心之持續，可底於成。

三、尊重員工獨立與自主的人格：

大凡此等行為反常的人，都有強烈的自我意識和自尊。因此輔導者要尊重其獨立自主的原則，得到他的好感，願意合作，輔導工作才能順利展開，否則兩者之間的關係不良，要進行輔導工作很難。有一種病人，凡是得不到的就要把對方毀了，這種異常人格最難纏。

四、輔導者應具有誠心：

輔導者應先有誠心，才能使人感受溫暖。對有反常行為者，應同情他們的困難，協助其解決問題。時時和他連繫，給予安慰鼓勵，如對待自己子女一樣，使他願意接受協助，始有宏效可言。因此輔導者必須情緒穩定，心平氣和，寬宏大量，切勿衝動。

二〇〇七年春，在維吉尼亞理工學院大開殺戮那位韓籍趙姓學生，如果碰到一位很好的輔導員，相信仍有一線希望。可惜，該校輔導員違犯了輔導界的重大原則，「有頭無尾」。

五、訓練被輔導人追求理想的人生：

輔導員在面對被輔導的問題人員時，即要訓練他面對殘酷的現實，也要訓練他追求理想的人生。使他每日除了工作之外，能把多餘的體力和智慧用在文學、美術、音樂等藝術領域內。一個人對「真善美」有了追尋的勇氣，他大概就有救了，通常不會是有安全顧慮的人。

六、訓練被輔導人自我控制：

問題行為者之所以成為「問題」，也是由於自制力太差的因素。他們往往為所欲為，侵害他人自由，世間的法理道德無從約束。輔導員面臨此等人，就是一場挑戰，除了訓練他如何控制自己情緒，還要教他如何宣洩情緒。控制自己是控制環境的初步，自己都控制不住，又如何創造更大的天地，此等道理端賴輔導員去用心教化。

七、協助被輔導人如何去解決問題：

當被輔導人知道如何解決問題，就是輔導目的達到，因為他現在知道如何處理問題，何須再輔導？這個問題可從下列數端著手：

㈠訓練被輔導人懂得合理的思維程度，遇有問題知道如何歸納、分析、綜合，求出可行方案。

㈡第二章第二節所提「解決問題的步驟」，可以做範例教育，有助於克服困難。

㈢尤其面對利弊如各半，魚與熊掌不可兼得的時候，如何取捨，才能使事態不會惡化，而有益於工作之圓滿完成，而今而後，亦能因應自身能力環境，找尋適合自己的道路。

由以上觀之，輔導者的工作已富有教育者的使命，而且同樣的神聖高尚，甚至超越他們的辛苦。教育者面臨的是一群學習中的學生，輔導員面臨的是一群問題人物，處處挑戰。

本章討論了問題行為，再嚴重的有所謂的「精神病」。此類問題行為與機體的生理變化有極密切的關係，牽涉太多醫學問題，故已超出員工輔導的範圍。

不論第六章的一般生活工作輔導，或問題行為輔導，輔導者都要盡可能獲得多方協助，因為問題大多不是單方面發生，而是與相關部門管理人或同事有關。例如：被輔導人可能與本公司某人關係惡劣，或與某科長因業務問題等導致人際關係破裂，因而使其失去安全感，引起情緒紛擾。為了改善這種情況，在輔導過程中，輔導者必須利用機會，協調各部門，使大家願意共同來解決問題。當四周的人事狀況和環境有了改變，問題行為者極易被影響或改變。以上各種方法，對問題員工輔導都很管用。不要以為只有大企業才需要這套學問，只有三個人的小工廠一樣重要，因為適當的輔導對員工安定，提高效率都有幫助，極有利於領導者的統御工作或主管人員的管理工作之推展。

問題與討論

一、觀察一下你的員工，有無行為異常者，注意！所謂「異常」有那些特徵？如有要如何進行輔導。

二、你是否曾經仔細用心觀察員工的行為？有問題嗎？想一想，你平時對員工的輔導原則是否正確？

三、如你的員工偷竊產品，打算要如何處理才能發生最好的效果？二〇〇四年的「319案」許多人認為是小偷行為，你的看法呢？

四、對「竊國者」要怎麼輔導？輔導一般小偷行為的原則也適用在「竊國、篡位」者嗎？若不行，是否只有革命一途？

五、在你所主持負責的單位內，發現有嚴重反社會人格者，你首先怎麼處理？

8 Chapter

教育訓練

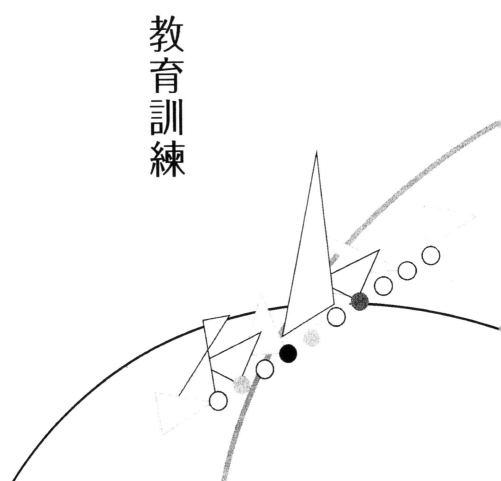

所謂「教育」，是啟發人的智慧、才能、信念、勇氣和毅力，培養其責任感，統一觀念，為共同理想而奮鬥。所謂「訓練」，就是言教與實做，利用不斷練習為手段。造成一種習慣性動作，直到不必思考的自然反射動作。前者著重認知和領悟，並對完美生活生命的追求與陶冶；後者著重技術和熟練，並對少數技能性活動的鍛鍊。

通常學校以教育為主，訓練教育為輔；工商企業界所舉辦的活動則以訓練為主，教育為輔。惟在任何情況之下，兩者絕不可能單獨存在。雖只是簡單的專長技能訓練，也還包含有教育的使命在內；而教育在各種情況之下，也必須有不斷訓練給予增強效果。顯然，職業教育偏重訓練，但教育絕不可廢。故本章視教育訓練，為一事的兩面，一件事。

企業組織內的各級員工之所以要教育訓練，正如子弟學生需要管教的道理是一樣的，教育可以增加員工個人的知識與了解，培養他的使命感，以對團體做最大貢獻。訓練在使人得到工作能力與技術，獲得安全與提高生產力。

社會不斷進步，各種新行業、技術不斷出現，近年很多流行的直銷如雙鶴、龍岩、安麗公司，以對成員教育訓練見長，不斷加強教育訓練，才能永遠保持企業機構的活力和競爭力。工商業走向自動化後，個人和團體的成就有賴於高度知識和技能的獲取。滯留落伍的技術和觀念，只有淘汰一途。公司為謀發展，對員工實施訓練是必要過程。

第一節　教育訓練的好處

員工教育訓練不但利於勞方，而且利於資方。故不論大至十萬員工的大企業或小到只有兩個人的小工廠，都要重視此項措施，其利益如下：

一、可提高員工士氣：

教育訓練可以提高生產成果，增強溝通，有利於增進彼此的合作關係。工作績效提高，合作關係良好，士氣也跟著水漲船高。經教育訓練使工作更得心順手，進而助長個人職位提高與前途發展。

二、可提高產品品質：

員工經過訓練後，最直接表現出訓練成果的就是產品和服務品質兩者。員工有純熟的技能和高品質的服務，自然能使顧客滿意，財源當然滾滾而來。所以說嚴格的教育和精密的訓練，能保証有高級的品質貢獻給顧客。

三、可節省財源：

員工漠不關心的工作態度和自私心理，或對工作不能愉快勝任，往往造成不必要的浪費與損壞。對機械操作不夠純熟，能減少工具壽命，增加開支，減低利潤。有了充分的教育訓練後，這些現象可以減少到最低限度。

四、減少意外事件之發生：

舉凡各場庫工廠及車船機械發生意外事件，大多由於員工或使用人訓練不夠熟練，甚至不知道安全規則，機械特性等。經過訓練的工人就知道如何防止意外事件的發生，對勞資雙方有莫大好處。軍隊或任何民間機構，在教育訓練過程中，首先要完成安全教育和訓練。

五、減低勞工異動：

員工經過訓練，得到安全知識增強謀生能力，自然可以勝任本身工作，異動機會減少了。對企業本身而言，是一股很大的安定力量。

六、縮短學習時間：

員工如沒有計劃給予訓練，隨其自由發展，這種學習容易發生錯誤並且浪費時間。在競爭劇烈的現代商戰中，容易發生錯誤與造成損失。任何事業單位都在追求利潤，時間就是利潤。員工進入企業機構後，應在最短期間完成訓練工作，盡早投入生產行列。

七、保持生產正常進度：

員工有了良好訓練，工作必能正常，生產力必能大增，可使作業保持正常，無須加班延長工時，因而可減少超時成本。另一方面員工不必日夜趕工，身心就能保持平衡，也是促進企業內部安定因素之一。

八、引進新技術：

有計劃的教育訓練就是對新方法的學習，對同業間新技術或新科技的觀模與改進。能提高發明研究的興趣，可使企業本身不斷在進步，員工的觀念和技術永不落後，亦有助提升品質和同業間的競爭能力。

九、減少督導，節省人力：

員工經過精密訓練後，能提昇執行工作的信心，上級督導人員就可以減少督導次數。就人力而言也是節約，員工覺得少被「監督」，能提高自動自發精神。

教育訓練除前述好處外，台灣最大好處應是「安全」，凡人員活動空間、工作流程、各項設施的安全守則，均可透過教育訓練完成之，必能提昇團體「整體戰力」。

不論在軍隊、工廠、學校、道路施工等，我們所聽到安全出了狀況，出了人命，都是安全教育不落實。而這些全要經由教育訓練工作去完成，負責的人有始有終才能做好。

第二節　教育訓練的原則步驟

教育訓練之實施，是為協助員工有效勝任職務，讓他獲取各種知識技能，培養正常的職業道德。但最好的教育訓練是「戰爭」，也就是正式上戰場，軍隊有句話，「在戰場上打三天仗，勝過新兵入伍教育訓練三個月。」只是實戰經驗「成本」太高，所以還是要事先的教育訓練。

一、員工教育訓練原則，一般如下：

(一)訓練項目要有助於員工各種技藝和知識的增加。
(二)與現職或即將接任職務有密切關係。
(三)要有計劃訓練，要教育明確的企業理念。
(四)要運用學習理論的原理原則。
(五)要注意教學傳受方法，訓練程序，學習技巧等。
(六)教育和訓練要相輔相成，不可偏廢。
(七)團體指導外，要加強個別教育與輔導。
(八)理論和經驗相配合，並加強訓練安全。
(九)勿忘生活教育，特須以身作則。
(十)建立完整的訓練計劃與制度。

二、教育訓練的步驟如下：

訓練是一項繁複而周密的工作，不過也相同於任何一件極為簡單的事情，有開始，有結束，過程要滿意，課程要有水準、步驟如后：

㈠準備工作：

⑴擬定計劃：在計劃中要包含時間進度表，課程配當表，老師師傅人員選定分派，訓練方式。

⑵相關部門必須配合支援事作。

⑶教材設備，食宿場地安排。

⑷其他行政準備工作。

⑸擬訂獎懲計劃。

㈡訓練實施：

⑴按計劃進行，時間、場地、教材等絕不可隨意變更。

⑵注意員工學習情緒，務必獲得訓練效果。

⑶特別注意本公司需要的關鍵處。

⑷運用各種方法講解演練，文字言語淺顯。

⑸注意發覺人才。

⑹危險性大的學習要注意安全。

㈢訓練完成：

⑴讓員工自己再練習一次，並提出問題。

(2)解答問題，到全部瞭解為止。
(3)對特別差的人，再實施個別輔導。

(四)結業：

(1)最後一次考試測驗。
(2)評定成績。
(3)辦理獎懲。
(4)人員運用，對成績優良人員從優任用，鼓勵後進。

第三節　教育訓練的種類

目前不論政府機構或私人企業，由於科技一日千里，組織亦不斷繁雜，所以均重視員工訓練（或講習）。名目亦繁多，大致區分為始業訓練、勞工訓練、學徒訓練、實習訓練、低層主管訓練、高級幹部訓練，簡述如下：

一、始業訓練：

始業訓練是有計劃對全體員工實施的一種訓練，使全體新舊員工獲得滿意工作所須知識，技能與態度。由於科技和知識不斷進步改變，此項訓練必須擴展及全體員工。

㈠始業訓練的目標：

(1)對員工講解法則、規章與政策，使員工瞭解其工作性質和環境，及如何取得協助和聯絡之方法，減低督導人員的負擔。

(2)講授機構優良的歷史傳統，產品與業績，使他覺得在此地工作是一種光榮和安全的。

(3)說明各級員工在機構內的地位，使大家感受到自身存在的重要性，並建立其自尊心。

可以使全體上下脈絡一致，增加企業的向心力。如此自然是百利無害。

㈡始業訓練方式：

⑴非正式訓練：在某些機構或部門中，當引進新員工時並不做課堂訓練，只須由人事單位或管理主管引導做口頭簡介，隨即進入工作行列中見習。此種方式有時極為有效，即節省時間，人力經費也減少很多。

⑵正式訓練：就是有組織有系統的進行課堂教育，不論管理主管，高級幹部或工人都能實施，可以使人專心一意進行學習，減少外務干擾。當然名為正規教導，就必須有專任講師、課程、內容、行政管理、場地等各項設置，大多是政府機關或龐大企業行之。

⑶其他為加強始業訓練的效率，機構可以編訂業務或工作手冊，分發人手一份。攝製影片，辦理刊物，運用會議，設置公佈欄等都是輔助設施。

二、勞工訓練：

乃指較低層員工的訓練，其目的在提高工作技能，加強安全教育，消除勞工與主管間的界限，增進團結，種類有二：

㈠一般課程：此種教育目的在培養員工成為正常人，其性質並無限制，只要能增進勞工身心健康都可以納入教育。如近年有某些企業所辦勞工歌唱比賽，勞工藝文活動、郊遊晚會等均是。

㈡工作訓練：對直接與工作有關係的能力和技術進訓練，例如：

(1)機構內各種工具的使用和保養。

(2)業務所須之知識，如速讀、速記、繪圖、公文處理、電腦運用、資訊管理、國際貿易、商業簿記等都是，端視需要而訂。

(3)計劃訓練：對有發展潛力的人進行更高深更高層的訓練，計劃於未來若干時間內使其擔任某種要職。

(4)培養其優良的人格，使員工能忠心不二，熱誠參與機構內的工作。

(5)安全教育：台灣的工安傷害為世界最高，平均每天有約二十人因工安成殘廢，這是國家社會重大損失，公私各級都不重視安全教育訓練，光搞選舉和自慰式台獨，真是悲觀！

三、學徒訓練：

學徒訓練其實最初在我國數千年前就已形成，幾千年來無太多變化，無組織與管理，也談不上計劃訓練，任學徒在自然狀況下學習，往往效率不彰。近數十年來美國、日本、德國、英國盛行學徒訓練制度，現今歐美先進工業國家無不採用此種學徒制度。簡述如下：

㈠對象：訓練技術工人或低層工程師。
㈡資格：以高工高職畢業生最佳。
㈢課程：視企業機構需要訂立。
㈣教師：隨時要有指導教師指導其學習，並嚴格管制進度、由淺進入深，由簡到繁。
㈤行政管理：學徒的一切學習活動、生活管理，學成運用等都必須在機構計劃內行之。

四、實習訓練：

實習訓練是員工實際參與現場工作前的預備訓練，通常各行各業的新人完成始業訓練後，如不能有效參加實際工作行列，尚須給予實習訓練，簡述如下：

㈠選任合格人員做教師，專人指導學者，不可任其自行工作，自行摸索。
㈡擔任實習訓練的教師要講求方法和技術，主管要加以查核監督。
㈢訂定教學步驟，逐一完成訓練。

五、低、中層主管訓練：

通常將管理的階層分為高層、中層、低層三級。低層的管理，如工廠的最低工作單位

「股」就是最低層組織，其主管就是低層管理人。中層管理，乃是指能獨當一面的業務主管。其訓練作法之下：

(一)將管理技術，管理實務等編印成冊，發給主管自行閱讀，或訂購相關雜誌供各主管研習。

(二)鼓勵各主管參加國內補習學校或補習班進修有關管理課程，學費可由個人或單位負擔。

(三)鼓勵主管參加函授班，利用業餘進修。

(四)工作輪調，藉工作的變動，使其學成各種知識，認識更多員工，有更大的接觸面經驗也隨之豐富，對適應各種工作環境與狀況有莫大助益。

(五)有計劃的訂定時間表，到其他企業機構參觀、訪問與觀摩，有利於檢討本單位的管理、制度與技術，學習他人進步之處。

六、高級主管訓練：

有時亦叫做「執行主管」，是指負有獨立責任的處長、主任或經理級以上主管而言。由於他們掌握著企業的政策與目標，其教育訓練著重於創造力的培養與啟發，運用領導和組織科學，推行有效的管理運作等。訓練方式可謂千變萬化，各行各業各有不同巧妙，如派赴國外進修，輪調制度，多面管理，參與專家學者的演講討論講座等均是。以下僅提出最有代表性的「TWI 訓練」，是美國在二次大戰時所提出，由工業界、勞工及政府三方面代表組成。在

TWI訓練裡認為高級主管有下列五種需要：

㈠工作的知識：物料、工具、製造程序、作業、產品等的組成與使用知識。

㈡責任的知識：有關政策、協議、定律、規章、進程、各內部單位間關係的責任。

㈢指導的技能：指導中層主管，使有更高的生產和利潤，更少的意外與損壞。

㈣技術改進的技能：督促所屬從事研究發展，使工作細節得以簡化加速，以期更有效運用物料，機器與人力。

㈤領導的技能：能有效指揮部屬，並能獲得向心力，爭取更多合作，增加生產。

根據以上五種需要，顯示高級主管是一個重要的管理者，TWI訓練訂了四個十小時的精密而實際之訓練計劃，分成四個階段訓練完成之：

㈠工作指導訓練（第一個十小時）：

(1)如何準備指導：擬定時間表，工作分解，備妥一切需要用的物件，工作場地妥予安排。

(2)如何指導：指定受訓人員，說明作業情況，試作示範、追查。

㈡工作方法的訓練（第二個十小時）：

(1)工作分解。

(2)詢問每一個細節。

(3)發展新的方法。

(4)應用新的方法。

(三)工作關係的訓練（第三個十小時）：

(1)蒐集事實。

(2)衡量與決定。

(3)行動。

(4)查核結果。

(四)方案發展的訓練（第四個十小時）：

(1)提出一個生產問題。

(2)研擬一個特定計劃。

(3)將計劃付諸行動。

(4)查核結果。

今日世界各國的軍政工商各界無不重視員工訓練，因這是落實基層的根本要務。也由於社會進步太快，知識大爆炸，今年的新技術也許明年就落伍了。各行業亦因其需求不同，選擇的條件和訓練內容不同。如大同公司有他們的一套員工訓練辦法，國泰機構亦有一套。「麥當勞」曾為食品業者帶來空前的震撼，麥當勞所標榜的「清潔、服務、國情」就是他們對員工訓練的一套標準，足為我國師法。

企業機構訓練員工，以針對本身需要為準，以下列舉最平常的銷售員訓練原則：

(一)態度訓練：必須謙恭有禮，舉止適度，態度從容。談吐文雅，謹慎機敏，善於應付。如此才能得到顧客芳心，推銷產品。逛百貨公司時注意觀察「電梯小姐」，就知道何謂「態度」？

(二)勇氣訓練：訓練他主動積極的精神，培養進取心。凡是不要在家　等待，要走向群眾顧客，大力向他們展示優良的產品。

(三)專業訓練：對所推銷的產品要瞭解其特性、優點、缺點、用處。並對本身所屬機構之組織，顧客服務等有所了解。專業水平夠不夠，也常決定成敗。

(四)心理訓練：對顧客的心理要能摸的透，懂得察言觀色，見風轉舵，迎得顧客心理，懂得訴求方法，產品必能出手。

(五)被顧客拒絕後懂得如何處理，才是最好收場，甚至重新挽回局面。

(六)訓練課程、方式，可視公司特性需求而訂。

現代企業的功能，已從傳統的人事、行銷、生產、研發等，再加一項「企劃」，所以中高階層主管的教育訓練應增加「企劃案作為」（或叫企劃書），計劃和企劃不同，前者少有創意，保守固定，只須短期訓練；後者多創意，天馬行空，開創挑戰性大，須長期專業訓練。常見的企劃書有行銷、廣告、新產品、教育訓練、公共關係、年度經營、投資與長期發展。

問題討論：

一、你對自己的員工實施過何種教育訓練？效果如何？你自已又參加過那些教育訓練？效果如何？

二、你所主持的工廠裡是否實施職業訓練？發現那些缺點？要如何改進？

三、自我反省一下，是做「業務」的料子嗎？

四、想當一個「行銷天王」，你認為是性格重要或教育訓練重要？

五、公司打算前進大陸，請你提一份「公司長期發展企劃書」。

六、人才是訓練出來的還是天生的？

Chapter 9

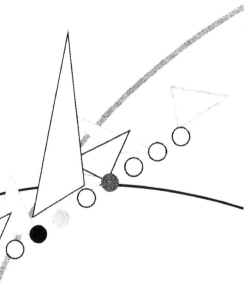

如何激勵士氣

第一節 先仔細認清「人」

所謂領導與管理其實只有「管人」與「管事」兩者。其中則是以「管人」為基本，人是動態的，除了用科學方法去管理，還要用哲學方法。如何把員工的士氣激勵起來，以達成大家所期望的目標，是領導者、管理人最大的一項挑戰。「人」會背叛，會偽裝，「事」乖乖的，隨你把玩。

一位有越戰經驗的美國步兵上校沙默斯寫過一本書，叫「論戰略」，於一九八二年出版，書中有一則故事。

話說一九六九年尼克森上台之初，當時的五角大廈把所有關於美國和北越的資料，全部納入電腦，包括雙方土地面積、人口、國民生產總額、工業製造能力、各種武器、武裝部隊等。

然後問電腦：「我們何時可以取勝？」

電腦說：「一九七四年你們就勝利了。」

美國是世界上的超級強國，區區北越何足掛齒。不過該書作者說，有一件事是無法放進電腦的，就是國家意志，也就是克勞塞維茲（Carl Von clausewitz, 1780~1831）所說的民心士氣因素。詹森和尼克森都未能激起美國的民心士氣，所以美國在越南敗的很慘。計有五萬青年命喪異域，數十萬傷殘。

任何有遠見的領袖都知道要激勵士氣，工商管理也不能例外，沒有了士氣，在這個處處挑戰的時代裡，是不能參與競爭的，沒有士氣，就沒有力量。沒士氣也沒勁，幹起來沒意思，乾脆退出江湖。

充份利用各種資源是管理者的責任，而人盡其才，使每個人發揮到極致則是成功的一把鑰匙。臺灣塑膠工業公司董事長王永慶認為，石油價格高漲，國際經濟情勢逆轉都不可怕，問題是企業本身有無謀求突破的毅力和信心，不要動輒希冀外力支援，如此志氣喪失，必有傾覆之虞。能否衝破難關，乃盡其在我，操之在我，保持旺盛的士氣，主動積極的企圖，信心充沛，毅力堅定，則無人能使你倒下。

一、何謂「士氣」？

所謂「士氣」就是指各種工作人員的意志，古今中外的企業家、軍事家，均無不加以重視。不論商場競爭形態如何改變，人總是決定勝負的主要因素，因此工廠紀律與員工士氣對企業成敗有很大的關係，亦為機構中最偉大的潛力。一場戰爭的勝敗，士氣決定九成。超強美軍在越戰失敗，因為大家都不想打仗了。

二、認清人的基本需要：

從學理上的討論激勵，是一種來自內心深處的動機和泉源。但亦可由外在環境的改變，對個體產生激勵。但動機的根本是：「人類依照自己的需要而有行動的產生，由此種需要產生一種動力，再由動力的推進達到目的，目的到達亦就是滿足需要。」。這種需要，我們稱之「成長的需要」是人人天生俱有的。人類的基本需要有先後次序，並分為五個層次：

㈠生理需要：衣食住行育樂和性的基本生活需要。

㈡安全需要：需要被關切和保護，以免受到外界環境的傷害，如意外保險，壽險等，就是為滿足此項需要。

㈢社會需要：需要友情、親情、愛情、上司、同仁等各種愛心和關心，以滋潤心田或得到歸屬感。

㈣名望需要：各種名譽、地位、權力之獲得。

㈤自我成就需要：照馬斯廔解釋，就是一種慾望，強烈的實現自訂之願望，完成自設之目標。也就是「自我實現」，達成自已所願之理想。

這就是馬斯廔的「需要層級論」，生理需要為支持生命所必須，是為最主要的激勵、通常和金錢有關。生理需要滿足之後，這項需要的重要性隨即降低，更高層次的安全需要隨即出現，直向最高的自我成就邁進，最高層級通常最難實現。

簡單的歸納人類的需要，不外「食色利名」四者，或再加上漂亮、健康、財富、長壽、權力等，士氣的高低，或能否激勵士氣，與這些需要都有關係，高僧大德也不能例外，未聞有任何人說這些都不要，而能士氣高昂，活的快樂！

這裡所說要認清「人」，是認識人的本性，即人性，有善有惡，孔子說「食色性也」，佛家說「明心見性，見性成佛」，所以「性」不是只有「做愛」，是成佛的前提，任何人不能見性，便不能成佛，任何企業領導人，不能深解人性，談領導管理都是空話。

第二節　士氣激勵的原則

一、激勵的意義：

激勵是一種無形看不見的東西，是一種內在的心理程序。對員工部屬之所以要激勵，其目的在促成某種正面積極行為的產生。就心理學而言，人類的行為必然有原因，否則不致發生。所謂「原因」也就是某種需要，因需要而產生願望，由願望而採取行動。

有一種高明的領導人，他會看準人的需求，「預算」給予某種刺激，而得到某種結果。所以，做一個領導者，要想激勵部屬，使其產生預料中之行為，就先要瞭解屬員之需求。

我們常說「投其所好」就是一種「需求策略」的道理，激勵過程中有五點值得注意：

㈠需要的層級並非固定不變的結構，也沒有明確劃分出界線。層級與層級間須有部份重疊，前面一個需要逐漸降低，下一個需要隨之升高。員工的基本需要滿足之後，就想得到安全保障，逐步上昇，是各級領導者、管理人不可不知。

㈡教育程度和生活水準低，貧窮地區等，大部份低階層民眾勞工，經常保持在生理和安全需要的程度。絕大多數人終生領悟不出人生高境界何在？只在追求溫飽，甚至溫飽亦不可得。

隨著中產階級以上，開始向社會需要和名望需要邁進。而高級知識份子、社會賢達名流士紳，政府高級官員等，則不斷追求名望需要和自我成就需要。

㈢當一個人在生理需要時，並不代表其他需要都不要，通常都是漸進，但也有例外的「跳進」。有的人特別追求某種需要，輕視某些種需要。這些特例只有管理者自己明察秋毫，才能針對他的需要，實施有效的激勵。有的要女人不要錢，有不要女人只要錢，多數人全要。

㈣從需求到願望時，環境對個人行為的影響：

雖然人的需求相同，願望卻可能相背，此乃因環境或狀況對一個人的影響。所謂環境，來自家庭背景社會風氣、學校教育、人際關係等。超承熙在韓國未出問題，到美國成殺手，就是環境和社會問題。

㈤從願望到執行時，激勵手段對其所生的影響：

人對不同的願望，經常用各種辦法去滿足。有願望相同，行動卻難一致，此端視激勵手段如何而定之。激勵手段如果使用積極性的懲罰，其作用可以建立團體內的工作紀律，使全體人員知道何者當為與不為。當管理者瞭解員工這種心理並加以掌握，就能樹立起一個個目標，再運用獎懲，人事升遷、效率評核，以及各種有形無形之利益為激勵手段與方法，來誘導部屬之行為，以達到預先樹立好的目標。人在重獎重罰之下，有時能達成無法評估的效益。由此可知，正確而有效的激勵，可以達成個人和團體的共同利益。而所謂激勵法則，只是針對員工的需求與願望，給他滿足，控制與誘導，使其表現出預定中的行為，以達到企業所預定之目標。

二、如何運用激勵的原則：

根據有經驗的專家研究，把許多有關激勵的理論歸納出若干有效的激勵原則：

(一)激勵要顧及指導與輔導：

員工從事工作必須確切瞭解工作方法，熟習使用各種器材或工具，主管於指派工作時，應顧及此等條件，否則部屬雖受到激勵，但不知如何進行，工具也不會運用，任務將無法達成。而且主管負有訓練與教育責任，任其在錯誤中自由學習與發展。其結果將為幹部本身的過失，而不能歸咎於其員工不懂或部屬無能。

(二)適時運用團隊力量：

心理學家指出，人們的行為受制於團體。人們有時為附合群眾意見，無條件放棄一己的主張。因此團體的約束較個人的懲罰更為有效，此種現象表現於青少年身上最為明顯。利用時機、激發團體意識是激勵最有效的方法。讓部屬儘量集體參與工作計劃的機會，此種大家所製訂的計劃，自當為團體內容各份子所遵守。長久行之，必能造成一種優良的團體和風氣。不必由管理人對員工實施「密集監視督導」，團體就有一種自發性力量產生，這叫做運用「團體精神」。

㈢激勵要及時恰到好處：

人們對於眼前的或較近的獎賞最感興趣，所以吸引力特大。而對遙遠或預期的利益欠缺興趣，其吸引力相對減弱。故領導者應適時給予部屬獎賞，有時一句口頭讚譽較年終優等考績更易收效。任何的激勵必須配合時機與狀況，不可盲然盲目行事或失良機。勿忘，獎勵要依據人的需要。如其不需要，再多仍屬無用；如正是所要，則一兩勝千斤。

㈣激勵要先訂出明確的目標：

目標是預先依據需要而訂，有了目標，再研擬激勵的程序、手段、方式等。目標不必太高，否則員工達成不了，反意志消沈。在比部屬的能力稍高一些，經過激勵正好達到，最是恰當。而下回再訂目標，又須更高。所以目標以逐次達成者為佳，或區分「近程」「遠程」二種階段逐一完成即可。

㈤獎勵制度要不斷改進，針對或克制人性的弱點：

人性的弱點有時是只為了得到獎勵，而對其他方面不惜犯錯，甚至違法，以台北市聯營公車為例。最初行車人員待遇是月薪制，部份駕駛為了兼差時常請假，影響出車而改為日給薪，仍然有些駕駛員將車弄壞，藉車輛進廠修理而達到休假目的。為了防杜惡習遂設立「里程獎金」，最初尚好，日久部份駕駛人員為多跑里程，不但開快車，且過站不停。為了對付此種行為，又策劃了「載客獎金」，後來又增加「服務」「清潔」「安全」等獎勵方式。實施至今，亦頗有成效。人性弱點往往趨向於「利己」，這是不可避免的，只有在管理上不斷地教育訓練，在制度上不斷地更新改進，才能克服人性的弱點。總之，人性的弱點真是「好東西」，好用，有時要克制。

三、激勵的對象：

激勵的對象當然一定是人，但嚴格劃分有個人和團體兩種，說明如下：

(一)對個人：認識個人的個性、面相、心理、生理、能力、經驗等，因為這些互異的思想行為，常能影響工作之效率。管理人要用不同的方法去刺激不同的人，使他對工作發生興趣，對團體發生歸屬，並使他在知識品格和本職學養上進步，俾更能勝任工作。

(二)對團體：領導一個單位，要造成一種優良風氣，使人在這 風氣中感受到責任和榮譽。培養團體精神，使之成為一個有機的整體，向同一目標邁進。「企業文化」的塑造，就是很有利的團體激勵。

(三)個人利益和團體利益有時會衝突，但這種衝突有時也是一種刺激進步的力量。如何使這些力量源源不斷，使個人和團體達到最完美的「合作」有下列條件：

(1)個人生活的創造性不因團體限制而減低。

(2)凡與自己有關之決策或事情都能參與。

(3)個人地位能被團體肯定。

(4)自己能對團體做有效的貢獻。

(5)要鼓勵團體之整體士氣時，要避免榮耀獎勵集於個人或少數人身上。

在理論上沒有任何不可以激勵的人，動之以情，勵之以義，誘之以利，投其所好必能得勇夫死士，俗言「狗改不了吃屎」「人為財死」，講的都是同一回事，說是原則，也許已是定律了。

第三節　如何激勵士氣

領導者之存在如同高樓大廈之鋼架，如同大腦之中樞神經，因此士氣的消長與主管有密切之關係。語云：「兵隨將轉」「將強手下無弱兵」，均足以說明領導者是何等重要。故領導者與員工之間，除有勞資關係外，更有「兄長君父朋友」的關係，當然也負有激勵士氣之責，以下為你提供幾種激勵士氣的方法，俾作參考：

一、使部屬自我得到肯定：

「自我」之被肯定，是人類高層的需要。任何管理者欲獲得部屬的支持，亦就是獲得部屬的肯定，均必須主動對部屬的「自我人格」先加以肯定。此種道理，正如「愛人者，人恆愛之」的情形是一樣的。人乃奇妙的情感動物，當部屬的人格自尊都被上司肯定後，工資的多少和工作的輕重往往不會成為爭議的焦點，因為「士為知己者用，士為知己者死」是自發自願的，其價值不可用財物計算之。

二、使部屬產生主動心理：

這種心理可使工作產生熱忱，在危急之時更能表現出他的突出，亦惟有賴領導者的培養。例如今日工作未畢，即使要趕到三更半夜，他也不須要主管叮嚀要求，主動完成。這種心理一但養成，是主管的一大成功，因為你不再須要經常費心指導他、督導他，他們自會完成該做的工作。

三、不要層層監視或用盯哨來推動工作：

給部屬充份的自由權和自主權，代表對部屬的看重，自然可以激發人們潛在的「表現慾」。自動去做才能維持士氣於不衰，被動推著去做，是最沒有效率的管理辦法。

四、適切讚美：

對員工適時適切的讚美之所以可以激勵士氣，乃是「讚美」是人類的「社會需要」。任何人無不希望獲得長官同事、朋友同仁的讚美，身為管理者或輔導者，應以讚美代替責備。在人際關係中，讚美也是一種「投其所好」的藝術和技術。

五、主動領導與綿密策劃：

領導與策劃之所以能激勵士氣，是因為兩者都關係到企業的成敗。主動領導是運用民主式領導，建立良好的領導關係；綿密策劃是對事情做最完備的準備工作，使成功公算達到最高。員工在一個有為有守，做事有計劃的主管下面工作，士氣不激而能自高。

六、不要當嘮叨的管家婆：

主管喜歡跟在人背後叮嚀者，效果將很低落，士氣情緒亦不佳。如果工作指示後，信任他，讓他負責去做，主管的頭腦和時間用在其他發展，可以發生最大效果。

七、善用獎金：

用獎金做激勵士氣的方法，自古就有，雖然最為普遍，確也很玄妙。

(一)發獎金之原則：

(1)必須與其他品質控制，生產管理人事部門，成本及預算控制密切聯繫。

(2)必須使股東和顧客達到滿意，合乎勞資雙方願望和需求。

(3)必須要能達到激勵士氣，增加產量的功能，否則亦可不必發獎金。

(4)獎金制度建立後，須保證員工原來薪資率，為未來最低所得。並促使明瞭企業政策及工作方法。

(5)獎金計算標準，在不斷研究，務求精確、公平、合理，但須設計少數「重獎」，才有「勇夫」。

(6)發放時間和工作時間不要相差太遠，否則激勵減弱。

(二)獎金種類：

(1)危險獎金：給從事危險之工作人員。

(2)考勤獎金：鼓勵員工不請假，不遲到早退。

(3)設備保養獎金：鼓勵員工善為運用機器工具等。

(4)品質獎金：品質合格則獲得，否則取消。

(5)產量獎金：以產量達到規定水準給予。

(6)團體獎金：鼓勵團體精神和合作態度。

(7)餘如計點、計件、計時等，都頗有參考之處。

(8)特別獎金：對有特種技術，能力創造表現之人給予特別獎金。

(9)其他：獎金之名目繁多，凡可以激勵士氣者都有運用價值。以上各項可一人得數獎，或一人只得一獎，視各機構工作性質和目的之不同，加以變化運用，目的不外激勵士氣，增加生產。對業機構有重大貢獻，能開彊闢土之人才，更要給他「大獎」。

第四節　還有那些東西可以激勵士氣

除了前面所謂激勵士氣的辦法外，說的更明白些，天下萬事萬物都可以拿來激勵員工的士氣，端看時機如何把握而已。拿破崙在越過阿爾卑斯山之前，對其部下說：「翻越了這座山就有很多美女和黃金，都給你們。」，他終於建立不朽的功業。滑鐵盧雖敗，仍不損他英雄形象。以下幾種激勵士氣的方法效果極大，看如何運用：

一、用錢：

企業是以營利為目的的，當然賺錢就是第一要務。更何況在目前這種工商業社會裡，金錢已經快要成為名譽地位或成就的相似詞了。而自從人類有了商業活動之後，錢也是大多數人追尋的目標。所以「錢」是一種最大的「刺激物」，只要刺激得當，可以發生驚天動地的效果。根據人事行政局的研究，如果軍公教待遇不豐厚就不能有效激勵士氣。難以加強上對下的領導統御，無法配合時代的管理潮流。講的就是錢的問題，錢與激動士氣之間的關係太密切了。

俗語說：「有錢能使鬼推磨」，可見錢的魔力，二〇〇七年春季間，媒體天天報導郭台銘和女明星的活動，骨子裡大家是在看「一個巨大的錢」，會生出甚麼力量？超越人性愛情的力量。

二、財物：

是一種有價值的東西，洋房汽車，名貴視聽電汽用品，鑽石黃金世界各國名貴物產，名畫古物等不計其數。可以訂出一種競爭的辦法，表現優異的員工如何獎勵，模範勞工又如何獎勵，全年度不請假又如何獎勵等。當然對公司的高級幹部，董事會應該擬訂一套獎勵辦法，在重金之下，必然人人埋頭苦幹。你滿足他想要的，他便為你賣命。

三、關心、愛心、耐心：

人是情感動物，須要別人的關愛是其重要之特性。領導者拿財物金錢來激勵員工士氣只是一種「手段」，而他給員工部屬的印象一定要是「具有關心、愛心、耐心的主管」，才是最佳的管理者。如果他給員工的印象只是「喜歡用金錢來收買人心」，雖然花了大把鈔票，還是一個失敗的領導者。企業主管具有這三項優良的條件，對於帶動部屬，激勵員工士氣，有莫大的幫助。金錢和愛情如何才能恰到好處，是用尺量不出來，用天秤稱不出來的。

四、完善的福利措施和人事制度：

以日本豐田汽車公司做實例參考。根據一本專門研究豐田汽車的書籍報告，一九八〇年豐田汽車廠共有員工四五、二三三人，平均年齡三一・九歲，工作年數平均九・九年，每月薪資平均每人折合台幣三七，八〇〇元。不僅如此，員工每人可向公司貸款七〇萬日圓，並且公司方面每年撥出十億日圓做為員工福利措施的開支。包括建造或整修員工宿舍，在職訓練課程，如英語會話等，增購醫療用品及設備。成立員工俱樂部，運動器材的添購或場地的整建。目前所知豐田汽車擁有一座大型的體育館，棒球場、田徑場、足球場、網球場、女子壘球場、芭蕾館，射箭場等，這樣完備的人事制度，難怪豐田汽車的員工們平均年齡雖輕，工作年齡卻平均在十年左右。

以這樣的條件來經營企業，除了對員工是莫大的激勵外，也算得上是一種了不起的號召力和吸引力。我國有關勞工福利方面，政府近年已積極迎頭趕上，是可喜可賀的現象，對激勵全國勞工和各級大小工廠員工的士氣甚有助益。

五、休假旅遊：

近年國內休閒水準提昇，旅遊風氣大開。由公司擬定標準，每年或定期選出表現特優的員工給予公費旅遊。亦可配合教育訓練，來一次「身心靈」遊覽。

六、適切運用懲罰：

獎善懲壞，懲罰可列為士氣激勵的手段，少用為佳，故主管在萬不得已之際，應對犯錯之部屬員工實施懲罰。不論何種形式之懲罰，要考慮下列事項：

(一)犯過之動機，即構成犯過之原始本意，如為謀財而傷人。
(二)犯過之目的，即其企圖，如為供揮霍而竊取公司產品。
(三)犯過當時所受之刺激，如激於義憤而打傷同仁等。
(四)所使用之手段，如殘忍或留情。
(五)犯過人之生活狀況，如富裕、失業等。
(六)犯過人之品性，如素行溫和，初犯或累犯。
(七)犯過人之智識態度，即辨別是非與理解事理之能力和程度。
(八)公共關係，良好與否，或夙有恩怨。
(九)犯過時所造成之損傷程度。
(十)事後態度，如怙惡不悛，或已有悔意等。

可見懲罰不可任意行之，需經三思考量才能發生作用，絕不可意氣用事。也許一道錯誤或不合理的懲罰令下去，足以痛失良才。影響內部團結。

七、親臨第一線：

激勵士氣的方法無奇不有，在戰場上指揮官左右戰局的法寶、就是「親臨第一線」，這種方法要以生命做代價。台灣固特異輪胎公司董事長兼總經理梁治國，為了給同仁打氣，增進溝通，激勵力氣，他走出辦公室，走向第一線市場，訪問各地經銷商，和員工一起吃飯。這也是一種激勵策略。

佛郎西斯曾說：「儘管你有錢，你能買到一個人的時間，使之出現於特定之時地，你也能買到他有限的體力和技術活動，但你絕不能買到他的熱忱、創造力、想像力、決心、忠誠和靈魂。」談完本章，你打算如何激勵你的員工們，使他們都成為你的「死黨」。

問題討論：

一、在日常工作中你是否對部屬員工使用過「激勵」？能否達到預期效果？

二、檢討你所率領的所有職員，他們的工作士氣是否良好？如果好，為何會好？如果不好，又為何不好？

三、你經常處分部屬嗎？效果如何？

四、金銀財寶和女人，自古就是激勵士氣，廣結夥伴的「法寶」，你覺得呢？你打算好好運用嗎？現代職場上女人增多，女主管愈來愈多，男人是否也成為「籌碼」？

五、金銀財寶和女人，自古以來也能用在瓦解對手陣營，你覺得呢？你打算好好用嗎？

六、但金銀財寶和女人，也可能毀了自已，你覺得會嗎？對這些「致命的吸引力」，你的企圖心和自制力如何去平衡？

10 Chapter

從兵法觀點談知人與用人

「知人和用人」是世間學問最弔詭的部份，也是最有趣、最科學、最藝術及最挑戰智慧的領域。任何領導人只要把「這塊」做好，便成功了。

而事實上，人是不可全知的，不可理解的，所能知者只是一部份，如二〇〇七年春台灣地區最大的新聞，是力霸王又曾跟陳水扁的關係，陳十一次出國，王隨行七次，最後還是背叛了陳水扁，原來都是計謀，阿扁上當了！所以人是不可全知的。

用人也是有前提和限制的，古人說「道不同不相為謀」，同是姊妹，宋美齡為國民黨出力，宋慶齡為共產黨效勞。三國時代同時「諸葛」一家人，諸葛亮是蜀國丞相，諸葛瑾是東吳將軍，諸葛誕是曹魏高平侯，這些歷史說明了甚麼？在現在的兩岸情勢，想在兩岸做事業，台獨思想傾向的人是不能用的，道理很簡單，不能同心打拼，也沒有市場。

兵法乃用兵之學，不論從政、從商、從軍或各行各業，懂不懂得如何「用兵」，乃與成敗有決定性關係，因為「用兵」有時用的不是「兵」，而是手上可用的「資源」，中國兵法除講戰爭用兵，更講知人用人，（可另見作者著：中國四大兵法家新詮，時英，二〇〇六年九月。）

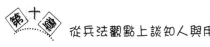

第一節　知人與用人

用人與知人之間在古今中外的歷史上，留下無數典範，有的叫人大嘆惋惜，有的叫人拍案叫絕。因用人而留下美談或使團體起死回生的如：

㈠商湯起用伊尹。

㈡周文王武王父子重用呂望。

㈢秦孝公以後，重用商鞅、范睢、張儀、李斯和王翦父子。

㈣越王勾踐重用文種、范蠡，得以雪恥復國。

㈤唐太宗重用李勣、魏徵、王珪等人。

㈥戰國時代魏文侯重用樂羊攻打中山國。

㈦劉備三顧茅蘆重用諸葛亮。

㈧日本豐田喜一郎重用神谷正太郎。

㈨美國「麥唐諾道格拉斯公司」重用吉米華生。

神谷正太郎，是日本一九八三年「豐田汽車販賣株式會社」董事長。一九三五年神谷正太郎在 GM 大板總公司（美國 GM 的子公司）任販賣廣告部長，一九四一年受到豐田喜一郎的知遇，投效豐田汽車公司，果然豐田的「販賣」業務蒸蒸日上。

一九七九年五月，「美國航空公司」一架 DC-10 噴射客機，在芝加哥的奥哈拉國際機場墜毀，機上兩百七十五名旅客全部罹難。此後該類型客機的製造廠，麥唐諾道格拉斯公司的銷售業務全部停頓，費盡心思毫無轉機。直到一九八四年公司重用吉米華生任總經理，重振旗鼓，並有了銷售成績，因而震撼了全世界的航空界。

不重人才或用人不當，導致敗亡，造成遺憾如：

(一)洪秀全氣走韵江，項羽氣走范增。
(二)吳王夫差殺伍子胥，重用奸臣伯嚭。
(三)明思宗殺袁崇煥。
(四)慈禧太后殺六君子。
(五)最可惜的是孔明重用馬謖守街亭一戰。

兵法有云：「微乎微乎，惟兵之知，以意測，以識悟，不如四知之兼得其實也，一曰通、二曰謀、三曰偵、四曰鄉。通知敵之計謀，謀知敵之虛實，偵知敵之動靜出沒，鄉知山川蓊翳，里道迂迴，地勢險易。知計謀，則知所破；知虛實，則知所擊，知動靜出沒，則知所乘；知山川里道，則知所行。」這是講知彼的重要和方法。兵法又云：「多算勝，少算不勝」、

「知彼知己者，百戰不殆；不知彼而知己，一勝一負；不知彼不知己，每戰必殆。」

從另一個角度來看，知人用人就是一種作戰；無論戰爭或人生，其成敗，「人事而已」。我們常說：「人生就是戰鬥，世界一如戰場」，更何況商場其實就是戰場，故吾人有必要從兵法的觀點上，研究用人知人的一些策略，以求百戰百勝。因為「人心隔肚皮」，所以「知」實在不是容的事，國父也說「知難行易」，就連高明如神的姜太公也嘆難，「龍韜」有這麼一段記載：

(一)有人看似能幹，卻一無是處。
(二)有人好像善良，卻是盜賊。
(三)有人外貌謹慎，做事粗枝大葉。
(四)有人表面謙虛，內心傲慢。
(五)有人事事週到，卻刻薄寡恩。
(六)有人看似廉潔，卻不誠實。
(七)有人好用謀略，卻缺乏果斷。
(八)有人好似果敢，卻不能實行。
(九)有人看似實在，卻不能信任。
(十)有人迷迷糊糊，卻忠誠可靠。

(十一)有人言行立異，卻有功效。

(十二)有人表面勇敢，內心怯儒。

(十三)有人表面嚴肅，內心親切。

(十四)有人嚴格冷酷，卻安詳誠懇。

(十五)有人並不突出，卻有驚人表現。

誠然，人是生物界最具有千變萬化，最難理解的動物。雖然如此，自古以來人類也創了不少知人大法，古代叫做「觀人術」，現在叫做「心理學」，都有許多可貴的參考價值。

會用人，是使能力比自己強的人來為自己做事。如劉備能使諸葛亮為之「鞠躬盡瘁，死而後已」，達成三分天下的局面。當代大企業家王永慶先生，其手下學問比他好的人不知幾百，部屬中智慧比他高的不知多少。不會用人，則反為其所害，不一定你的江山到頭來跑到他手裡。

關於知人方面，諸葛亮有妙法察知其本來面目：

(一)要他判別是非，觀察志向。

(二)用辯論方式察看應變程度。

(三)請他參與策劃，觀察其智識能力。

(四)叫他處理嚴重問題，考驗勇氣。

(五)用酒灌醉他，聽其真言。

(六)用錢利誘他，察看操守程度。

(七)委任以大事，察看被信賴的程度。

一個人經過如此考驗，應是可用之材，可交之難友，可委之重任的幹部。戰國時代魏國丞相李克另有知人之法：

(一)失意時，與誰親近？

(二)富裕時，幫助何人？

(三)得意時，提拔何人？

(四)困苦時，有否不軌？

兵書「六韜」另有知人妙法八項：

(一)提出問題，看他了解程度。

(二)追問到底，察看反映。

(三)派人勾結他，觀其誠實。

(四)洩露秘密，觀其德性品行。

(五)使他接近財物，觀其廉節否？

(六)用之女色，察看堅定。

(七)臨危授命，察看勇氣。
(八)醉之以酒，察看本性。

可見天下至難之事為知人與用人，準繩即難拿的準確，人的變化也無窮。然而不知人，就談不上發掘人才，培養人材，善用人材。閻循觀說：「知人有三，知人之短，知人之長，知人長中之短，知人短中之長。」故不知人必無從用人。閻氏又說：「用人有二，用人之長，避人之短；教人有二，成人之長，去人之短」。所謂「慧眼」者，不能「只見衣彩不見人」的皮毛表相，而在於觀察之入微，洞察其本質。

左宗棠也說：「人各有才，才各有用，非知人不能善其任，非善其任不能謂之知人，非開誠心，佈公道，不能得人之心。非獎其長，獲其短，不能盡人之朝氣。非用人之朝氣，不用人之暮氣，不能盡人之才。非令其優劣得所，不能盡人之用。」

曾國藩所創的「觀人術」亦不亞於現代心理學之見解：「邪正看眼鼻，真假看嘴唇，功名看氣宇，事業看精神，壽夭看指爪，風波看後跟，若要知條理，盡在言語中。」。知人實為一門高深玄妙的大學問。中國數千年來，蓋世三才，多出布衣，乃知人術之發達也。

在用人方面，歷代以來大多是「用人唯才」，且十分講究，所謂「內舉不避親，外舉不避仇」。唐太宗說得好：「吾黨宜擇人，唯才是用，苟不然，雖親不用，如有才，雖仇不棄，今日之舉，非私親也」。唐代吏部擇人術十分科學，一觀其身，取其禮貌豐偉；二觀其言，取其言行辯正；三觀其書，取其楷法遒美；四觀其判，取其文理優良。可知中國在用人方面著重品德人格和文理素養，與現代著重「領導統御，管理計劃」各有其趣。唯才是用的觀念則是古今不變的。

在國內經營茶業達卅餘年的「建南茗茶公司」，由於家族式經營，其經營理念不能革新，於七十三年初被查封拍賣。除了他們管理方面不能採用科學化企業化的方式經營外，用人也是一大原因。因為家族式經營用的都是自己人，不論智愚貪懶都用，真正人才卻不能參與，終將遭受被淘汰的命運。這該是一個血淋淋的教訓，可使大家提高對用人唯才的認知。

有句話叫做「神仙也有打錯鼓的時候」，另有一句話「人非聖賢，孰能無過」。可見人和神仙都不是全能的，也有發生錯誤的時候。要一個人通過百分之百考驗，世上有幾，所以用人並不是要用完人，要因人之個性、能力、愛好而授予各種不同任務。也是 國父所謂的「人盡其才」。就一個領導者而言，要因才而用之，用部屬的長處，發揮他的長處到極點。聰明的人除了知人外，還要知己，因為「不知彼而知己，一勝一負；不知彼不知己，每戰必殆」。

知人與用人之間，當先透過各種觀察方法先「知」，而後再用就更有把握了。如不知而用或知而不深也用，則是一件危險的事，不是事業遲早會垮台，就是江山要斷送。關於用人在歷史上有一顯明的例子，就是楚漢相爭。項羽失敗後對部屬說：「吾起兵至今八歲矣，身七十餘戰，所當者破，所擊者服，未嘗敗北，遂霸有天下，然今卒因於此，此天之亡我，非戰之罪也。」

從前面談話，項羽把戰局失敗歸罪天意。此等人雖雄霸一方，然不能檢討自己，不能承認過錯，其失敗了活該也。應知「天」不會犯錯，只有「我」才會犯錯。

在劉邦這方面則理智得多，且虛懷若谷，把勝利的功勞歸給部下。史記高祖本記載，在劉邦得天下後，擺慶功宴於雒陽南宮，有如下一段對話：

高祖曰：「列侯諸將，無敢隱朕，皆言其情，吾所以有天下者何？項氏之所以失天下者何？」

高起王陵對曰：「陛下慢而侮人，項羽仁而愛人。然陛下使人攻城略地，所降下者，因以予之，與天下同利也。項羽妒賢嫉能，有功者害之，賢者疑之，戰勝而不予人功，得地而不予人利，此所以失天下也。」

高祖對曰：「公知其一，未知其二。夫運籌策帷帳之中，決勝千里之外，吾不如子房；鎮國家，撫百姓，給餉饟，不絕糧道，吾不如蕭何；連百萬之軍，戰必勝，攻必取，吾不如韓信。此三者，皆人傑也，吾能用之，此吾所以取天下也。項羽有一范增而不能用，此其所以為我擒也。」

依據以上記載，高祖之成功就是能重用張良、蕭何、韓信等三傑。項羽落得自刎烏江的悲慘結局，就是不懂知人用人的妙處。以後讀史的人大多支持這樣的看法。項羽的死留給後人許多惋惜，如唐杜牧「烏江亭」詩曰：

「勝敗兵家不可期，含羞忍辱是男兒
江東子弟多才俊，捲土重來未可知」

誤用一人足以身敗名裂，傾國傾城，可見人才之重要，現在政府和民間機構爭相「挖材」。切記，用人之前要先思考「知人」程度。

諸葛兵法「擇材」篇說：「夫師之行也，有好勑樂載，獨取強敵者，聚為徒，名曰報國之士。有氣蓋三軍，材力勇捷者，聚為一徒，名曰突陣之士。……此六軍之善士，各因其能而用之也」。由此觀之，歷代名將謀士對知人用人都下過功夫，其用意在避免用錯人，是為後代參考。

用人到底才德孰重，也是經常被爭論的地方。宋代司馬光對德與才有過透澈的分析。他說：「夫才與德異、聰、察、強、毅之謂才；正、直、中、和之謂德。才德全盡，謂之聖人；才德兼亡，謂之愚人；德勝才，謂之君子；才勝德，謂之小人。君子挾才以為惡，惡亦無不至也。小人智足以遂其奸，勇足以決其暴，是虎而翼者也，才有餘而德不足，以至於顛覆者，多矣！」

所以，用人必須「才德兼備」最好，如不能兼備，高級幹部應「德高」望重者任之才能統御四方；中低級幹部應惟才任用，才能與三教九流週旋，須知在這個「脱節」的時代裏，光有「孔孟之心」，尚不足應付，再加上「孫吳之術」，則能百戰百勝。

現代社會講究企業化管理，重視時間效用，任何機構都很注意人才運用。若能善加運用別人的助力，加上自己長處的發揮，這就是成功的關鍵。「成功」是人生最甜蜜的糖，有誰不想吃呢？

書經記載：「**三載考績，默涉幽明**」。言下之意，當個主管，他最大的功德是三年內啟用賢能，罷黜那些吃閒飯的米蟲。就上司而言要在知人用人方面下功夫，就下級而言，若不能做有用之人，將被社會遺棄，被群體否定。一個被否定遺棄的人是談不上人生意義的，也永遠品嘗不到成功的滋味。

第二節　金錢與用人

如果花錢可以打敗對手，如果花錢可以成就事業，如果花錢可以把事情做好…或可以創造更大利潤，可以領袖群倫，那麼！為何不花呢？

「鳥為食亡，人為財死」，一語道破人性的弱點。所以錢能「使」人，就看如何「使」！使的漂亮不漂亮。使的是否合理？是否被人接受？

孟子見梁惠王，王曰：「不遠千里而來，亦將有以利吾國乎？」

國父也說：「三民主義是要四萬萬同胞都發財的發財主義」。顯然，孫中山在「利誘」四億同胞，都來支持他搞革命。

明白這個道理，即使破除時空因素，古往今來人類個人所求也好，國家民族所求也好，還是一個利字。只是有人求一己之利，有人求國家社會之利，有人求一時眼前之利，有人求長久永遠之利，有人求今生今世之利，有人求來生後世之利。只求個人短暫之利者，因為他不知道群體社會都得利，自己亦有利的道理。求眾人永遠之利者，因為他知道國家社會都得利，自己也包含了。正是姜子牙說的：「天下非一人之天下，乃天下人之天下也。同天下人之利者，則得天下，擅天下之利者，則失天下。天有時，地有財，能與人共之者，仁者，仁之所在，天下歸之。」當知人利己利，人樂己樂了。表現在經濟上更為明顯，英國在十八世紀時，工人毫無利益可言，所謂有利潤都是老闆。則生產低落，民生窮困。後來美國加以改革，老闆和工人共同平分利潤，便創造了世界經濟奇蹟。近代的共產主義經濟制度則是開歷史的倒車，他們只有少數領導階層得利，造成人民一窮二白。

早在兩千年多年前，亞理士多德對共產制度曾有精闢之論述，他說：

「吾人苟偶爾獲得一物且可據為己有者，必感無上之愉快。可見此愛己之觀念，實為造物之所賦與，而非屬於無所用者。至於自私自利之行為，雖為人人所詬病，然其所以詬病者，非對於自私自利之本體而發，乃以其人愛獲一己之念，逾期限量故耳，亦猶守財奴之愛錢然。夫人幾乎莫不愛錢，如以他種目的故而致愛錢，尚非一可鄙之行為。若一無他志，惟錢是愛，乃真可鄙耳。」

又說：「若耕田者，非為田地之所有者，則此所有權之一問題，必致糾紛百出，成為世界之一大棘手事矣。蓋人於勞力與享用二端，設一端不得其平，則爭執必起。彼用力多而獲得少者，對於用力少而獲得多，消費者多，必致怨聲載道，難以一日安。是故人於同居共處，又於人的關係全為共同者之中，則困難而不易處置之事恆多，而於財產之共有者，則糾紛尤甚。」

亞理士多德認為私有財產制度，正迎合人類愛財之快樂，足以鼓勵人們多開發財源，同時金錢亦為鼓勵人，激勵員工士氣之上品也。

人生所求不外利而已，大利小利，公利私利之別。讀書人十年寒窗，志在功名利祿。尼姑和尚又何嘗不是為今世或來世之利而修行。先哲先聖已經說明白，愛錢乃人的天性，不足為恥。只有「一無他志，愛錢勝過生命者」，才是可鄙無恥。中國人說：「君子愛財，取之以道」，正是此理。

何謂利？擴而大之，乃汽車洋房，美玉寶石，名譽地位，甚至生活上的安全感均屬之。這是在用人之前，不可不察知人性心理。

姜子牙最明白這個道理，在他與周文王的對話中說：「**釣有三權。祿等以權、死等以權、官等以權。夫釣以求得也；其情深，可以觀大。**」大意是說花大把鈔票才能得到人才，也是激勵士氣的三大處方。我未聞有老闆未發錢，而職員肯拼命工作者，台北市數萬家公司中，凡肯花大錢羅致人才者，其業務必然蓬勃。凡只顧私利，不管職員死活者，必無多大前途，不數日倒閉。

又說：「**緡微餌明，小魚食之；緡綢餌香，中魚食之；緡隆餌豐，大魚食之；夫魚食其餌，乃牽於緡。人食其祿，乃服於君。故以餌取魚，魚可殺，以祿其人，人可竭；以家取國，國可拔，以國取天下，天下可畢。**」

用釣魚做比喻，人也是為地位和薪俸才為單位做事，花費的代價越高，越能得到好的人才。以將相羅致人才，就能得輔國之臣。弦外之音是金錢能使鬼推磨，重賞之下必有勇夫。也許你聽過，有些總經理的年薪獎金，對上班族而言如天文數字，此不足為奇。不用重金，如何網羅一流人才。

春秋時代齊國大大司馬田穰苴說：「作兵義，作事時，使人惠」，戰爭評理由，做事看時機，用人要給予恩惠。我想人是脫離不了這個桎梏，像介子推那樣不言祿的人是歷史上的「意外特例」。

三略曰：「**夫用人之道，尊以爵，贍以財，則士自來；接以禮，勵以義，則士死之。**」

又曰：「蓋恩不倦，以一取萬」。

亞當斯密（Adam Smith, 1723~1790）在「國富論」一書中說，整個社會的經濟活動，冥冥中有一隻看不見的手在指揮著一切的進行。這隻不可見的手就是人類追求自利的動機。這個利就是利潤，固特異輪胎公司的經營哲學是「制定市場戰略或戰術政策時，徵求經銷商意見，以經銷商利益為優先考慮。」正是天下得利，該公司更得大利。

錢可收買人心，也能叫人去死；更能以少擊多，不過在用人的過程中，千萬不可迷信金錢萬能，或認為有錢可以壓死人。「接以禮，勵以義」是非常重要的，愛財只是人性的一種弱點，我們加以運用。而實際上人是「智慧與感情」的雜性動物，以禮相待，以義結合，相敬互愛，才是人性積極善良的一面。所以說「仁者無敵於天下」，用錢只是行仁之「術」而已。

在楚漢相爭，劉邦用了一招「金錢攻勢」。當漢王聽從韓信的謀略，攻下咸陽之後，馬上給陳平黃金四萬斤，聽其用以離間楚國君臣，以及項王與諸侯的關係。在漢王全面攻勢之下，韓信擊殺了楚國大將龍且，項王唯一的謀臣范增疽發背死，英布切斷楚軍糧道，加上楚軍部份幹部，已被金錢離間，跑的跑，逃的逃。漢王五年，項羽終於自刎烏江。

在中國歷史上另一件被傳為「美談」的金錢攻勢，就是勾踐的復國運動。話說周敬王二十六年，吳越兩軍在夫椒山（江蘇吳縣）大戰，越國勾踐大敗被迫到吳國充當賤役，到周敬王二十九年正月返國。此後二十年臥薪嘗膽，勵精圖治，並對吳國發動金錢攻勢，吳國上至國王夫差，宰相柏嚭，下至文武百官幾全被收買，只有忠臣伍子胥看出大難將臨，但已孤掌嗚，終至冤死。越王所用的這種金錢攻勢，就是由文種所策劃指導的「滅敵七術」：

㈠捐貨幣以悅其君臣。

㈡貴糴粟藁，以虛其積聚。

㈢遺美女以惑其心志。

㈣遺之巧工良材，使作宮室以罄其財。

㈤遺之諛臣以亂其謀。

㈥彊其諫臣，使自殺以弱其輔。

㈦積財練兵以承其敝。

越王勾踐此一「最高指導原則」，全部建立在金錢財物美女（古代美女被視為最高級財寶）的基礎上，連一代忠良伍子胥也毫無對策。漂亮的女人是無上之財寶，其實古今皆同，你知道名模林志玲一個微笑值多少錢嗎？可能超過上班族十年的薪水。周元王元年十一月，越軍困吳軍於姑蘇山，到周元王三年（前四七三）十一月，夫差自殺身死，勾踐償了雪恥復國的宿願。

總之，金錢與用人之間的關係，真是「運用之妙，在乎一心」啊！如果花錢可以突破困境，可以建立王國，可得好人才，便該大大的花。把錢死抓在手上何用？買棺材吧！賺錢的前提，是花錢，大花大賺，小花小賺。

第三節　廢才能不能用

本來愚笨的人，頭腦簡單，毫無智慧，不可用。見錢眼開的人，必然見利忘義，不可用。敗軍之將，屢戰屢敗，不可用。膽小怕死的人，沒有冒險精神，不可用。懶人沒有進取心，無奮鬥意志，不可用。果如是，則天下無可用之才了。這些被罵成「廢物、飯桶」的人，真不能用嗎？

會用人的人，凡貪懶笨病等人，一樣可以創造奇蹟。運用可用之人造就江山，其成功也許是必然的，不足為奇。以不可用之才完成艱鉅任務，或用別人所不敢用之才，則是懂得用人的智者。諸葛亮在空城計中，用老弱殘兵，不費吹灰之力，退十萬強敵。除了他神機妙算外，把人性心理運用在戰略戰術上，可謂恰到好處。

從成本會計的觀念上講，人與物並無多大差別。人講究的是「人盡其才，使天下無廢人」。物講究的是「物盡其用，使世界無廢物」。所以將領帶兵或老闆待員工，要用每個人可用之處。因其性情而用之，則人人可。

姜太公兵法曰：「使智、使貪、使勇、使愚。智者樂立其功，勇者好行其志，貪者急趨其利，愚者不顧其死，因其至情而用之，此軍之微權也。」

有謀的人希望立功，要有讓他立功的機會。勇敢的人唯恐落後，要叫他打頭陣起帶頭作用。貪心的人愛錢財，只要有黃金鈔票，他甚麼都肯做。笨人不怕死，更是可以叫他如何便如何。諸君想一想，這多麼神妙。

又曰：「無使仁者主財，為其多施而附於下」，找心地寬厚的人掌管錢財，有求必應，會使他成為部下擁護的對象。

周文王問姜太公有關用人的大道理：

文王問：「君務舉賢，而不能獲其功，世亂愈甚，以致危亡，何也？」

太公曰：「舉賢而不用，是有舉賢之名，而無舉賢之實也。」

文王：「其失安在」？

太公曰：「其失在君好用世俗之所譽，而不得其賢也。」

文王曰：「如何？」

太公曰：「君以世俗之所譽者賢，以世俗所毀者為不賢，則多黨者進，少黨者退。若是則群邪比周而蔽賢，忠臣死於無罪，姦臣以虛譽取爵位，是以世亂愈甚，則國不免於死亡。」

這段對話說明兩點：

㈠用人之前要冷靜觀察，仔細分析，勿人言亦言。

㈡用人不當會造成國家危亡，天下大亂。就一個營利機構而言，用人不對，輕則業績不振，重則宣告倒閉。

諸葛兵法「將器」篇中，對相人獨具慧眼：

「若乃察其姦，伺其禍，為眾所服，此十夫之將；

夙興夜寐，言詞密察，此百夫之將；

直而有慮，勇於能鬥，此千夫之將；

外貌桓桓，中情烈烈，知人勤勞，悉人饑寒，此萬夫之將；

進賢進能，日慎一日，誠信寬大，閑於理亂，此十萬人之將；

仁愛洽於天下，信義服鄰國，上知天文，中察人事，下識地理，四海之內，視如室家，此天下之將。」

同是傾一生之奮鬥，有人可創十萬員工之大企業組織，有人可創千人之眾，有的百人之眾，有不數日關門大吉，關鍵都在用人。

兵家用人如此嚴謹深慮，工業界、教育界，社會各界的用人，若能比照軍事作戰，講求戰略戰術，講究實用價值，必定可創造個人的事業王國。

就個人而言，每做一事都用兵家的觀點加以衡量，他失敗的成份是會大大減低的。失敗了也能得到許多的諒解，那也是另一種成功的形式。所謂「人生就是戰鬥」。即然是戰鬥就要講求戰技，戰法、戰術與戰略。

欲觀今古往來，國家興亡，個人成敗，無不是用人的當與不當而已。拿破崙因用人不當而慘招滑鐵盧，清朝最後一位皇帝溥儀，任用袁世凱而提早結束專制政權，民國以後更是一段「用人的滄桑史」。故欲求有好的成就，可用之人固然要用，不可用人之也要善加運用。

國父所說：「人盡其才」當是最要緊的用人訣竅，要用其長，避其短。要用其朝氣，去其暮氣，才能優劣所得。所以古人說：「**尺之所短，寸之所長，天下無全長，世無廢才。人各其所短，也各其所長，去短取長，在於善用**」。以上各家各派的用人理論看來，我們可以得一結論：天下無廢才，人人可用也。許多人看不起妓女、酒女，殊不知當中有不少是人才。

此處所提孫子、吳子、孔明、慰繚子，田穰苴、李衛公等，都是我國古代兵法家。孫子就是孫武，春秋時代齊國人，著有「孫子兵法十三篇」。吳子就是吳起，戰國初期衛國人，當過楚國宰相。孔明乃是諸葛亮，老嫗稚子無人不知，尉繚子是秦始皇的屬下，也是鬼谷子的弟子，是一位人本主義兵法家。田穰苴是齊景公的軍事首長，著有「司馬法」。李衛公就是李靖，輔佐唐太宗掃平群雄。姜太公就是周代建國大功臣，太公呂望，或稱呂尚，小說上叫「姜子牙」、「六韜」是魏代以後兩百年間，乃後人假託所作，六韜是六項兵法上的秘訣，即文韜、武韜、龍韜、虎韜、豹韜、犬韜等六篇。黃石公就是叫張良撿鞋子的那位褐衣老人，據說「三略」是出自他的手筆，又有說是姜太公之作，已不可考。

第四節　現代企業管理如何獲得人才

未來是科技「挑戰」和「風暴」的時代，只有高素質的人才，才能把國家帶向現代化。曾任行政院研考會主任委員的魏鏞博士，在一次講演時指出，今後我們想克服臺灣地區，幅員狹小，資源缺乏，人口密集的各種限制，必須積極培育高素質人才，以「腦力」密集的方式進一步提昇國家建設，真是一語道破人才在這新時代的重要，只有運用專才人才，才能在明日的世界舞台與各國一較長短，提高國家形象。各行各業都一樣，沒有人才是不行的，賣牛肉麵也要適當人才。

其實要認定何種人，才是人才，也真的很難。假如你的工廠只有十個員工，要找一個人才來負責，或許只須一個高職畢業，略懂工廠管理與為人處世的道理就可以。如果你的企業有百人之眾，又有不同，如果你的財團是千人萬人的龐大組織，則條件更高。如果要找治國經世之才，就難上加難了，也許百萬人不得其一。所以首先要看「目標」，依據目標訂出一套「計劃」，依據計劃看「要求」，看自己到底需要那一類，那一等，那一級的人才。

一、一般人才區分為專才和通才：

專才是有專門技術和智慧的人才，如科技方面、藝術方面、分類極為細密，他們的知識都是專精品，懂得電腦，就對其他所知不多了。通才方面，如管理人才，領導人才，他們對哲學、科學、兵學、藝術都略有心得，為配合領導、管理之用。

二、人才縱向分級：

人才若從縱的分級，一般區分為高階層人才，負責全面性的計劃、政策、決策等領導工作。中階層人才，不負責決策問題，亦不直接從事業務細節，只負責監督低層工作人員的執行。低層人才，直接從事工作執行者。這樣的分類法還是不夠清楚，只能做參考。不過有一個原則，不論那一個階層需要人才，只要其有超人一等的管理與領導之能力，能夠臨危授命，使企業起死回生，使利潤由少變多，能夠帶動全體員工渡過難關者，他就是你要的人才。

三、現代企業管理如何獲得人才：

㈠建立良好的制度：美國科學管理之父泰勒，曾經堅定說過：「制度第一，人才第二」

可見制度之重要，建立優良的人事制度，使人才經過各部門組織系統的磨鍊。所以首先要建立「人才培養制度」，制度雖建立，還要有彈性，因為一旦僵化後，必然走入劣幣驅逐良幣的死巷。如行政院「加強培育及延攬高級科技人才方案」的實施，就是產生人才的開始。

㈡運用建教合作，以委託或代訓方式。例如教育部委託若干大學培育高級資訊人才就是一例，企業界同樣可以集資交由大學相關科系培育所須人才。

㈢選中特定對象加以訓練，企業主管看中人才後加以有計劃的訓練栽培，以重要職務磨鍊其處理繁雜難鉅之事物，支援其進入大專院校進修，獲得新知理論，印証現實經歷。

㈣測驗考驗，在行政人才方面大多以此取才。這個辦法的缺點就是僅憑筆試，難以測出個人的能力與反應，甚至真正的高才，有時反而落榜。必須用其他各種方法加強輔助。

㈤登報公開徵求，是常見方法，可藉公司名望吸引人才，又可避免人情關說。

㈥就業輔導機構，如行政院青輔會，或國民就業輔導中心辦理求才登記，各類人才均可獲得。有官方，有民間的，多注意不難得知人才管道。

㈦管理顧問公司，這是私人以企業方式經營，故較客觀，專業測定較深入，惟費用高，適用高級主管人才之延攬。另外，現在有各種「人力銀行」，要甚麼人才都有，有人說笑，要「殺手」人力銀行也有，不知是否真實！可去試試。

(八)學校推荐或校園甄選，獎勵在職員工介紹，知名學者推介，關係企業調用，離職員工復職等都是好辦法。

(九)在任何情況下，重金禮聘招考都是手段之一，高薪之下，少有不動心者，難怪許多公家機關的人才被民間企業挖走，代價愈高能得到好的人才，這是不變的鐵則。古今中外有許多人才，都是這樣得到的。

(十)其他企業機構代訓，也是辦法之一，本單位沒有的人才，又很急需，可以委託其他企業機關訓練，如印尼國營冷軋鋼片公司初創，因缺乏冷軋鋼片作業技術人員。我國中鋼公司因有兩度建廠及擴建的經驗，乃簽訂技術協助合約，由我代為訓練技術人員。

(土)其他方式：當然其他羅致人才的方法很多，「小説電影」上有許多「情節」是可以參考的。如果你發現一位「千古奇才」，用盡辦法未得手，此時由女人去辦理，也許很容易。運用之妙，存乎一心。

四、面對面的一場戰爭——面試：

面試是場智慧戰爭，兵法上知人的原理原則，心理學上的行為科學，個人歷練所得等，都要全部用在這場面對面的戰爭上。考試通常只能得到「普通人才」，面試往往可得到奇才或高級人才，而將相之才「三顧茅盧」得來。從手邊現有資料，經過面談後，你必須瞭解下列問題，愈徹底愈：

㈠應徵者動機、過去經歷、背景來歷、個性。
㈡應徵者歸納、綜合、組織、領導、應變等能力。
㈢應徵者的人生目標和就業計劃。
㈣應徵者的責任心、榮譽感、服從心。
㈤應徵者為人處事的哲學。
㈥應徵者就業態度是否堅定，或只是打工。
㈦其他性趣、專長、言談表達能力。

前面已說過，知人是一件難事，要用兩小時面試或一席談話，就想要瞭解那些資料，除了深入觀察外，下列的方法可以運用。

㈠事先經過管理顧問公司，就有關人事安全資料進行調查，對其來歷背景動機專長等，可以有相當程度的掌握。
㈡讓他毫無限制的談自己的抱負、性趣、人生觀。
㈢詢以對人生的安排，可以知道他做事有無計劃。
㈣詢其對待遇的要求，可知道他是那一類型的人。例如為工作、為錢、為發展抱負，表現才華。

㈤請他自我剖析，針對自己長處短處自白，可以瞭解其內省工夫，追求理想的程度。

㈥出一個和工作有關的題目，要他發表演講，可以獲知分析歸納能力。

㈦從他進門後，觀察他與其他不相識員工的接觸，可瞭解他建立公共關係的能力。

話雖如此說，但切記人是世間唯一會偽裝、作弊、欺騙，隱瞞的全能生物，其他生物能其一，不能得其全。每一個面試者絕不可能講出所有真心話，否則李登輝如何瞞過蔣經國？知人不論多深，仍有未知者。

五、利用人才所須注意的幾個問題：

㈠認識本身的需求：

(1)企業籌備時期，此時期兩手空空，一切尚在形成中，需要有統合其成，大擔當、大魄力、體力好，有號召力，公共關係佳的人才，始能風雲際會，得四方之協助。

(2)企業初創時期，此時期破壞多，建設少，需要進步為先的人才。凡具有精確冒險精神者，講求速率，能帶動群倫者，均在網羅之列。

(3)企業守成時期，此時期一切典章規則都已建立完備，只須按步就班前進，則用守成人才。這類人穩定、保守而重視制度，不太冒險犯難。

(4)在應付國際動盪不安時，要啟用能因應動態變化，反應迅速，能獨斷專行，見風轉

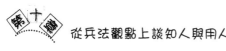

舵的人才。這類人冷靜，觀察力敏銳，判斷力精準，無情且雄才大略。

㈡在訓練培養的過程中，避免遞換太快。最忌初調一個職務，不數月又調換。如此當事人必然難定下心來學習，只做些表面無關痛癢的事，重大政策反而不能推動。要有充分時間去歷練，學習才會有心得瞭解才能深入。

㈢避免一成不變，死守規章；果如此，則「組織」就成了謀「才」害命的劊子手。僅記「唯才是用」，只要發現人才一定要破除各種限制引用。七十三年三月十五日行政院會通過「科技人員管理條例」草案，為配合當時科技發展需要，羅致尖端科技人才，雙重國籍科技人員可獲得正式任用。這就是突破性的創舉。

㈣排除人情因素，人事制度雖已建立，若不能排除人情因素，必然使企業內的庸才愈來愈多，親戚朋友的大少爺大小姐愈來愈多。終至管理困難，績效低落，賞罰不公，沒有競爭力，暮氣沈沈。形成表面上的企業，本質上的「養老院或慈善機構」。在考慮晉用人才時，如無法完全排除人情關係，也要運用制度加以彌補缺失之處。在構想與計劃上儘量降低人情包伏的負荷，就會發生實質的效果。

㈤避免太多雜務分心，在訓練一個特定人才時，要使他的精神能專注於重要問題，與督導執行重要計劃。避免太多的兼職、開會、應酬等，如一個主管身兼十餘職務，成天開會，到處吃喝應酬，則如何致力於身心工作之歷練。數十年前當時的省政府研究發展考核委員會調查，當時台灣的鄉鎮市長就如此。難怪連謝副總統也認為，政府各部會長平日有工作多，會議多及會客的「三多」問題，不但身體健康造成壓力，且影響他的政策考慮時間。於是從「三多」下手檢討，得到很多改善，節省許多資源。

(六)外行領導內行非敗不可，近年來國營事業經常被攻擊的體無完膚，病根之一就是外行人領導內行人。只要支持阿扁或台獨的，全弄去當國營事主管，根本都是一群企業經營的門外漢，搞台獨喪失競爭力第一名，做生意最後一名。國內部份家族企業經不起挑戰而倒閉，也是制度不健全，真正人才不能引用。現代企業用人的理念該是「唯才定用」，才能提高經營效率。

(七)人才一經取用，必須開始有計劃培養任用，甄選面試只是延攬人才的初步，如未加重用，任其自生自滅，不但是人才浪費，也是造成「呆人」的主因。

選用人才需要深入觀察，也需要從嚴從難考驗，愈是高層領導管理人才，愈是難以物色。史記留侯世家有記載一段黃石公老人選用人才的事蹟，而造就一位漢代開國三傑之一張良：

「良嘗閒，從容步游下邳圮上，有一老父衣褐，至良所，直墮其履圮下，顧謂良曰：孺子下取履！良愕然，欲毆之，為其老，強忍，下取履。父曰：履我！良業為取履，因長跪履之，父以足受，笑而去。良殊大驚，隨目之，父去里所復還。曰：孺子可教矣，後五日平明，與我會此，良因怪之，跪曰諾。五日平明。良往，父已先在。怒曰，與老人期，後，何也？去！曰後五日早會。五日雞鳴，良往，父又先在。復怒曰：後，何也？去！曰後五日復早來。五日，良夜未半往。有頃，父亦來，喜曰：當如是。出一編書曰，讀此，則為王者師矣。……」

從這段記載，這位老先生（相傳是黃石公）就是一位認識人才的長者，他知道張良少有大志，賦性不凡，乃考驗他的耐性。從取鞋、穿鞋，相會這全部過程，除了磨練就是觀察，等到看清了人品，才把兵書（相傳太公兵法）交給他。張良終於成為一個有為有不為，有攻有守的王者師。現代選用人才，也是一樣的道理，必須先知，且要知之深，而後才能放心的用。

有沒有人才是決定事業版圖的關鍵，我們放眼看看，凡是能做出「大餅」的，如佛光山、慈濟、台積電，都因有人才。台灣首富郭台銘之能成就鴻海帝國，是用「最原始」的方法找人才，除了「敢給」吸引人才，也用「大夢」和「舞台」吸引，高級人才都在五百萬到二千萬「挖」來的。本來嘛！花一點錢，創造更大事業版圖，為何不做？

第五節　戰爭原則在企業經營上的運用

自古以來人類不斷處於戰爭之中，有許多戰役看似「不按牌理出牌」，詳加研究後，發現還是走不出戰爭原則的範疇。（可另見作者著：中國歷代戰爭新詮，時英，二〇〇六年七月）現代戰爭雖是複雜的「思想武力的總體戰」，但是仍有可遵循的原理原則，這就是「戰爭十大原則」的產生。乃熔合我國古代兵法上的戰術戰略思想，參照西洋軍事家理論和現代戰爭之特性，並加上近代傑出將領之實戰經驗，而濃縮完成的結晶，以做現代作戰與訓練之依據。

曾任北大西洋公約組織（NATO）盟軍最高統帥的亞歷山大，海格將軍，在一九七六年自軍中退役後，隨即加入組織龐大的美國「聯合科技公司」（United Technologies Corp.），擔任總裁職務。海格將軍充份運用他的軍事作戰長才，表現極為傑出。他表示「現代軍事與企業管理有許多相通之處，當一個卓越的軍人，轉換到私人企業部門工作時，只是把軍事管理的原理原則，運用到私人企業經營管理上。」

曾任聯勤副總司令、陸軍中將，後任台灣機械公司董事長雷穎將軍，表示「戰略戰術修養與企業管理所需的概念、原則和方法，幾乎完全相同，而分析問題與解決問題的思維原則，更是章則相同。」事實上，戰爭原則就是商戰原則。

按雷將軍的經驗指出，軍方的參謀組織、人事管理、士氣激勵的培養與維護，都可以運用到企業管理上。七十三年四月間，一份國際性專業雜誌「國際管理」（International Management），有一篇以「從作戰指揮室到董事長」（Form Warroom to Boardroom）為題，探討各國職業軍人亦擅長企業管理的文章，特別來台訪問雷將軍。這位退役的將領表示，基本上野戰戰略，就是把有限的人力、物力，在一定時間內集合起來，做最大效益的運用，以達成某一特定目標，而此一觀念與企業管理基本上並無二致。

現代商場一如戰場，講求的不外經營策略，計劃指導，狀況判斷與決心下達，領導統御與士氣激勵等。故吾人以為自古以來商場戰場，所用的原理原則是相通的，最後致勝則決定在「力」的發揚，力包含人力（無形的精神力）和物力（有形的物質力）。其中精神力為心智和體能，賴以支配物質力，方克發揮效能，故「人」為力量之決定性要素。作戰也罷，經商也罷，為人處世也罷，所運用的不外是那一套「戰爭十大原則」：

一、目標原則與重點：

做戰必須有明確而具有決定性的目標，此即「主目標」，為勢在必爭與志在必得。為有助於主目標之達成，可選定一個副目標（或中間目標），任何作戰，不可同時追逐兩個以上主目標，以免力量分散。人生任何時候，任何階段，都要盡可能有明確的目標。

企業經營的第一步就是確定目標，立定志向，「打算做甚麼?」然後全力以赴向目標前進。在起點到目標之間也許有很長距離，所以必須擬訂中間目標，逐段完成。例如先從「近程目標」開始，經過「中程目標」，最後到達「長期目標」。你如游移不定，左顧右盼，毫無重點，停停走走；或野心過大，不自量力，想把各種目標一口氣拿下，常到白髮蒼蒼，而一事不成。因為你沒有目標，或目標太高太大，只是一個幻想，連理想都不是。

二、主動原則與彈性：

主動是以我之意志，支配敵人之意志，使追隨我之行動。戰場指揮官應有旺盛的企圖心，才能立於主動地位，支配戰局。又戰場上常有偶發狀況與不意戰機，力量應保持彈性，方能隨機運用，掌握主動。許多沒有主動精神的人，常說「隨緣」啦!是偷懶的藉口。

在企業經營上保持主動積極的企圖心，不斷壯大自己，可以不被對手左右，不被同行併吞。整個發展過程中，須要保持彈性的有人力和物力（含現金、土地、有價証券、生產的器機等），以備突發狀況時，以資運用調度。應避免不留後路的一次投入，是極為危險之事。

三、攻勢原則與準備：

攻勢之最大利益，在確保主動與行動自由，鼓舞高昂戰志。只有攻擊，攻擊，再攻擊，才能獲致戰果。此種攻勢作為並非盲目猛衝，要有週到的計劃準備和秘密，是攻勢成功的基礎。

企業策劃中必須區分短期、中期、長期等各種計劃，每一計劃內容包含行銷計劃、計劃管理、生產計劃、人事計劃、財務計劃、發展計劃。是故週密的計劃，可以使成功的或然率提至最高。準備階段又最為費時繁複，台北市鐵路地下化計劃準備達二十年之久，其開工到完成不過六年，是為一例。

四、組織原則與職責：

組織是有關戰力之人、事、地、物、時間、空間的精密組合，使產生高度功能。縱的是指揮督導命令系統，橫的是協同聯絡研究的連繫，在人類現有的任何組織，尚不能突破這個基本架構，組織雖繁雜，其中的每一份子均職責分明，各盡所能。如美國通用汽車公司，全體員工達七十萬人，若無精密組織，職權分明，如何運作？

五、統一原則與合作：

軍事作戰為達成共同目標，必須統合各軍種、兵種的力量，在統一指揮，單一指揮官統率下，共同合作無間，才能達到目標。

統一和合作同樣是商場上致勝要道之一，任何企業組織中，總經理只有一個，就是要收事權統一的功效。只有全體員工精誠合作，上下一心，目標才更容易於達成。

六、集中原則與節約：

所謂集中，是設計一個決定性的時空因素，集中絕對優勢戰力指向敵之弱點，給予神奇致命的打擊，光是力的集中還不能有甚麼優勢，要考慮時空因素，提高速度，就會發生驚人效能。而節約的目的，是要造成另一方面的優勢。

在企業經營上我們談節約就是經濟，用人用錢都要合乎經濟原則。集中是指在特別狀況下，如救難或向同業發起攻擊時，人力物力的集中運用。集中有時可免於被各個擊破消滅，節約在幫助度過經濟不景氣，甚至可以挽回局面，起死回生。豐田汽車公司曾面臨破滅邊緣，就是發起一個「勤儉節約的運動」，終於又壯大起來。

有一項經濟原則叫「不要把所有的蛋放在同一個籃子裡」，我以為這是「安全原則」，不是經濟原則，分散固然安全，卻很難有高利潤，想謀大利就要「集中」出擊，「多數的蛋放在同一個籃子裡」。

七、機動原則與速度：

機動與速度可以用一個字表示——就是「快」。所謂「先下手為強，後下手遭殃」是也，藉有利的時機，高速運動，改變敵我態勢，置敵人於最不利狀況而殲滅之。

在企業管理經營上，必須要快的地方有命令傳達，意見溝通、問題輔導處理，銷售運輸，應變調度等。尤其在政治經濟處於動盪不安的環境下，最高管理階層在製定政策，下達決心時，更要快刀斬亂麻——快。台灣經濟為何在原地空轉？國民所得下降，失業率上升，因為企業前進中國太慢？因為企業家被台獨份子上了「手鐐腳銬」。

八、奇襲原則與欺敵：

奇襲是乘敵不備，出其不意，以優勢快速的兵力火力徹底殲滅敵人。其成功的基礎除消極保密外，配合各種積極欺敵手段，如偽裝、運動、用間、佈謠、謀略等，導誤敵人。使敵人成為瞎子，甚麼都看不到。成為聾子，甚麼都聽不到，使能左右戰肩。

企業經營上所講「奇襲欺敵」，通常指生產製造銷售過程的保密工夫，欺敵手段的運用，以造成對本身企業最有利的市場。

九、安全原則與情報：

安全是確保本身戰力完整及行動自由，防制敵人奇襲、滲透、陰謀破壞、竊取情報，保障勝利之要道。情報要及時準確，安全才更可靠。

企業管理指的安全，著重在工廠礦場的安全措施，員工安全訓練防護，危險度高之器械使用，車船運輸安全，人員財務保險，警衛保全設施等因素之考慮。只要有一次不安全事件的發生，企業的人員財務就會有萬劫不復的損失。更高的安全層次，指投資、環境或政局上的安全。台灣搞台獨是高度不安全，所以人和財不斷跑！跑！跑！

企業經營所稱情報，就是 MIS（The Management Information）管理情報系統，凡經過研究，觀察而獲得知識，且對企業本身有所貢獻，皆可稱情報。一個企業組織所需的情報有三類：

㈠環境情報：政府決策事項及政治因素，社會經濟和人口的未來趨勢，新技術，勞力料件和資金來源。

㈡競爭情報：市場需求，同業廠商的產品行銷和未來可能發展，尤其競爭力強者，資料蒐集必須齊全。

㈢內部情報：銷售預測、財務預算、人事運用、問題發覺。

十、士氣原則與紀律：

士氣是所有精神意志力的總和，為決定作戰勝敗之主要因素，士氣又賴信仰和紀律維持之。企業經者應懂得激勵士氣法則，樹立員工紀律感，則「向心力」「榮譽心」「團隊精神」才能培養。士氣與紀律養成後，全體員工必成一個有力的整體，可攻可守，無往不利。本章前言強調「人不可全知，不可理解」，所有的知都是有限度的，二十世紀晚葉台灣地區最大的「公案」（懸案），是蔣經國誤用李登輝；最後李登輝不僅弄垮國民黨，更出賣了台灣人民。事後李自己承認，在蔣經國面前椅子坐三分之一，誤導了蔣的認知判斷，連蔣經國都會看走眼，可見知人用人之難了。企業界大老闆們用人，可要睜大眼睛看，用「心」看。

最後說一段三國蜀漢用人興亡史，為本章結論。章武三年（二二三年）劉備在白帝城託孤，孔明受遺詔輔政，開啟劉禪阿斗的時代。前期有孔明輔佐，得以和曹魏東吳抗衡；中期尚有蔣琬、費禕、董允和姜維等忠臣義將，國政上軌道，國防尚能自保；到後期，孔明培養的人才都死光了，阿斗寵信宦官黃皓，幾年後就亡國了。企業界一句流行語，「沒有企劃，沒有企業」，事實上「沒有人才、沒有企業」，也是。

問題討論：

一、你對部屬所知多少？程度如何？

二、檢討你以往用人原則是否有錯？如何改進？

三、除了本章所提引用人才的辦法，你尚有高明之處嗎？也利用機會檢討你以往的用人知人之道。

四、你如何打算把戰爭十大原則運用商場？這十大原則有那些可用在你的人生經歷？請檢討看看。

五、如果你是蔣經國，你能看穿當時李登輝的偽裝嗎？

六、你是老闆，你有一個高級幹部，他的「服從性」很高，在你面前椅子總是坐三分之一，請解析此人性格，或判斷他的企圖，他想要甚麼？你想過嗎？

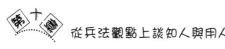

11 Chapter

幾種特定員工對象的管理

在台灣談管理對象雖是廣大的員工群眾，但其間包含了三十五萬外勞（二〇〇七年資料）和男女老少各類員工。廣義而言，在現代社會幾乎人人都是管理者，又同時是被管理者，現在只是縮小範圍，指一般公私事業的管理。為使管理人更方便，更能因對象不同，使用各種不同的管理對策，可以有利於管理目的之達成，本章試將被管理的對象，區分為青年、年長、女性等三種員工，就其特性和管理方法加以研究，以為企業管理人做參考。

第一節　青年員工的管理

所謂「青年」一般指是正值青年期的人們，然而關於青年期的界定，社會學家和心理學者各有說詞，眾說紛云。按台灣省政府辦理「輔導農村青年創業與改進農業經營專案貸款」，申貸青年年限在十八歲至卅五歲間。故本節所指的青年乃在此年齡之間最為適當，一般基層廠庫公司員工也以這個年限的青年最多，可謂廣大勞工的主力。

根據調查報告顯示：運動員最佳年齡是在二十五——二十九之間；化學方面為二十六——三十六；數學為三十——三十四之間；物理學為三十——三十四；實用發明為三十——三十四；醫學為三十——三十九；植物學為三十——三十四；聲樂為三十——三十四；歌劇為三十

五——三十九；詩歌為二十五——二十九；小說三十——三十四；哲學為三十五——三十九；繪畫為三十二——三十六；雕刻為三十五——三十九。這是創造與成就的最佳時間，無疑的，約二十五歲到四十歲是人生的黃金時間。

青年人（十七歲到四十）在本質上，有主動積極的上進心，有辨明是非的正義感，有爭取榮譽的信心，更有不怕苦不怕難的條件。倘能加以有效的運用，往往是團體的勝利軍，是你得力的助手。如果你已經發現了這個妙處，便要好好正視青年人。如何掌握青年期心理特徵，如何維護青年期的心理衛生，以及如何建立青年的正確人生觀。這些都是身負領導責任者，身為主管人員者，無可旁貸的職責。

一、青年人的一般特徵：

㈠從十四、五歲到廿四、五歲這段時期，最顯著的是肉體的壯碩，與生殖機能的發育完成，身心各部門均處於堅強而富有力量的狀態。所以他們有充沛的精力，這些精力必須有輸展之處。

㈡青年時期，其內心有較深刻之意念，對環境及經驗，也有深一層認識及解釋能力。且富有冒險精神，甚至經常做白日夢，各種感覺與思想蜂湧而至，有純然自動和自發的能力。

㈢但仍免不了有很幼稚可笑的心態顯現，胸襟與氣質更時相矛盾，甚至有時少年時期蠻不講理的特色也會出現。比較起來，算是人的一生之中，最不穩定的一個時段。可以向好的方向發展，成大功立大業，亦可一發不可收拾，沈溺於萬劫不復的罪惡深淵。所以要領導一群年青人並非易事。以中國近代史為例，革命建國立國是年輕人，製造罪惡暴動導致傾國的也是年輕人，營利機構的道理也同樣。

二、生理心理正在發展中：

㈠心理與生理要達到完全成熟與穩定，年齡上可從二十多歲到四十歲，視個人先天後生各種因素影響。

㈡體力、智力、智慧、才能、作為、經驗也在自我訓練學習之下，有目標、有理想、有方法、有步驟的不斷進步成長。在思想上青年人與上司有明顯的「代溝」，管理階層要運用領導輔導的技巧，使上下間的「代溝」連結成「帶磨」。

㈢在現代社會裏，青年人的人格道德和價值觀念，與傳統道德規範有明顯的脫節。身為上司的管理人，要設法把握現代共有之價值精神，樹立起青年所尊崇的現代人格道德甚為重要。以開放容忍的態度，溝通新舊兩種觀念，一樣可以贏取青年員工的追隨。

三、青年人的感情困擾：

㈠青年時期在愛情與友誼之間，往往是濛濛朧朧的，不論是同性或異性朋友，總是有些「愛情」的味道。他們還弄不清楚，誰該愛？誰不該愛！

㈡對朋友的要求也是絕對的，如果得不到和諧融合，就會予以嚴重的指斥。對於異性朋友，有時他們稱之為愛情的，而實際上卻只是友誼。

㈢對異性的外在驅體美有強烈的仰慕感和好奇心，而對她的內在美反而沒有興趣。此時多舉辦勞工康樂休閒活動，增加兩性接觸機會，對青年員工身心安定極有助益。

四、行為和心態都難以捉摸：

㈠當青年人經驗不斷累積，並增長其自尊心之後，便喜歡自作主張。這種自我主張，此種心態往往表現在藐視他人及自我優越感。嚴重者有不受指揮、不聽管教等。

㈡隨著生理方面的增長，不斷認知學習，態度與行為也發生了顯著的變化。社會意識和反抗權威是很明顯的特徵。叫他往右，他偏向左；叫他別上「虎山」，他偏要去。

㈢消極的拒絕合作或強烈反抗，就表示對父母及社會不滿。他知道自己已經成人，痛恨別人仍然把他看成小孩。他要自己選擇朋友，自己計劃未來。所以聰明的父母或精明的老闆，對待年輕人要用疏導代替管束，也不要老想去控制也。

五、以「自我」為中心向外發展：

青年人對於所接觸的事務，往往只憑主觀感覺，所知與所想為標準，而作自以為是的價值判斷。凡符合自己認識範疇就是「真」，凡適合自己要求就是「善」，凡滿足自己理想就以為是「美」，青年人有強烈的自我意識，以這種力量對外不斷發展，不斷挑戰。他也不在乎別人對他的評語，反正他要走自己的道路就是。

六、信仰頗具狂熱：

在信仰方面，青年人心地純潔，比較易於為其理想所感動。只要是言之成理，加上有理想、有目標、有主張或主管給他愛心關心，視他如知己，就能使青年人堅信不移，付出一切犧牲，青年的力量未可限量正是此理。

人生最能堅持理想，並為理想犧牲奮鬥就在青年時期，如「黃花崗七十二烈士」的青年典型史不絕書，代代都有。過了青年時期，人顯得愈來愈「老練」，愈來愈像「老奸具滑」，凡事都被利益或政治「妥協」掉了。

七、愛好朝向多方面：

㈠時常認為現實生活太過於狹窄，讀書或工作都被限制在某一範圍內，頗不能適應，也不以為然。如果由他們自己來決定，常常面臨不能正確抉擇的煩惱。

㈡喜歡郊遊旅行，爬山涉水。用以滿足心靈的追求，同時也喜歡用爭鬥、冒險、競賽、惡作劇等方面來體驗人生。在此一時期受其同伴的意見和行為標準影響，較之父母及尊長的教育和約束要大得多。通常寧願和朋友「喝西北風」，也不願和父母去「吃牛排」。

㈢文學及藝術的欣賞，熱愛和創作。對於詩歌、散文、小說都有強烈的愛好。對於繪圖、音樂、舞蹈、體育運動也有著高度的陶醉，且有創作的衝動，也確實能夠在這些方面有優異而突破性的表現。

㈣青年人的性趣是多方面的，這是因為他們擁有足夠的精力，來支應這些興趣所需付出的代價之故。尤其「性」趣，他希望自已上陣實驗，控求知識。

㈤如果你是一個成功的領導者，要設法誘導青年人的精力發展。其方式不外利用假期辦理團體旅遊，多辦文康、體育、藝術等各種活動。員工的離職率一定會大大減低，團體的疏離感自然也解除，向心力就增加了。

八、而立之年的生活特徵：

㈠婚姻生活：到三十左右的年齡開始想要成家立業，由於工商社會施行職業分工，受教育與職業訓練時間拖長，因此結婚年齡也隨之延遲。形成地位愈高，文化水準愈高，結婚反而愈遲的現象。在婚姻生活中有兩種特徵：

⑴婚姻失敗者，其性情暴躁易怒，為人刻薄，人際關係不佳，對傳統社會家庭不滿，缺乏自信心，經常企圖控制他人，其結果反陷自己於不利。

⑵婚姻幸福者，其性情穩定和平，與社會人群關係融洽，並能反哺社會，富有同情心和忍耐心。對於這些已婚員工，管理階層應把公共關係拓展到員工眷屬，因為員工有美滿的婚姻生活，其工作情緒必然穩定。

⑶隨著社會的異形發展，現代年青人的不婚族愈來愈多，但性愛的追求並未減少。人愈顯孤獨、疏離，愈須要感官刺激的樂趣，性氾濫是現代年青人的生活特徵之一（說性自主吧！）

㈡職業生活：此時期除少部份時間用於家務外，絕大多數從事職業活動：

⑴從工作環境中肯定自己的成就，施展才能，其工作愈有深度愈能產生挑戰力。

⑵當他不斷得到成就時，物質報酬和社會地位不斷昇高，對工作產生無限光明遠景，

因而才能兢兢業業努力不懈。

然而，自然從機器高度發達後，機械化自動化使工作呆板，個人工作只是整個歷程的小節而已。因而使生活缺乏情調，缺乏成就感，這雖是物質文明的副產品，也是管理階段的一大挑戰。最近日本為機器人大量取代工人地位，導致員工群起抗議，人腦與電腦的戰事看來要開始了。進入廿一世紀，人愈來愈不想工作，不想被公司「套牢」，領導管理的難題更多了。

九、針對青年人的心理需求：

㈠感情需求：溫暖的慰藉，官能的滿足。
㈡獲得成就：成功時需要讚譽，失敗時希望鼓勵。
㈢好奇探究：打破沙鍋問到底，希望了解更深一層的問題。甚有找不到真相者，絕不終止的毅力。
㈣地位滿足：在各種集會或團體中，應有一席地位。
㈤群體承認：希望群體的依賴，為社會團體認可。
㈥自立自尊：勝任愉快的工作，並被讚許其能力。

十、青年人同時也是輔導的重點，應再詳讀第六和第七兩章，試提要點如後：

㈠做好一般生活文康和工作適應輔導。

㈡發現行為異常員工，立即加以診斷，實施輔導。

㈢思想上的代溝，道德觀念的差距，更須要運用溝通技巧加以熔合。

十一、解決青年人的需求：

㈠因為他需要感情，所以要隨時關心他。

㈡因為他需要成就，所以要有計劃訓練栽培他。

㈢因為他好奇，所以鼓勵他創造。

㈣因為他要有地位，所以各種場合要讓他身份的驕傲，即使是表面上的身份，也很管用。

㈤因為他需要群體承認，所以在團體中要給他地位，使得他得到份子間的肯定。

㈥因為他想自立自導，所以盡可能給他獨立，尊重他的決定，不要給他太多干擾和限制。

十二、在運用領導方式時，宜用民主式：

(一)過份的干涉及強制，會限制他們身心智能的發展，而且更可能迫使其利用各種隱秘詭計或手段，以達到自作主張的願望。

(二)青年時期懂得接受理性的建議和勸戒，卻拒絕漫無標準的干涉及強制性的命令。他們常以明確的措詞來表示他們的不滿，甚至動輒發怒和大聲叱責尊長，而且可能產生公然的背叛行為。

青年時期雖是人生的黃金時代，其實是起自十六七歲的「反叛期」，經過二十初頭的「危險期」和三十多歲的「疑心期」，才能到達四十歲的「不惑期」。所以心理學者稱之「邊際公民」，經常在喜惡的邊際上徘徊。從「反叛期」開始教育得當，會向光明邁進；教育不當，就漸漸向黑暗沈淪。尤其「正面價值觀」的培養，過了十六七歲就來不及了。

領導者除了對員工青年「運用」之外，對他們的教育或管理，也應有一份「使命感」。不斷栽培他們成為公司裡的中堅幹部，引導其向上發展，才能長久留用，為單位做最大貢獻。早年老總統（蔣公）常對青年講話，有的在領導與管理上，即使時代進步到二千年，也依然合用。他提到青年運動的原則是：

以「仁愛」代「殘酷」。

以「利他」代「自私」。

以「積極」代「消極」。

以「建設」代「破壞」。

以「具體」代「空泛」。

以「力行」代「空論」。

以「堅定」代「徬徨」。

以「謹嚴」代「放縱」。

以「遠大」代「淺薄」。

這些道理說來都容易，但似乎敵不過全球日愈失序或稱「多元」的趨勢，實情是傳統倫理道德受到美式民主和資本主義的操弄而崩解，各種毒害日愈嚴重，受害最深的是青年。以日本為例，日本社會一向穩定，人口素質也不錯，現在愈多青年淪為頹廢又迷惘的「尼特族」（NEET, Not in Education Employment or Training），即不上學、不就業亦無職訓的一族，這是十五到三十四歲的情形，且責任心和忠誠度也日愈下降。嚴重的程度達到「崩毀日本品質」的神話，是動搖國本的一代。

這種情形何嘗不是台灣、大陸和許多地方，許多身為公司行號或集團領導人、經營管理者所要面對的。果如此，只好回到原始叢林的教育訓練，任其「自然洗牌」，能的被重用高昇，不能的淘汰死滅，最後存活的就是最高明的。

第二節　年長員工的管理

近數十年以來，科學發達，醫藥保健的突飛猛進，使得人們的平均年齡大為提高，工作年齡自然延後。一個由政府及民間企業團體共同研擬籌組的「中華民國企業管理服務團」，該團構想，就是運用六十或六十五歲的退休人才，繼續以其智慧經驗為工商企業界提供積極服務。

本文所指「年長員工」，約略是四十五歲至六十五歲之間，一般而言，人生到此，不論閱歷或經驗都非常老練，反而不易管理。想成功而有效地管理他們，應瞭解其特性對症下藥，再據以採取適當因應之道，必可獲事半功倍之效，以提高企業營運績效。年長員工共同特性管理如下：

一、偏向保守的管理：

固執於傳統上的成規，墨守著自己往日獲得的經驗，對新知識新觀念有排斥的通病。個性上顯得故步自封，和年青一代大多有隔閡，對青年主管也常看不順眼，甚至背後批評上司的不是。上司在他的眼中，只是一個「小朋友」。

對他老練的經驗一定要加以讚美，適度參考運用。尤其在看人相判性格方面是年青主管所不及的，在用人之前要多向他請教，多尊敬他，雙方隔閡就逐漸消弭。對他守舊的觀念適度規勸，如其仍故步自封，只要不影響工作可不必計較，因為你用他的人力，而不是和他做意氣鬥爭。記住，當一個平民主管，不要擺架子給人看。

二、欠缺積極　志的管理：

年長員工到達五十歲左右，如果還不能突破各種限制，再向上邁進一步，則大多數要奮鬥也不過如此了，故均滿足於守住現成的成就。當然，人的意志力或奮鬥力與體力有關係，常言道「有多少體力，就有多少膽識」。年長了，通常雄風是不如當年。

人過五十，再叫他去衝鋒撕殺，是管理者一大失策。此種年齡正善於「守」的工夫，守的好則為敵所不能破。運用他的「老謀深算」，更能洞察市場上的風險所在，對於決策的擬定，有莫大幫助。以現代人而言，五十年多歲正是智慧發光的時候。俾斯麥於四十七歲出任首相兼外相，此後三十年才是他最有成就的年紀。

三、世故圓滑的管理：

因人生體驗多，顯得世故圓滑，容易妥協。有時甚至沒有了立場和原則，因為他不想去得罪人，或出於過度的自我保護，是其特性。

世故圓滑的好處是他永遠不會得罪任何人，叫他去主持人際關係工作比較適當。較有衝擊性，挑戰性的工作，或要去與人談判等等，不要派他去。適機運用他的寶貴經驗，做某些工作的參考，益處頗大。

四、急切近利的管理：

年長的人因為常想到來日不多，所以他就只想把眼前的工作，近程的任務等逐一完成。欠缺一貫持恆的長期構想，也許他已經心有餘而力不足。

把他所負責的工作，列入目標管理，按計劃逐段完成。不必要求他做長遠計劃性的工作，他會覺得不切實際。一段一段的完成，會覺得更有成就感。

五、耐力強而穩定：

年長員工最為人所稱道就是「經驗」和「穩重」。在他經歷的數十年來，早已身經衝擊與挫折，鍛鍊成高度的韌性，不易斷裂。善長於「以柔制剛」的戰術，當公司遭受強大衝擊時，問計於這批「老者」，也許可以「避重就輕」，安然渡過。因為他本身就穩重，所以離職率低。年長的人也容易滿足，稍給獎勵和尊重，必定芳心相許，鞠躬盡瘁。

六、深信權威：

年長的人大多相信權威，所以服從性高，對上司交待任務較能貫徹，是其優點。最大的缺點是，生活在權威府下，思考範圍也在所信仰的權威之內，所以欠缺創造力。又常為權威懾服，因而易傾向於陽奉陰違。

管理之道，在運用他的服從性，使其完成某一特定而秘密性的工作，他會引以為榮，誓死達成。

七、喜愛別人奉承的管理：

愛面子是年長員工最大特性，所以對別人的奉承拍馬，幾乎樂得忘形。如果你不對他說好聽的話，語氣過重，甚至待他不客氣，就被認為是無上恥辱。這種心理是源自傳統文化中的敬老尊賢，大家族中的老人是權力中心。另方面也是對新建立的制度或社會風氣不滿，而牽怒出其他問題。（例如現代的小家庭制度缺點太多，導致社會風氣敗壞，引起年長的人太多不滿。）

應付這樣的年長員工其實不難，管理者需要平民作風，多接近他，尊敬他。多說幾句好聽話，並無損主管的地位尊嚴，卻可以建立良好的關係，提升員工工作情緒，何樂不為。假如你在年長員工面前，擺出一副「君臨」的架勢，情況可能更糟，因為很少人會吃「這一套」。

總之，年長的重視經驗，好緬懷過去，對未來欠缺開創的雄心。最佳的管理方法，是尊敬他，進一步鼓舞他，使重振往日雄風壯志，再創佳績。老人社會的來臨是未來趨勢，以日本為例，二〇〇五年日本六十五歲以上人口佔就業人口比例為百分之二十五，到二〇五〇年比例為百分之六十，也就是每一點七個就業人口，就有一個老人，這也表示，今後各行各業的領導人，手下的老員工會愈來愈多。

第三節　女性員工的管理

根據行政院主計處調查，七十二年台灣地區十五歲至六十四歲已婚婦女計三五四萬六千人，而婚前有職業者達二五〇萬七千人，婚後離職則有三六．四％。又根據銓敘部七十二年度統計，且前全國各機關學校職員共四十五萬三千八百四十二人，女性有十三萬七千八百餘人，佔三十．四％。

到廿一世紀結束時，台灣婦女就業率已居亞洲之首，女性勞力已甚重要，部份地方甚呈女性多於男性，唯女性員工九成均屬中低職等，故有因應其特性，妥採管理之道的必要。

一、競爭與激勵方式的不同：

女員工不太喜歡像男員工一樣相互競爭，雖然有些才幹也不錯，她寧可和自己女伴做比較，而不會與男性男工競爭。在激勵方式上與男性員工有顯著不同，一般男性習慣於接受由外而內的激勵，女性則喜歡由內而外激勵。例如，從環境的舒適，引起內心滿足而產生激勵。其管理須注意下列幾點：

㈠少做形式上的激勵，設法動其芳心，用真感情去關照她、讚美她，可以有很好的激勵效果。
㈡屬於工作方面的競爭，須男女分組辦理評比考核。文康休閒活動方面的比賽，則不可男女分開。
㈢同時對待數個女員工，須絕對公平公正，因為這是她們的「敏感處」，稍有偏心，必打翻醋瓶子。
㈣留意女性員工的工作環境，盡可能清潔、舒適，光線溫和，任何她們認為「不美」的地方，都要加以「美容」，尤其衛生條件（廁所等）女性很在意。

二、公平公正的例外：

數個女員工在一起，雖然希望上司給她們等量愛心，獲得公平公正的待遇，但有時也不喜歡一視同仁，概括性的公共關係，對女性比較不起作用。管理上應注意：

㈠女性員工個別問題，須單線方式處理。
㈡當她有委屈的時候，上司單獨前往表達關心，可以使她大受感動。滿懷心酸，即刻雲消霧散。
㈢家裡有事，或父母有病，喜歡上司的關注。

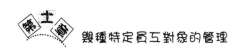

三、女性員工喜歡把男上司當話題：

當數個員工一起閒聊時，經常把自己的男性上司拿來當話題，甚至相互比較起來。不論老闆或監督員，女性員工對他們都有許多「要求」：

㈠希望他們是機智有才能的男人。
㈡希望他們都彬彬有禮，不要動輒罵人吼叫。
㈢對待員工客氣有禮，能為人著想。
㈣更希望他們能適度懂些體貼。
㈤所以，男性上司要從上面四點著手，多觀察女人的習慣，瞭解了她們的心理，較易於贏取忠心。

四、女性員工脾氣不好：

據許多僕人說，少爺容易對付，小姐真難服侍。女人的怒氣較易激動，也比較敏感。因其敏感，故易於接受暗示。按學理上說，女人血內水份較多，容易得貧血症，貧血增加可動性，往往極細微的刺激，也引起很大反應。碰到這種比較嚴重的女員工，有下面三個方法應付。

㈠用愛心，關懷她的問題。
㈡用耐心，避開她的敏感。

㈢再不行，進行個別輔導與諮商。

五、女人情緒易走極端：

女子心理生理上的易動性，導致情緒多變，易走極端。所以世人常說：女人是世界上最仁慈，同時又最狠毒的動物，又說最毒婦人心。有的女人一下哭，一下笑，最為「難纏」，有此種傾向的女性員工須要注意：

㈠她情緒特別惡劣時，要即刻疏處。相同的現象發生在男員工身上也許是小事，但在此種敏感型的女員工身上發生，再加上無人理她，很可能導致自裁。

㈡最好的辦法，就是避免去刺激她。

㈢對她要特別關照，有問題處理要快。

六、婚後離職率高

結婚和生育為婦女就業之二大阻礙，故婚後的女員工離職率高為不爭之事實。即使婚前，女員工也少把工作當成事業，大部份認為「做幾年就嫁人了」。當然進入廿一世紀，人類的婚姻制度已在崩解邊緣，許多人不想結婚了。但至少問題仍在，仍不能漠視，下面兩個措施可以補救部份：

(一)已婚婦女大多被家事所困，無法全心全力就業，若能安排半天制或部份工作時間制，當可減少已婚婦女的離職率，已離職者也有可能復職。

(二)在員工住宅附近設立托兒所和幼稚園，解決婦女照料小孩的問題。

本章雖然講幾種「特定」員工的帶領和管理，但其實已經愈來愈不「特定」了，甚至是普遍性現象了。現在開始，身為各行領導人的，所帶的都是一大票責任心不足的年青人、難纏的女性員工，還有一大堆老人。另外，更多的外勞，行為偏差者或心裡有病者，正考驗領導人的能耐，或試煉管理者的智慧。

問題討論：

一、仔細分類，你的員工有那些是屬青年、年長、女性人員，有幾位特別難以管理。

二、對特別難管理員工，今後要如何改進？

三、如果你的員工或幹部中，有台獨份子，你要如何處理？

四、現代的年青人普遍欠缺責任心和進取心，短視近利又愛玩，你帶到這樣的年青人怎麼辦？

五、你是總經理，你的副總經理是女性，她突然發現老公是「台獨基本教義派」，她心情愈來愈差，你怎麼辦？

12 Chapter

公共關係

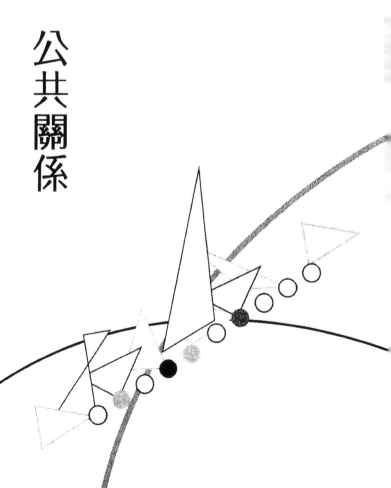

有一次鴻海帝國郭台銘，進辦公室看到許多業務員在一起閒聊，當場發飆罵人，「你們現在獵狗都不出去打獵了，都坐在家門口了。」當即指示「大家下星期分別找二家，自己去找，出去應酬。」郭命令大家去應酬，就是去搞公共關係，去拉關係套交情啦！

公共關係（**Public Relations**）的定義極為廣範，按謝安田博士著「企業經營策略」一書所示，有下列四種：

「爭取對你有用的朋友。」

「透過可以使人接受的行為和雙線傳播，來影響群眾意見之有計劃的努力。」

「評估群眾的態度，使個人或機構的政策和工作程序能與群眾利益相符合，以及採取某種行動計劃以爭取群眾的瞭解和接受的功能。」

「公共關係學，是促進瞭解為基礎，內求團結，外求發展的管理哲學。」

以上四個定義，第一種較接近「人際關係」，著重於人與人之間相處的藝術和技巧，而表現於個體交際活動中，少屬整體計劃性的工作。後兩種就是名符其實的「公共關係」，著重於企業機構與廣大群眾關係的建立。第四種則兼顧「公共關係」和「人際關係」的內涵。不論是那一種其目的不外想獲取群眾對企業機構的好感，促進溝通交流，以利商業往來，或鼓動顧客採取行動，購買產品。這一程序必需精心規劃設計，擬訂策略，貫徹執行，才能有好的成效。

公共關係的本質，正是人際關係，是人生最大優勢和資源。卡內基培養人際關係的原則，不外「說別人想聽，聽人家想說」，似乎就這麼簡單吧！

第一節　公共關係的範圍

公共關係全部之活動絕對離不開「人」的範圍，而且以人為核心和對象。根本就是一種「搞人」的學問，通常區分對內、對外、邊界三種：

一、對內關係：

㈠最高管理機構，包括董事會所有成員，總管理處人員。

㈡各級管理階層，包括總裁以下，組長以上各級負責管理、管制、指導、監督、製造與銷貨的負責人。

㈢股東和債券持有人。

㈣編制內的全體員工。

㈤定期或不定期之臨時雇工，聘雇人員。

二、對外關係：

(一)顧客，為對外最重要之關係。
(二)全體員工的眷屬。
(三)潛在投資者，債權人。
(四)與本公司工廠有直接往來的供應商、經銷商、零售商。
(五)政府部門各臨檢、調查、税務、警政、總收、督導等機關人員。
(六)同業工會、商會，勞資雙方各種組織協會等。
(七)政府與民間工商企業諮詢服務機構，輔導就業單位。
(八)學校，包括建教合作，及本單位有需求的學校。
(九)新聞傳播機構，市場上的傳播公司。
(十)社區。
(十一)地方上有影響力的政要名流、民意代表、望族、爆發富等。

三、邊界關係，屬「內不內，外不外」的邊界關係。

㈠公司禮聘的顧問。

㈡公司經常要求協助的專家學者。

㈢關係企業全體員工。

㈣其他公司來見習、代訓、受訓人員。

㈤大專院校、研究所蒞臨的研究生。

㈥國內外蒞臨參觀訪問或調查研究人員。

㈦與公司高級幹部有密切關係，且經常往來的友人、知己、拜把等。

第二節　公共關係的重點

在第一節談到公共關係的三個範圍，事實上任何有規模的單位都很難全面顧及。故公共關係應針對重點，考量時空因素，從最有利方面出擊。一般最重要有顧客、員工、社區、政府、投資人、新聞界等六方面。

一、與顧客的關係：

日本人稱顧客是「神」，可見顧客的重要。任何一家商業組織，當顧客對它感到「不滿意」時，就會面臨關門危機。任何產品最終都要流入大量顧客手中，企業才有利潤可言，也是營利機構存在的基礎。有遠見的商人要和顧客保持密切接觸，其方法不外觀察、調查、研究、統計、廣告、推銷、顧客分類、服務，不斷研究改進。以下例舉大端：

(一)運用傳播媒體，發佈最新最快最好，顧客最需要想要，而有關產品的消息。

(二)運用傳播媒體報導本機構及員工所參與的樂捐、愛國捐獻、訪問養老院、育幼院、協助地方修橋補路等各種慈善工作，有助於提昇顧客心目中的「企業形象」。

(三)適時舉辦顧客服務聯誼活動，消費者座談會，巡迴展示服務等各項活動。

(四)辦理問卷調查，瞭解消費大眾的需求；瞭解顧客特性，提供服務、製作部門參考。

(五)報導顧客對本公司的感恩、謝函等，發佈得獎顧客消息，均有助促銷。

(六)顧客抱怨，不論是口頭、信件、電話，處理要迅速誠心，任何時候要記住顧客是絕「對」的「神」，不可冒犯得罪。公司行號全靠顧客而生存，顧客不上門，公司只好關門。

二、與員工關係：

㈠協助做好公司內部溝通，消除管理階層和全體員工間的隔閡，以促進上下共識，建立團隊精神。

㈡不斷報導機構內優良的管理制度，作業程序、政策等，使員工及眷屬進一步瞭解。

㈢勞資雙方有了糾紛，要盡快公平合理解決，避免被擴大傳播或中傷。

㈣對外界市場上的故意中傷，同業間的陰謀伎倆，或不利的謠言，可以透過員工聯繫，進行反擊澄清。有時要使用出版刊物，發表完整事實，才足以挽回已被破壞的形象。

㈤員工也要定期實施問卷調查，以瞭解員工特性，士氣高低，對人事管理的滿意程度。

㈥協助做好員工之間的人際關係，促進和諧溝通，減少意外事件和員工糾紛發生，並配合教育訓練、輔導單位著手。

㈦配合領導階層堅強有力的領導，建立全體員工都有充分的歸屬感、榮譽感、責任感，體認勞資利害一致的觀念，員工就能以服務精神面對所有顧客，企業形象得以建立。此時每個員工都成了公共關係的尖兵，而不是只有公共關係部門的努力。我國郵局之所以被社會大眾喜愛，台塑企業在國人心目中總是「第一」，這是全體員工努力的結果，而不是單獨公共關係人員的努力可以獲得的。

(八)有關員工晉升、分紅、保健、安全、保險、退休等，應按「勞動基準法」辦理，使員工無後顧之憂，自然士氣高昂，樂於效命。

三、與社區關係：

社區民眾最瞭解公司的優缺點，任何時候他們都是免費宣傳員，故社區關係異常重要：

(一)主動參加社區活動，例如主辦郊遊野餐，舉辦體育活動，提供休閒設施等，是引起地方注意的初步。

(二)邀請社區人員參觀工廠，為公司被社區民眾重視的主要手段。同時利用時機辦理演講會、座談會等，參觀前須精心設計，表達主題，邀請新聞記者，發佈消息。

(三)社區附近的重要公私機關，如警察、學校、服務單位、宗教團體、同業工會、慈善團體，各類型俱樂部等需經常往訪，相互邀請，建立良好關係。

(四)社區內的政要名流，學者專家，地方首長，民意代表，公私企業主要領導人，應建立友好關係。

(五)社區關係的建立除了運用計量與不計量的大眾傳播媒體外，有計劃性的參加地方上節日慶典活動，婚喪喜宴，不失為最佳途徑之一。

(六)在社區關係建立過程中，特須避免產品生產而造成任何公害，否則足以瓦解良好的信譽和關係。

四、與政府的關係：

政府對民間企業通常站在督導、指導、檢查、調查、考核、稅收、服務等各種關係上，關係建立也至為重要。

(一)對有關勞動及員工福利之法規，本公司的執行情形必須讓政府官員機關知道。
(二)避免和政府官員發生爭論事件，更不要心存和政府鬥法。
(三)公司出版刊物或對外發佈各種報告，應附寄一份給相關政府機關。
(四)為建立良好關係，官員蒞臨時，由公司高級幹部以私人身份宴請吃飯，乃無可厚非，若以金錢財物賄賂則不可。
(五)政府機關發行的手冊、指南、備忘錄、刊物、公報及有關的法令規章法典等，須就相關部份蒐集，以利運用。

五、與投資人關係：

投資人目的是要獲取較高利潤，所以須針對這項「胃口」以促關係穩固。

(一)使投資人知道公司已經為大家利益，在努力經營，業務正蒸蒸日上。
(二)經營上若遇有不利情況，如國際景氣、通貨膨脹、政治因素等，也須盡快讓投資人知道。

㈢讓股東瞭解他們的義務，例如明白公司概況，勸他人購買本公司產品或股票，有形無形的支援宣傳等。

㈣經常需要公佈的「資產負債表」、「損益表」、「盈餘分配表」等資料，其統計數字、附註說明必須明確無誤，始能取信於人。

㈤年度報告，季報告及公司刊物盡可能迅速郵寄，使股東很快瞭解。報告的開本、負數、封面、編排精心設計，亦須不斷充實，足資珍貴。

㈥股東也須要教育，使他們成為輿論的塑造，營業顧問，公共關係的尖兵班。

㈦加強股東聯繫方法頗多，如股東大會，致股東函，開發新產品通知，股東聯誼通信，分發股息等，均可善加利用。

㈧有一種新的股東聯繫方式，公司製作專門影片和錄音帶，分送股東收看收聽，效果頗彰。股東調查工作，可以判定他們須要何種消息，對公司的感覺或建議。

六、與新聞傳播界關係：

「報紙、雜誌、收音機、電視網路」為目前大眾最具影響力的傳播媒體，只要一次不利報導廣播，足以判決某項產品的「死刑」，與新聞界關係建立步驟如下：

㈠派遣公共關係專門負責人，分頭認識地方上報紙、雜誌、電台、電視、傳播公司的負責人員和記者。公司內高級管理人員也要主動建立關係。

(二)提供新聞傳播機構所須資料，公司發展的各種報告、刊物等，主動寄往一份，稿件撰寫要合乎標準格式規定。

(三)要以真誠友善態度建立關係，才能長久。公司的公共關係人員要和新聞界始終保持良好友誼，不能有事才登「三寶殿」。

(四)公司工廠所辦的謝恩服務招待，訪問活動、促銷活動、參觀工廠，慈善義賣等各種活動，應與新聞機關密切聯繫，廣為報導。

(五)公共關係人員要對新聞不斷探索研究，隨時找出最有效的科學方法，使用最有利的資料，使公眾得到最完美的印象。

公共關係雖有重點，但並不意味其他方面可以忽略。主持公共關係的人必須要懂得「害群之馬」通常只有一匹的道理，任何一方面都做的很「圓」滿，偏偏有一點點小缺口，這個圓不但接不攏，而且足以破壞全局。例如某員工今天情緒不好，板個晚娘面孔，整天沒有一句「謝謝你」，雖是小事，確已影響了公司形像，說不定早已得罪了好多個大客戶。所以有人說：「公共關係是一些細微末節的小事混合而成，如果小事都做的恰到好處，大問題就可迎刃而解了。」

第三節　公共關係工具的運用

現代是一個使用工具的時代，沒有精良細密的工具，往往很難與人競爭。例如，學習語言講究使用那一種錄音機，每日上班少不了交通工具，老師教學實驗都少不了各種器材。工廠要把產品製造出來，絕對不能缺少製造產品的工具。要把公共關係做好也一樣，要有各種工具，現在僅就常用的公共關係工具簡要列舉說明：

一、電話：（含各類型電話）

電話是一種迅速便捷的溝通工具，也是目前公認的公共關係工具。要測驗公司的服務態度，只稍後外面打個電話進去，就一「聽」了然，以下有幾點注意：

㈠要把聽顧客的電話，視同見面講話一樣謙恭有禮。

㈡接線生和員工都要接受電話禮節訓練。

㈢接電話要快，最晚在第三響鈴前接聽。

㈣言談和記錄要確實。

(五)電話旁要備妥各種附件工具，如紙、筆、電話號碼簿等或記錄簿、員工名簿。

(六)先讓對方掛電話，自己再把電話輕輕掛上。「謝謝」、「請」、「再見」是電話禮節不可少的字句，絕不可在電話中說：「這不是我的事！」或說「這不是我管的！」然後「碰」的一聲掛上電話。

(七)總之，講話要婉轉，服務要週到，使人很樂意再打電話來。

二、信件：（各類文字信件）

凡是以公司或團體名義發出的書信文件，都不可馬虎，應合乎商業書信規格，講究精美設計，具有代表性，廣告宣傳效果等特性。

(一)公司用箋和信封要印上公司名稱、營業種類產品、地址電話、電報掛號、簡短的廣告詞、商標圖案，以收宣傳廣告效果。

(二)書信內容要明確親切，稱謂得體，給人看了心理舒服高興，一目了解，毫無混淆之處。

(三)不要亂用別人的用箋，例如信上印有「總經理用箋」，別人用了常會引起誤會混淆。

(四)在公共關係上，用信件來做顧客同意問卷調查、意見溝通、問候函等，也是很有價值的。

(五)年節慶典，公司可印製精美明信片或賀卡，特別加以美術藝術設計，也是很吸引人的。

(六)商業往來書信，不論中式西式，都要遵守一定的程式規格，以免被誤解，阻消溝通宣傳效果。

三、出版刊物：

大部份稍有規模的公司，為了達到員工溝通、廣告、宣傳、輔導、公共關係或教育訓練等某些目的，都會編印一些刊物。例如員工手冊、股東報告書、綜合刊物、文藝月刊、報紙、通訊錄、備忘錄等。不論何種刊物，須注意下列數端：

(一)要有該種刊物的特色。

(二)要有「效益」，否則不必白花錢。

(三)要注意設計印刷，吸引動人。

(四)要運用人才、投下錢財、國內許多大公司的刊物都是以設計精美、內容豐富，引人注目見長，如沒錢沒人，就很難辦成事。

(五)出版刊物應寄送員工家屬，以利聯繫。相關的工廠、學校、地方團體、政府機關應分別寄送。

(六)各種刊物報紙須有其特定內容，以員工手冊為例，要包含：公司基本資料、經營理念、法規章程、工作規則、工作時間、薪給福利、獎勵建議、勞資契約、安全保險、服務設施、教育訓練、申訴輔導、溝通管道、救助賠償、退休養老等項目，愈詳細愈好。

四、廣告：

所謂廣告，就是將商品的資料，透過報章雜誌、電視電台、海報傳單等各種媒體，向消費者傳遞，累積其結果，以提高賣價和銷售量。廣告在現代商場上的運用已經成為一種戰爭，不但講求技術戰術，更力求策略之運用，各大公司行號無不傾力出奇制勝，不按牌理出牌。根據台北市廣告代理商業同業公會統計，台灣地區七十二年在報紙和電視兩大媒體的廣告投資，聲寶公司是一億零二百萬，台灣松下是一億零二百萬，台灣三洋是八千七百萬。飲料界的黑松也有四千三百萬，台豐汽水一千萬。

光看這個數字，就知道這場廣告戰不好打。廣告的主要目的雖是銷售產品，但與公共關係仍是密不可分的，以下就如何運用廣告做好公共關係，例舉數端：

㈠廣告怎麼說，公司和員工就要怎麼做，顧客才不會有受騙上當的感覺，也才能長久被人肯定。雖說「廣告是合法的謊言」，也不能相差太遠。

㈡公共關係人員要和廣告部門充份合作，這兩種業務性質雖不相同，卻非得聯合起來不可。

㈢所製作廣告與事實要相符合，尤其對產品的宣傳，如與事實相去太遠，終將被汰換或否定。

㈣擬訂廣告計劃要顧及公共關係，絕對避免有負面效果的發生，例如廣告詞使人有不快的感覺。

(五)廣告方式不論用何種方法進行，如展覽、表演、競賽、訪問、參觀、招待等，參與人員最好先受公共關係和人際關係訓練，以收宏效。

(六)任何廣告須注意品質（如文字、畫面、色彩、內容、構成、表現、美感、自然等），才能發生公共關係效果（有興趣、瞭解、記憶、聯想、需要、行動等）。

不僅於大公司大企業要做廣告，小公司小行號也一樣要在廣告上下工夫，就是要做一個現代人，也要經常自我廣告一番，因為廣告是建立公共關係和人際關係的有力工具，想成就事情，工具怎能不用呢？

五、宣傳：

宣傳和廣告同是公共關係的重要工具，兩者很難有明確的區別，一般我們解釋宣傳是：「以文字、圖形或演說、傳播，宣示本身的理想和情況，普及於大眾，預期動人，使觀眾或聽眾能予助己。」

在美國坎薩斯州威查道大學工商管理學院院長芮蘭德博士（William A. Neilander, Ph.D.）與哈佛大學工商管理研究所客座教授米勒博士（Raymond W. Miller, LL.D.）合著「公共關係學」一書，說明廣告和宣傳的主要區別，「廣告乃是一種預先有準備對外發表的東西，要花錢而且由主持人予以控制。而宣傳卻包括了那些可由任何不花錢的宣傳工具，予以接受與發佈的資料消息。簡言之，因為宣傳是以新聞的方式發表的，而新聞是不能夠拿錢買到的，所以宣傳可以叫做不可以用錢來買的廣告。」又說：「當宣傳的目的直接在於推銷商品，或介紹服務與友善態度時，就必須認定那是廣告。」現在就如何用宣傳來做好公共關係，略示要點如後：

㈠把握宣傳戰的原則：

宣傳要有效，必須講求方法，方法不能一成不變，須因人因時因地制宜，求新求變：

⑴集中：指集中力量，針對重點，展開宣傳。

⑵幽默：指表達要讓人感受深刻，會心有味。

⑶簡單：內容和表現都要簡單，才有力量。

⑷間接：使宣傳對象沒有被宣傳的感覺、方法和形式要間接，才能收到實效。

⑸通俗：廣大的群眾才能接受領會。

⑹煽動：煽動和鼓動的力量，顧客才會起而行動。

⑺重覆：才能給顧客加深印象。

⑻主動：掌握時間，爭取機會，先入為主。

⑼持久：長年累月，使印象連續，永不忘記。

⑽一貫：主題內容一經選定，各部門觀念一致，作業一貫，避免自相矛盾。

㈡宣傳題材要配合公共政策：

⑴要宣傳顧客服務活動方面。

⑵要宣傳員工福利活動方面。

⑶要宣傳公司在社區服務建樹的各種成果。

⑷要宣傳本公司股東的成就方面。

⑸本公司重要人物、研究發明、形象最好最美的部份，都是上好的宣傳材料。

㈢慎選善用宣傳工具：

⑴文字刊物宣傳方面：如報紙、雜誌、期刊、小冊、傳單、壁報、海報、標語、招貼、書信等。

⑵視聽宣傳方面：如電視、電影、錄影、幻燈、佈告、電腦網路、車廂廣告、戶外招牌、霓虹燈、廣告汽球、街頭廣播、香煙盒、火柴盒、生日卡、年節賀卡、地下道廣告等。

⑶活動宣傳方面：如展覽、商展、巡迴展覽、巡迴服務、遊行、慈善活動、勞工晚會、勞工歌唱賽、藝文活動及各行各業有關的交際活動等。

⑷言語宣傳方面：如訪問、電話訪問、討論會、座談會、廣播、演講等。

㈣發表或展示一份宣傳品，除了注意品質規格，還有一些策略上的運用：

(1)先實施調查，走最有利的路線，展現對顧客觀眾最有吸引力的一面。

(2)研究相關或對手企業的宣傳品，避免別人缺點再發生，以攻其弱點，發揚我之優點。

(3)按財力狀況和需要，選擇最恰當的宣傳工具。

(4)色彩聲音圖文應該提昇品質，達到藝術化，發表文字要依據一般公認的標準規則。

(5)不要對人身或固定對象有攻擊的現象，也不要有評論性的宣傳。

(6)最主要的是，發表一份宣傳品要能有效果，不要投入金錢而沒有回音。

在眾多公共關係工具中，電視包括文字、語言、彩色、活動影片、音樂聲響的組合運用，其效能是驚人的。報章雜誌和廣播，在國內也相當發達。電影在教育訓練，員工招募，促銷活動等都很具功能。其他各種須因人因時因地，視財務狀況，慎選使用。

科技不斷進步，現在可用工具愈來愈多了，電腦、網路、手機、視訊、全球通信和視訊等。工具如手上的武器，會用者勝，不會用者敗，致於兩手空空，不用任何「工具」，而能空手取天下，那畢竟是少數人。

第四節　怎樣才能做好公共關係工作

公共關係到現代仍然是一項很「時髦」的工作，隨著工商發達，競爭劇烈，它的重要性也愈來愈高，而且也是一項只許成功不許失敗的工作，因為「關係」不好，其他就「動」不起來了。

一、人才：

要做好公共關係的第一步，是要找到一個人才來主持這個艱鉅的工作，他最好能具備下列條件，而且具備愈齊全愈好：

(一)熱心負責，有了這個基本條件，是他不但肯做願意做，而且主動積極的做，不是六十分過關或每日按時上下班就行了，他會付出更多的智慧、精力和體力。

(二)他並非天才而是通才，要懂得商業心理學、公共關係學、人性心理學、工商管理、演講學、大眾傳播學、人際關係學，兩種以上語言，其他文學、政治、社會、文化、經濟等，應有些高於常人的常識。

㈢經濟，有了學識，再有豐富的經驗最好，尤其曾經主持或經歷過三兩年公共關係，並有「實踐」經驗者，是為上選人才。

㈣要有創見，要有政治頭腦，有戰術戰略構想，才能在眾說紛雜，爭戰多變的商場上，八面玲瓏，鶴立雞群。

㈤隨著公司的擴大，要網羅各方幹部人才，如顧客關係專家、社團關係專家、民意調查專家、各種專業顧問等。如果你的公司總共十多人，當然你是總經理兼公共關係主任，千萬別把公共關係「省略」了。

二、給他地位，一般公共關係室在公司中的地位有四：

㈠次於總經理的地位，上級所有消息都由他發佈出去，成為總經理和下面各部門之間的橋樑或顧問。

㈡總經理的私人顧問，編制地位上與總經理平齊，運用上較有彈性。

㈢與生產部、廣告部、營業部等各部門平齊，地位高低相同。

㈣在各部門之下，這個地位太低，在建議、批評、協調、聯絡各方面，可能造成人微言輕的現象。以上四種地位，前之者各有千秋，都好運用。

三、經費：

有了人和地位後，接著要有錢才能辦大事，一般公共關係經費，有下列五種來源：

㈠從盈餘的百分比列為預算。
㈡在廣告經費內列支。
㈢專案預算。
㈣實報實銷。
㈤無固定經費，有則多用，無則少用。

四、原則：

㈠不唱獨角戲，公共關係要能獲得各部門的配合支持，鼎力合作，最後要使所有公司成員都成為公共關係尖兵。
㈡公共關係由內向外，先做好內部公共關係，再逐步向外推展，而由最高階層帶動做起。
㈢公共關係的目標永遠指向顧客。
㈣公共關係必須真誠務實負責，不可有虛偽造假，巧言令色的行為。
㈤公共關係沒有敵人，四海之內皆朋友。

(六)公共關係永遠沒有一百分，換言之，須永遠不斷努力，檢討缺失，再努力。

(七)公共關係是機動多變的，每月每日會變，每時每分也在變，隨時有新狀況發生。

(八)公共關係者是順風耳，也是千里眼。

(九)公共關係要做各種調查、統計、分析，並講求效益，所以必須運用科學方法。

(十)在運用公共關係工具中，不論文字圖形、視聽電子、報章雜誌等，都要專才，所以也是專業的。

第五節 人際關係的秘訣

很多人沒有領悟到一個道理，人與人之間是由「關係」決定所得利益的，舉例說明，「總經理的秘書」月薪三萬，「總經理的秘書兼好友」相信會高些，「總經理的秘書、紅粉知交、情人兼地下夫人」，鐵定更多了。再舉一例，張先生和李小姐是普通朋友，可能兩個月才碰一面吃一次飯，李若是張的紅粉知己呢？就大大的不同了。實例不很正經，都是事實，且是千古鐵律。又如王先生和建設公司主管是普通朋友，買房子每坪廿七萬，若是「拜把兄弟」就不同了。

人際關係（Human Relations），部份學者稱為人群關係，日本則譯成「人間關係」。

「爭取對你有用的朋友。」

「人際關係就是主僱關係。」

「人際關係，是研究人在工作中，相互之間所產生的關係，是藝術，也是科學。」

「人際關係就是為人處事的秘訣。」

事實上，人際關係異常複雜而廣範，可以說是公共關係的一部份，是公共關係的縮影。公共關係是一個企業整體對內、對外的全部關係和活動；人際關係，則是這些活動中的個人接觸，而表現於領導過程、訴怨處理、情緒調適、內部溝通、員工輔導、教育訓練康樂活動等各種管理行為；對外則表現於一切人際往來、交際應酬、會議討論、合作任務、相互協調等，是一種科學，也是一種藝術，隨著人際關係的複雜，也逐漸講求謀略策略了。

現在我們知道人際關係，就是人與人之間往來的技巧。如果我們用感情做「試紙」，則「五倫關係」情份最濃，其次「人際關係」，最淡薄是「公共關係」。因為人的心理變化太多，真偽難判，虛虛實實，所以給人一種很複雜的印象。尤其年青人初入社會，就面對著五光十色，千奇百怪的人種，大多難以應付。往往因見解不能溝通，現實理想差距太大，或立場原則不能苟同，造成格格不入的尷尬場面。若能運用某些技巧，再假以時日的磨練，會有意想不到的收穫，以下列出若干訣竅。

一、說話要先有準備：

言談如覆水，既出難追回。多尊敬對方，勿想佔人便宜。留意對方神情，隨時調整你的語氣。如發現對方神情不對，應當機結束，如果對方表示疑義，趕緊多作解釋。如果對方樂意接受，勢必單刀直入，不要再繞什麼圈子。

二、懂得心理：

人類內在的精神活動，脫離不了心理學原則。要先懂得心理，才能瞭解人情，明瞭人性，才能交往融洽。懂得心理是「科學依據」，明瞭人情是「診斷」，而交往融洽則是開具「處方」對症下藥。

三、「不知而言，不智」：

與人交談，切勿不懂裝懂或充內行，否則一旦被識破，西洋鏡被拆穿，必尷尬不已。所以要強迫自己革除「吹牛、自誇、炫耀、好奇」的壞習慣，著重講話時機和技巧。俾能「言之有物，言之成理」，而達一鳴驚人之效。

四、滿足對方：

人人都有自尊心，人人都有好勝心，如果想要贏得對方的好感。尊重與滿足對方，是最好的辦法，你給人這種莫大榮耀，別人亦會給你更大好處。所謂「滿足對方」，包含對方需求，給對方方便，例如星雲大師的人際關係學就是「給人方便」。成了佛光山的信條之一，佛光山的事業才能擴張到全世界每一角落。

五、十個「不要」：

(一)不要道人短處或揭人隱私。
(二)不要裝瘋賣傻或假作癡聾。
(三)不要胡言亂語或交淺言深。
(四)不要玩弄心機或故示親密。
(五)不要凡事求人或強人所難。
(六)不要偏激曲解或固執己見。
(七)不要反目成仇或撕破臉皮。
(八)不要演成強辯或針鋒相對。

(九)不要加油加醋或言過其實。
(十)不要到處宣傳或自吹自擂。

六、小心「樹大招風」：

地位愈高，愈要謙虛，如果高高在上，有如騎在人家頭上，又自大自傲，遲早也會有一群人看你不順眼。「易經」云：「君子藏器於身，待時而動。」深藏不露，大智若愚。明裡尊人敬人，骨子裡大家會感謝你。地位愈高的人愈要謙卑，否則不僅惹人厭惡，也會遭來橫禍，二〇〇六年國內有兩個實例給大家當活教材：陳水扁和趙建銘。

七、「禍從口出」：

頭上有兩耳兩眼兩鼻孔，獨一嘴色，用意叫人少說話。仔細的觀察，更能體驗出人際關係的微妙處。悉心的聽，亦可取精用宏而有所獲。多向別人請教學習，三人行必有吾師焉。隨時留心，多看、多聽少講。一天學一個乖，一年下來，必然大有長進。

八、誠心交往：

人際關係的往來貴在「誠」「信」二字。所謂「有借有還，再借不難」，就是建立在「誠信」的基礎上，誠能動天，民無信不立，是最佳説明。七十三年三月二十二日，聞名中外的佛光山星雲法師到新竹少年監獄，他以諄諄善誘的口氣對受刑人演講，勸導受刑人改過向善，並且告訴他們幾種道理：

㈠因果關係：種瓜得瓜，種豆得豆，善有善報，要好自為之。

㈡結善緣，多交益友，做好人際關係。

㈢忍耐不是弱者，打不還手，罵不還手並非弱者，而是修養工夫。（此點是針對好勇鬥狠的青少年而説。）

㈣守法精神：守法守份，才能過快樂的日子。

㈤五戒不只是出家人應遵守，一般人如能戒殺、戒盜、戒妄、戒酒、戒淫。就不會犯法，所謂酒，包含一切刺激品，麻醉藥品。

星雲法師雖是佛門中人，然而談起為人處事、人際關係的妙訣，叫人五體投地；足為吾輩管理人員師法的典範。在無法無天台灣社會，在這「新叢林」競爭時代，「誠信」二字看似不值半文錢，但其實是無價之寶，尤其做領導和管理的人，誠信破產就被人唾棄，陳水扁是活生生的例子。

第六節 為人處事幾點補充

為人處事是人際關係的基本，就個人而言，人際關係是為人處事的廣大，與人相處能夠熱誠謙和，做起事來亦能得心應手，正是所謂「得道多助」。然後集小勝為大勝，匯小成為大成，自然而然無往而不利。順理成章，所謀而皆成，當然你就是一個成功的人物。究竟如何才能達到左右逢源的境地呢？以下有九項秘訣：

一、服儀切合身分場合：

不必講求華服錦衣或油頭粉面，亦不可太過寒酸，總在樸實大方、清潔整齊、和藹可親為標準。惟在表現身份地位，或參加重要宴會時，仍須注意服儀體面，豪華大方。

二、與人接觸先揣摩心理：

說的明白些這就是心理戰，從公共關係，到為人處事，「心理作戰」的運用都是異常神妙，人性心理古來並無多大變化。甚至親如父母妻子的「五倫關係」，還是少不了要摸清對方的心理。如不多揣摩對方心理，一味我行我素，有多親密的血緣關係，也會弄得不歡而散。

三、講究信用：

為人處事和人際關係、公共關係都同樣有一個重要的定律，就是講信用。必須說到做到，做不到的不說，做了必須要有成果。如言而無信，亂開「支票」，兄弟也遲早會翻臉。

四、以禮相待：

以禮待人最足以拉近兩人的距離，但距離能近到多近，關鍵在「情」，各種關係都有「最後距離，再近就有問題。禮多人不怪，原是人之常情，對人笑臉相迎，多敬重別人，感謝別人，有錯立即致歉，於我無損，進而能搏人好感，實為最佳之「投資」也。現在社會各界倡導「富而好禮的社會」，用意在此。

五、給人讚許：

欣賞別人，別人才有心情欣賞你。當別人有了成果成就，有事得意時，給人讚美，是表示敬重支持鼓勵。當你自己得意時，別人才會讚許你，人性心理你我皆然。

六、善意的氣氛：

與人交往，不可呆板，拘謹不靈，輕佻不重，狂傲粗野，卑鄙無恥，這些態度和習慣，都會引起他人的反感。代之以活潑大方，和藹文雅、廉節莊重等。倘能多下功夫，將可變化氣質，獲得眾多支持、尊敬。

七、愛人以德：

要有一顆愛心善意的仁心，也要有防人之心。多幫助別人，使其成功。對人多鼓勵而少責備，使其日益進步。經過你幫助的人都成功了，你便也跟著成功。至於防人，是要防惡人小人等，對此等人要「你對我錯，你大我小，你有我無」（星雲法師語）。

八、不看眼前得失：

為人處事如只記著眼前得失，便得不到長久友誼，交不到真心朋友。好佔便宜，巧取豪奪的人，似乎得到好處，但一經時間考驗，還是肯吃虧的人受歡迎。

九、言談之間把握分寸：

㈠小節之處，盡可大而化之，不必計較。
㈡言辭婉轉，不可冒犯。
㈢勸人以情，不可動氣。
㈣別人有錯，盡可原諒。
㈤不抓人痛處，多安慰他受傷的心靈。
㈥把握分寸立場，不可沒大沒小。
㈦防人之心不要過份敏感。

這些都只是人際關係中的小節，如果人際關係是一部轎車，則這些小節都是螺絲釘，不論主管帶部屬，老闆帶員工，老師帶學生，家長帶子弟，朋友相處，都可以相互砥勵，身體力行。則你所率領的人員必能與你同進同出，共同奮鬥，為共同的目的而努力。

在為人處事的哲學上，古人蘇東坡是可以學習的對象。有一次，他對弟弟子由說了幾句話，最能描寫做人處事的高明：「吾上可陪玉皇大帝，下可以陪卑田院乞兒。眼前見天下無一個不好人。」所以他過得快樂，無所畏懼，名流千秋。

第七節 磨練演講戰術

西班牙諺話：「失足尚可挽回，失言無法補救。」

朱熹：「言語不可妄發，發必當理。」

蔣總統經國先生：「作事要敏捷，說話要謹慎。」一個正常的人隨時都在講話，尤其身為領導者，更是要靠講話來宣示意旨溝通意見，表明意願，影響所屬，以期達到你所希望的目標。表達的不佳，不但容易造成隔閡，且影響目標之達成。講話就是最基本的公共關係和人際關係的工具。

在競爭的工商社會裏，對群眾講話是一種藝術。不但是一種藝術，而且是一種謀略作戰的藝術。因為講話談生意也好，演講也好，就是在進行公共關係和人際關係了。此期間勢必要扣緊聽者的心弦，才能達到預期的效果。其次應該知道講話要把握住某些原理原則，特別是應該把握的訣竅，必然可以使人心領神會減少成見，拉近距離。進而在毫無疑義中接受了講話人的觀念，很圓滿的完成合作，甚或追隨其意志和行為，接受其領導。

人際關係之間的許多講演會談，喝茶聊天，常須注意對方的情緒，引起關注共鳴，而發生講話的效果，以達成你講話的目的。同樣一筆生意，張三談不成，李四則一拍即合，自有其妙處。假如你約好張總經理今晚七時要談交易，不仿自身先考慮下列七項：

一、目的：

你目的為何?也要假定數個目的，主要目的談不成，則退守第二或第三目的。對所要表達之目的，應儘可能清楚，有充份溝通的效果。

二、狀況：

瞭解自己經營的企業中，有關財務、人事、產品、公共關係等狀況。其他的狀況內涵應包括「五何」：人事時地物的了解，愈多愈好。

三、對象：

針對你的對象，所要做的心理準備，對象的背景、性格、企圖、喜好、缺點、優點、為人、弱點等，儘可能事先多知道。

四、時間：

時間已定，打算如何運用？該早到晚到，有時有些策略考量。

五、地點：

地點的選擇至為重點，影響雙方氣氛與成功。在家中、飯店、咖啡廳、酒家等，因對象而異。有時要公開，有時要一個很隱密的地方，都要看情形。

六、身分：

認清自己身份，並打算用甚麼身份講話。對方身份是總經理，還有甚麼其他身份？

七、如何：

講些甚麼內容？所要採取的方法，談話過程的演練，應變的準備。

八、態度：

你請別人來，或別人約你來，態度各有不同。高姿態和低姿態運用的場合各不同，都要先在心中有打算。另外要考慮對方的因素也有：

一、瞭解對方機構的營業狀況，必要時要廣蒐資料，深入研究，才不致於上當未能自知。

二、瞭解來人的背景、個性、人際關係、能力等。

三、他的目的是什麼？最好弄清楚。

四、假定對方可能採取之行動或決定，他有何種要求？

五、對方對這筆交易所持態度如何，有多少誠意？

六、瞭解他個人的優點弱點和強點，必要時可攻其弱點，避其強點，讚許其優點。

言為心聲，講話的聲音也是表情之一種。高低快慢，強弱溫和，不但代表個人情感，也代表教養禮貌等。同樣是一句話，也許語氣不對，就會有正反兩面的效果。人有一種弱點，就是極愛面子。少數人因為一言不合，事情沒談成，反目成仇，大打出手，血濺五步，都是為了「口氣不好」。所謂「一言興邦，一言喪邦」，可見講話有多重要了。

現代的社交活動，許多事情光靠別人去「講一講」已顯不足，還得你要親自上門，自我推銷，把你的本身能力統統「展示」出來。這時候成不成就全靠三寸不爛之舌了，有人把石頭說成黃金，有人把黃金講成鐵。為什麼？講話技巧而已。

對一個人講話或談判，與對多數人演講，道理都相通，勿必要弄清楚狀況、目的、對象、身份、策略、方法、打定主義、奮鬥到底。如果你講話的態度惡劣，沒有禮貌，拖延時間，語無倫次，乏味枯燥，不尊重聽者，絕對達不到講話的目的。以上種種因素都影響講話人與聽者間的溝通和氣氛。

集會場所氣氛太差，加以不能產生共鳴，隔閡不能消除，聽眾冷漠的自我中心意識便會大幅度的滋長，潛意識的抗拒你的講話，這個演講便是徹底的失敗了。把平時的談話組織起來，有特定對象和目的，其實就是演講了。成功的演講絕不可光靠靈感和天才，充份的準備材料，慎思熟慮，注重技巧是演講成功的要件：

一、充份準備：

針對演講對象，演講內容，廣範蒐集資料，中間要穿插的笑話或故事也要準備妥當，擬訂演講稿，做數次練習。如財力許可，用錄影機錄下自己的實況，再觀看並且找出缺點，再練習。有了充份的準備，演講才會動人成功，信心倍增，這就是兵法上所講「攻勢原則與準備」的道理，凡沒有準備的事情，多半要失敗。尤其是辯論式的演講，更要充份準備，資料齊全，穩紮穩打，相機攻擊，才能打敗對方。

二、張三李四的道理：

在大會場中演說，應該和張三、李四閒談時沒有什麼兩樣。千萬不可見人多而緊張，大堆的聽眾還不是張三、李四聚合而成嗎？因此把平常說話的自然語調加以擴大，便是對大夥人講話的最佳張本。上台之前想些輕鬆的事，上台後要專心一志。面對群眾時要「只見人海不見人」，就像平常練習面對兩棵樹一樣，就不會產生懼怕之心。只要消除緊張的心情，就可以口若懸河，如行雲流水那般自然。但要避免長篇大論，一點一點又一點。

三、如鯁在喉的道理：

說話者必需是有話要說，如無話找話說，是一件無聊的事。內心有話要向聽眾說，一定是要「如骨鯁在喉」，不吐不快，斬釘截鐵的把話說出來，不必畏縮，道歉或模稜兩句。過份客氣，反而虛偽，更會沖淡你所強調的概念。在不必客氣的時候太客氣，會動搖自己的信心，對別人的影響力就低了。

四、對群眾的熱情：

效果引起信心，信心產生熱誠，熱誠能使冬天溫暖起來。就講話而言，熱誠是口才的原動力。為甚麼傳教士的口才都是一流的，因為他們有充份的熱誠，講話時有如神助，自己感情就能流出來。

五、掌握群眾心理：

在大公司裡，員工成千上萬，各級主管經常要面對員工講話，員工集合起來，就是群眾，群眾有幾種心理特別明顯，演講除了要瞭解外，演講過程要注意掌握：

㈠好奇心：喜歡聽新奇的，古怪的，驚天動地的各種消息，愈是奇妙新穎的事情，功效愈大。

㈡同情弱者：這是孟子的「側隱之心」，史密斯的「國富論」中說：「社會公義是同情心的行使，同情心決定個人對公義的行為。」故演講者當眾對弱女寡婦的同情，很能感動群眾，廣受支持，這個道理同樣可以做領導者的「金科玉律」。

㈢盲從心：群眾沒有主見的，人言求言，人行隨行。風俗時尚之所以流行，謠言語論之所以到處傳播，即因此種心理做怪。

㈣樂群心：人是社會動物，不論到何處都是一群群共行，如亞里斯多德說：「人是政治的動物」。人們結群之目的，一為安全，二增勢力。

六、引發群眾注意：

聽眾通常是散漫的，注意力不容易集中，用一種簡單的辦法抓住聽眾，在演講全程中，至為有用：

㈠說一件怪事，引起好奇心。

㈡述說一段有趣的故事或今天的新聞。

㈢開頭用一個明確的實例。

㈣拿出一件實物給人看。

㈤提出一個問題來讓大家思考。

㈥引用一句富有哲理的名言。

㈦說明你講話的內容和聽眾有著密切的關係。

㈧劈頭講出一件令人驚愕的事。

㈨表情語氣的突然改變。

㈩不要有空檔停留，最好讓聽眾連喘氣和眨眼的時間都沒有。

七、不要爭論：

戴爾卡耐基與人爭論獲勝的鐵則是「從爭論中獲勝的唯一秘訣是避免爭論」。千萬記好，不要在眾目之下與你的聽者爭論。聽眾是演講者的基礎，成功的演講家要永遠和聽眾佔在一起。最佳是引發能共鳴的雙向溝通，其次是默默接受的單向溝通，最差是爭論和吵架。

八、小地方：

講話時有些「小地方」要注意，如髒話或口頭禪不要用，使用方言或俚語要避免讓人會錯意，難澀難懂的字眼少用，要言之有物，不可騙人，不要炒冷飯。個人的服裝儀容，以整齊清潔，合乎禮節為宜。不做人身攻擊，遵守必要的規範。

九、結尾：

有頭無尾的演講，會降低自己在聽者心目中的份量，甚至前功盡棄，下列原則可參考：

㈠演講如已結束，不要再拖，須當機立斷做結論。

㈡自己做總結要簡潔，不要一點，又一點，最後還有一點，顯示你思考不週全，沒有決心，優柔寡斷等。

㈢用一句詩人名句，或一個簡單典故做結語。

㈣由聽眾自己找出結論或答案。

帶動一群群眾，有如指揮一群老虎。如你高明，老虎都聽你的，如你不高明，就會吃掉你。於此，再沒有別的事，比面對一群聽眾，盡你的才力、智慧、能力、人格、思考、來滔滔不絕的講話時，更能表現你的價值與份量了。所以面對群也是一項挑戰，如果聽眾服了，接受你的意見觀念，就是你的勝利；反之，就是你敗了。

目前人類世界的競爭正達登峰造極，而講話是這場競爭最直接的武器。多觀察選舉時的政見發表會，美國大選的電視辯論，可知成敗全靠一張嘴，故須「慎言」。春秋時代鄭子產是個工於辭令的外交家，他每次要演講先叫秘書創意起草，再由專家學者審查修改，最後自己再加潤色而成定稿，就為「慎言」。那時代的策士全靠一張嘴到處遊說，以取得名利地位。如今雖物已換，星也移，而「一張嘴可以吃遍天下」仍是金科玉律的鐵則。故兵法家孫子說：「贈人以言，重於珠玉；傷人以言，甚於劍戟」。

第八節　人群關係的微妙心理

自己說自己了不起是無用的，要別人說你了不起才是真的了不起。要如何才能辦到呢？從第一印象開始就要努力，兩個人初次晤面時，一場歡談可以留下良好印象。尤其在選拔人才，晉見上司，推銷產品，對初次晤面更要妥為「設計」。

一般而言，員工部屬不喜歡主動找他的主管言談。如果在上位者能自動而不露痕跡和他親近，對改變雙方關係，突破兩者對立立場，一掃心理上的隔閡，簡直是良藥。冷冰冰的口氣，往往招致屬下的抗拒心理。親熱的語調，常能把上司和部屬之間看不見的牆推倒。也只有真誠親熱的談話，才能得到員工部屬的忠心。「麻煩你作這件事好嘛！」和「這件事你去做」！這兩句話口吻不同，所產生的後果也不同。有些主管常能因為一句話，激起部屬們作事的雄心和興趣。也有的常因一句過於公事化的言語使得部屬們意與蕭索而提不起勁來。也有因為一句不尊重的話，使人才離職，損失更大。

少數主管喜歡用命令口吻，通常會使對方有下列反應：

一、抗拒不服：

他須要自尊比金錢更迫切，他一切都可以不要，人格不容受損。於是他這碗飯可以不吃，高薪可以不領，走路！另創江山。有些人是天生的不服從，天生的造反者。

二、內心不服：

此種情形，他雖不「走路」，他工作照做，打從心中看不起你，但只表面服從，內心不認為你是主管，他混日子領薪水。

三、貶低形象：

此種情形，他不會走路，也不「拖死狗」，且能「當一天和尚撞一天鐘」，不過他貶低了你的形象，「你也不過如此罷了」，終會影響管理領導工作的發展。

四、壓迫感重：

所謂「命令」，當然有很重的壓迫感，造成情緒不調，諒解不足，極影響良好人際關係的建立。除非特別情境，命令句、否定句都不要用，因為太沈重。

五、溝通量少：

命令屬單向溝通，其溝通量最少，受命者少有解釋餘地，不但影響關係之建立，也影響合作之達成。

其他不良的後遺症仍然還有，所以人際關係中絕對少用命令口氣說話。如非用不可，命令內容要清楚明確，讓受命者有解釋時間。何不用尊重的態度，自動降至較低地位，使對方產生優越感。少數主管不喜歡降低地位，乃是認為有失身份，其實主動降低地位去接近工人，正顯示你的不凡。即使他經常唱反調，多半也會乖乖的聽話，因為他已獲得可貴的優越地位，怎好裝孬種呢？只好努力工作，表面上你輸了；實質上你是勝利，這是明眼人都知道的。你不但勝利了，而且得到他的心，使他心服口服。這種人的心都得了，一般人的心都會自動送來。

在一群有善有惡的人群中，要想捉住他們的心，勢必要使出高明的「心機」而不為人所察覺。講一段古吧！漢高祖六年三月，高祖因分封不公，部份人不滿，甚有相聚謀反的徵候。高祖因憂慮，問計張良。張良說：「陛下生平最恨的人，而為群臣共知的是那一位？」高祖說：「雍齒和我相識最久，但他非真服我，常窘辱我，我欲殺之，因他功多，所以不忍。」張良說：「今急先封雍齒，以示群臣，群臣見陛下最恨的人，尚且得封，自然安心。」高祖乃封雍齒為什方侯，群臣見雍齒得封，相賀說：「雍齒尚且封侯，我們還怕什麼呢？」一場風暴如此被平息。這段故事說明一個真理，那就是領導統御也罷，管理部屬也罷，人際關係建立也罷，除了用情外，有時勢必用「心」。此心機非用來算計害人，乃使關係更臻完美而已。

人除計較利害時是理智的，大多數時間都充滿了感情。有感情的聲音大家都喜歡，為什麼人們愛聽說故事？愛聽情話綿綿？卻不喜歡聽人「讀訓」「訓話」「讀報」等機械式的聲音，就是前者比較有感情。人心乃肉做，要得人心當然要用真情。前面講有時要用「心機」，須知心機只是手段，其本質充滿仁愛。有行仁之心，無行仁之術，何用？

第十章第二節曾提到越王勾踐對吳王夫差展開政治攻勢，運用反間計使吳王殺掉自己的忠臣伍子胥一段故事。但如站在公共關係的觀念上，伍子胥實在死於不懂得運用公共關係的原理。每次越王勾踐獻上美女財寶給吳王時，伍子胥都只會用勸阻、勸諫，進逆耳之言，引得吳王大不高興，埋下殺機。如伍子胥稍懂人性心理，瞭解人際關係的運用，懂得進言的心法，吳王未必不聽他的建議，奸臣伯嚭未必得寵，吳國未必會亡…。這些都是數千年前的歷史了，就當做公共關係和人際關係的範例吧！

就一個主管而言，想要得到員工部屬的心，不外親近他，讚美他，幫助他，尊重他，這是大法寶。而在運用這大法寶時，「用心」和「用情」的交互運用乃是一門至高的藝術。就算不當領導人或經營者，「獨來獨往闖天下」，人際關係也是人生的一項重要「資產」，人總有須要別人幫助的時候。孤獨一人成不了氣候，必須與人合作，共成夥伴，拉幫結派，甚至組黨結社，才能成就大事。

公共或人際關係固然有些原理原則，但勿忘這個領域有個最大的「天敵」，就是政治立場。不論任何人際關係（血親、姻親、朋友、官場、商場…），只要不同政治陣營，敵我（對立）關係已然形成，親人斷絕，為何本書強調小心台獨份子？道理在此。

問題討論：

一、在你所負責的部門或你所主持的機構裡，公共關係重點在那？指有那些重點人物要做？
二、檢討你的公共關係和人際關係有那些缺失，要如何設法補救改進？
三、檢討你在為人處事方面，有那些被人垢病和稱道之處，如何改進和發揚？
四、當你主持會議或面對員工講話，有那些障礙，以後要如何克服？
五、你準備要對全體員工發表演說，要求「為公司打拼」，如何準備？
六、如果花兩百萬禮卷外加百萬鑽戒，送給「第一夫人」，可使你的企業大展雄圖，這張「夫人牌」打或不打？
七、你交往的朋友中，有台獨份子嗎？早先不知道，後來才發現，如何「善了」？朋友還能維持嗎？

13 Chapter

知己：明心見性—自我實現的前提

大家都在追求自我實現，總該有些自「我」的前提，把「我」弄好，才有可能追求外在的東西，我是誰？我是甚麼東東許多人不清楚。

如果你能掌握指導自己的心智，你就能好好安排自己的一生。所以心理學家說人生最大的敵人還是自己，只要克服了自己，就能克服一切困難。從這個角度來看人生，就能從一個更有信心的觀點來窺見成功與幸福。因為我自已，不就握在我手中嗎？

但丁說：「你要測量一個人力量的大小，只要看他們的自制力如何！」蔣總統經國先生也說：「一般人對於慾念，由於不知克制，聽其侵襲，所以一開始便愛便貪，繼之便戀戀不捨入痴，而如中風狂人，終於無以自拔。」可見一個人的成敗關鍵就是他自己，戰勝了自己就是成功。所以有人說，有多少自制力，就有多大的成功。

假如對自己一無所知，還一味的想改變外在人事物，結果只會在徒然的努力中荒廢生命，非但找不到人生的幸福歸處，反而使自己走向絕望。成敗之間，主觀客觀因素也許各佔百分之五十，如果自己的那五十先抓住，其他的五十能掌握一分，便多一分成功的機會。如果連自己的也掌握不住，別人能送你十分，成功還是微小的很。所以，任何管理、訓練、要求，一定要從自己做起。拿破崙有句話：「面對敵人是百分之五十的勝利，背對敵人則是百分之百的失敗。」國內名政論陶希聖對這句話的解釋是，「這句話可解釋到任何事情上，我們做任何事情，遇到任何困難，如果勇於面對，力求解決，再壞都有一半勝利機會。但如果遇事畏縮，彷徨不進，必然永遠失敗。」

所謂「明心見性」、「自我實現」，都指的是自我了解的「知己」工夫。佛家所言「明心見性、見性成佛」，正是伸明知己是成佛的前提，不知己是永遠沒有機會成佛的，不能知己就不能正確知彼，贏的機會也會大大減少了。

第一節　培養積極的人生

一個人如果不能自己創造屬於自已的天地，只有受外在環境和原有的命運去捉弄擺佈了。他們在茫茫的人海中時沈時浮，無目的漂流，遇到大風大浪時，只是掙扎，掙扎。自己成天生活在困惑、憤怒、自怨自艾加上悒鬱悲切。總以為是天老爺在折磨他們。等到有一天，他再也浮不出水面時，就消失在白色的浪花裡，這趟他是白來了。有的人雖然也有一顆心，但那是一般沒有勇氣的心，遲早也會被消滅在無情的逆流中，面對這樣的人生，首在培養積極的勇氣，以下提供數點：

一、建立優良的人際關係：（複習前章）

人類營群體生活，相互依賴，各盡職責，始能不斷進步。任何人的成功，都是社會的協助，也是大家的幫忙。個人脫離群體，自求獨立，不但不能生存，而且沒有作為。欲有所為，必須獲得別人助力，首先必須適應週遭的人群。人已關係才能獲得最大改善、古人說：「得人心者，得天下」，正是此理。一個獨來獨往的人，不可能有成就，還可能會過得很悲慘。

二、訓練合理的思維程序：

不斷的自我進修，充實學問與修養，再不斷從現實環境中歷練，之後始能客觀分析事理，不為主觀意識所蔽。有成熟合理的思維程序及能合理判斷，才能產生至當之行動方案。有了最佳行動方案，就是最能到達目標之途徑。

三、自信與互信：

對自已要有堅強的自信心，如果不能徹底認識自已的優點和缺點，對自身做客觀的評估，過高或過低對自已的估計，都是危險的事。不是陷於自大自傲的自大狂，便是落到自悲自憐自做賤的下場。對事不信任，則無事可成；對人不信任，則無人可用，亦無人可交。

四、熱愛自己所從事的工作：

所謂「幹一行，怨一行」是人類的通痛，任何工作都有它的樂趣，找出工作中的快樂，才能對它產生興趣。不愛工作，必心智不專，得過且過。久而久之，所有雄心壯志都會化成烏有。是故，不論做何種事，在未離職前都必需熱愛這份工作。

五、能攻能守：

「攻」是指主動積極，攻擊，攻擊，再攻擊，用以創造自己的事業王國。「守」是指獨善其身，或不可為時，需擇機急流勇退，謙抑自安，保全資源，留住青山，待機再起。故能攻能守，也是可進可退的道理。

話說公元前二〇一年，漢高祖劉邦得天下後，躊躇滿志，大志群臣。正當大家爭名奪利之際，只有張良獨卻三萬戶的厚封，僅取千餘戶的小邑。事後證明許多追隨劉邦創業的勛臣，如韓信、彭越等都藉罪鋤除，不得善終。只有子房懂得「月盈則是，物滿則傾，功高震主者不賞」的心理。

張子房雖功成身退，謙虛澹泊，終其一生對國家大事無不關心。如後來遷都長安，穩定儲君等大問題，都貢獻了重大智慧。張子房乃能攻能守的奇才也。

一個人不能培養出積極的人生觀，便無法在人生舞台上有所表現，也很難成為一個有作為的人。有的人說他有的是錢，不必努力了，他忽略了錢之外的事務。即使你一輩子都生活在好運和順境中但病情，死亡，別離，孤老是不能避免的。何況生活在光怪陸離的現實社會中，困扼與乖逆在所難免，失敗挫折和悲劇命運不斷發生。君不見多少的投資被倒，每日的車禍製造多少悲劇，各種天災人禍兇殺頻頻發生。因此必須以無懼無畏的勇氣迎向挑戰，以十足信心面對自己的工作，克服一切危疑與障礙。不要喪志，不要退卻，不怕失敗，不畏打擊。雖屢戰屢敗，仍屢敗屢戰。

保持心平氣和，注意衛生營養，保有充沛的體力，你的生命旅程會充溢著愉快和滿足。除非你把自己打敗，自己做賤自己，自己玩弄自己，否則人生是可以永不失敗的。

第二節　不斷自我檢討

蔣中正先生奮鬥一生，建立不少豐功偉業，但因今天「泛政治化」的因素，朝野部份人士似有意把「蔣家」淡忘，這就讓後世史家去定位吧！惟他老人家在如何自省的工夫上有很好的金玉良言。他說：「如一日檢點，毫無一點非過，便將蒙頭蓋臉，媿汗欲死；次日檢點，遠是過多德鮮，仍復深自愧責。如此日日檢點，必將漸見德勝於過，馴至於德盛而過寡，遂不覺手之舞之，足之蹈之。常人之所以人格日墮，品性愈下者，就是不知檢點，坐不見自己過惡耳。」當這世界再也沒有人懂得自我反省時，獨你會，便能少犯錯，接近成功。

對於想要悠悠忽忽過一生的人，姑且勿論，對於有雄心企圖心，想要創一番事業，管理眾人，領導群倫的人而言，「自我檢討」是一種極重要的工夫。不知自我檢討的人，即使失敗了十次，仍然找不出自己有缺點。一個管理者，懂得自我檢討，至少有下列功效（好處）：

一、可以增進品德，磨練修養工夫，使人逐漸德勝於過，而慢慢向完美邁進。雖然完美也許達不到，但卻日近一日，此種進步是一種自我挑戰和不斷修煉而得。

二、跟著德業之增進，會得到更多人支持和尊敬。對於自己的領導管理，有莫大助力。自我檢討有時須要幾分「自我強迫」，但很值得做。

三、檢討可以找出缺點改進，不論是自己的、公司的、員工的，不檢討則不知有錯，有錯而不改，在競爭過程中，是件危險的，有人說：「作戰是比那一方犯錯最少，他就是勝利者」。自我檢討也可以發現對手的優點、強點或弱點，有利於爾後的競爭。

四、檢討也是一種「溫故知新」，冷靜的檢討可以發現過去的缺點，加以革除，能想出新點子，創出新方法，也許有更多新發明，很可能就是成功的關鍵。

五、針對業績不振，利潤降低，員工抱怨，離職率過高等各種現象，召開檢討會，開誠佈公、集思廣義，相互溝通，誠心誠意進行檢討，通常都可以獲得圓滿的結果，使團體重振往昔雄風。

六、懂得檢討，對個人而言是不會變壞不會怨天尤人，不會成為自大狂。對團體而言，是不會惡化，愈形和諧團結，對單位或社會乃是一股安定之力量。

所以領袖　蔣公又說：「自反檢討的工夫，比任何學問有都價值。」吾等豈不「每日三省吾身」呢？清初儒者張履祥說：「每事責己，則己德日進，以之處人，無往不順；若一意責人，則己德日損；以之接物，無往不逆。」在管理過程中有了錯誤，不要一意往下推，首先當責己，從自己先檢討起，才是促使不斷進步的不二法門。

自我反省檢討的目的，是看清自已，認識自已，知已更深，更能找出問題。加以改進後，自已問題沒了，才能有大進步，你的大進步正是別人的大後退。

第三節　保持身體與心理健康

身體健康，指一個人的有形肉身的健康正常。心理健康，指思想觀念心理上的健康。所謂心理健康的定義是：「心理健康的人是愉快的，有效的，與世界上大多數的人相處，表現適當的行為，有能力迎合實現生活環境，能夠充分發揮他身心各方面的能力，以獲取最大的成就和遇到最小的困難與磨練。」

根據學者意見，心理健康的標準如下：

一、一定有工作能力，亦即在工作中發揮能力，得到成就，獲取滿足。

二、有朋友，樂於與人交往，且多採正面態度，即愛與喜悅的成份多於仇恨的成份。

三、要有健全的情緒生活，其條件有二：

㈠情緒的變化有比較明顯的原因，例如考評後，得到全勤獎金，內心感到快樂。故健全的情緒生活，就是行為本身意識到情緒變化的原因。而不是無緣悲傷或無故狂悅。

㈡情緒作用時間短暫，正常人在情緒過後，漸漸靜下來，不會延長。

四、須有現實的生活能度，我們在現實生活中，會遭遇許許多多問題，應該採取現實態度，實際行動，面對問題，有效處理。

人，雖然是企業的「資產」。但健康則是人的本錢，一個人沒有健康，等於失去一切，空有財富何用？愛默生說：「健康是人生最富裕的產業」，實在是一語道出健康的重要。以下分兩部份說明健康方法：

一、如何保持身體健康：

㈠注意飲食衛生，細嚼緩慢，勿過重，勿暴飲暴食。
㈡保護胃腸，使身體吸收足夠營養。
㈢食物平衡，不可偏食。
㈣煙酒必須限制最低程度，煙最好不要抽。
㈤每日如廁一次。
㈥保持身體與環境清潔。
㈦注意小病，有病速治，不可拖延。
㈧早起早睡，要睡得酣，不求多睡。
㈨有正常娛樂，如音樂、美術等。
㈩適當運動和柔軟體操，可保青春。
⑪接近人群，參加團體活動。

二、如何保持心理健康：

㈠克服困難：遭遇困難，才能獲得生活經驗，增加應付環境能力。遇到困難，須面對現實，採取有效行動，以謀克服，不必逃避。

(二)幽默感：是一種怡然自得的心境，以輕鬆閒適的態度，驅散緊張心情。
(三)解除內心衝突：發生衝突，需當機立斷，有所取捨，切勿徘徊疑慮，自陷痛苦之境。
(四)知足常樂：慾望並不能全部滿足，故必需知足，便可常保快樂。
(五)誠實估計自己：過高過低估計自己均屬不宜，必須要客觀瞭解本身缺點和優點，所估才能適度。我們常說認識自己，做你自己，自我實現，道理相通。
(六)把握現在：把握今天，有效努力，不追悔過去，亦不憂慮將來。
(七)真善美的感受：能「感覺」真善美的情境，有感受力，必有助於心理健康，個人品格也能向真善美方向發展。
(八)信任感：對可敬的人物、道德、宗教等，如能有一種信任的態度，可以促發個人的安全感。在朋友交誼中，保持誠信態度很重要，當然台獨或政客不可信。
(九)控制情緒：人人均有情緒，但應發而中節。同時設法使情緒獲得正常出路或消散於無形。
(十)堅強的意志：這是定力、主見、智慧和能耐的綜合，呈現出果決的意志。對所從事工作需意志集中，運用判斷和計劃努力進行，不可中止，以底於成。
(土)行為正常：不要反常或異常就是正常，避免過於偏激。生活行動言談，都要和常人一致。絕不可標新立異，自命不凡等。
(主)保持年青有為：記住，青春是心境，不是年齡。古語「三十而立，四十而不惑」，到

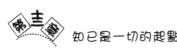

了四十歲情緒才成熟。

(三)不斷學習：新知不斷出現，故需不斷吸收新知，才能趕上時代，不被時代淘汰。要培養「樂觀積極的人生觀」，治本的辦法就是如此。不能管理自己，不能自己自制的人，永遠沒有希望。所以，不要認為限制太多，高明的領導者都先從自我管理開始。

第四節　要能自我克制

處在這樣五光十色的時代裏，一個人要迷失自己真是太容易了，只要你想，就有數不盡的美女酒色，或財物賄賂重重地把你包圍。事實上，任何一個企業主或管理者，每日所接觸的絕對少不了「酒色財氣」。蔣總統經國先生曾說：「在我們的周圍，不知有多少陷阱，功名在誘惑你，美色在誘惑你，高大的房屋在誘惑你，飄渺的虛榮在誘惑你，你把持不住，使處處令你鑽進圈套。」在這樣的「慾海」橫流的世界裏，多少人把持不住而被狂濤捲沒。但也有人認定目標，把穩方向之舵，役物而不為物役，打出屬於自己的天下。此一成敗之間，端賴每個人所表現「自我克制」能力的多寡了。

此謂所謂「自我克制」，並非要如苦行僧一樣，「酒色財氣」完全隔絕，因為「敵人」雖然恐怖可怕，但如不接觸仍然沒有打敗敵人的機會。所以吾人所重視的是接觸的方法，適度自制，而不陷入。就一個管理者本身所要自我克制的，最重要應有下列各項：

一、色（女人）：致命的吸引力要節制

通常談到「色」就聯想到「性」，大多指男性管理者對女人而言，致於女性管理者對男人較少發生。但不論男性女性，在這方面都需節制。君不見總經理身邊多少美麗動人的女秘書，女職員等人，如不能自我克制，什麼結局，可想而知。身為經營者或管理者，要有下列認識並躬行實踐。

㈠體認過度性行為或不正常性關係，可能對自己身體有嚴重殘害。例如感染梅毒、性病等。

㈡有了性關係，就發生「感情走私」，引起家庭風波，徒增個人困擾，破壞自己在長官部屬心中的形象，動搖自己事業的根本。

㈢對女職員沒有責任的隨意玩弄摧殘，會引發許多不可收拾的後遺症，其破壞力又更大，足以擊垮建立多年的美譽，而在一夜之間名譽掃地。

㈣經營者或管理者在社交工作上，與女性職員或其他女人的接觸本是無法避免。除了工作關係的接觸，餘應止於「談天、解悶、散心」（未婚追求例外）。如須共同參加宴會、舞會等，應有適當距離和立場，在任何情況都盡可避免「衝破最後一道防線」。

古有蘇東坡，遇有歌妓求詩酒筵，欣然參與，決不躲避，終其一生從不納妾藏嬌，除妻子外，亦無迷戀那個女人，後人作傳，以「偉人」許之。

㈤色慾淫蕩，在中國人而言是最大的敗德壞行，但怎麼叫「色慾淫蕩」、「性自主」（新女性論）、「愛情」、「逢場作戲」，可能人人心中有一把尺。不論男人女人，要被認定「色慾淫蕩」，再有多大能力才幹，都將無法立身處世。可做創業中的青年男女，和事業有成之人的警戒。

二、酒（酒筵徵逐）：

在商場交際上，女人和酒是分不開的。酒的作用應該視之為建立人際情感關係的工具，做為表達自己的誠心和禮節，以方便商業往來，建立良好關係為目的。

㈠認識過度暴飲對人體神經的傷害，對身體也是另一種摧殘，故須減至最低量。少飲有益身心，少酌才有情調，才見生活樂趣

㈡商場上宴客極少在家中由自己妻子辦理，在外找高雅安全的飯店，避免涉足酒家茶室；如不能避免，非上酒家不可，也要避免酒後亂性或意外事件的發生。

㈢要瞭解喝酒的對象和習慣禮節，才能避免意外事件之發生。如發現現場情況有異，瞄頭不對，要設法脫離或退卻，不要涉入爭端。

㈣酒桌之上，除了藝術，另有技術和戰術。任何情況要向最有利之途邁進，尤其言談最須注意，禍從口出，酒桌上為甚。

㈤酒和色之所以要克制，其消極作用是「避免燒光了青山」，積極作用是「留得健康的青山在，做奮鬥的本錢。」

三、財（唯利是圖、貪污）

松下幸之助認為：「做生意必須追求應得的利潤，沒有利潤的企業，反而對社會有害。」賺錢本來就是營利事業最大目的，俗語說：「眼珠是黑的，銀子是白的」，誰見了錢都是愛的，但吾人在追求錢財過程中須注意：

㈠不要變成守財奴吸血鬼，唯利是圖。

㈡在運用達成目的之手段時，錢固然可以發揮很大作用，但應避免「賄賂」事件之發生。

㈢金錢是現代社會工作的重要「誘因」，有了錢工作會更賣力，但工作的目的不完全為了金錢。怎樣是正確的「金錢觀」？很難說的準。

㈣在獲得錢財的方法上，避免「貪污」事件發生。當你處理大批金錢，而內心有了動搖時，應想到東窗事發的後果。

㈤事業有成後，應將部份利潤回饋社會。一方面由於取之社會，用之社會。另方面對社會的回饋，也使自己的社會地位名譽等水漲船高。

㈥基本上經營者或管理者，在追求利潤時，是支配運用財物，而不被其收買奴役。

㈦聖經有句話：「人若賺到全世界，賠了生命，又有什麼好處呢？」賺錢是應當，拼命大可不必。

在當前社會型態下，金錢、美女、純酒可以說是三把利劍，可以腐心戕身，也可以用之建立良好的人際關係，成就事業。絕對不接觸是不可能的，也是沒有意義的；最好的辦法是保持距離，自我克制，要克制到什麼程度，保持怎樣的距離，才是最恰當，並不能用筆劃界表示，其間運用之妙，乃存乎一「心」。

德國大文豪——歌德，是西方最能克己自制的人，黑格爾在柏林大學講學時向學生們推崇說：「誰想偉大，就得學學歌德自我設限。」背判上帝的西方之鷹——尼采，也表示：「最偉大的力量乃完美之克己與創造，如老歌德然！」一如我國的孔子教化人要「克己復禮」，蘇東坡如果沒有一些克己自制的工夫，如何面對應付那常追著他的名妓呢！

於是我說，你有多大的自制力，就會有多大的成就，兩者成正比。在公領域上（從政、職場），貪污是所有罪惡之首，高於酒色，例如陳水扁一家人的貪污，便整垮民進黨，垮了民心，垮了他的歷史地位，我們看吳淑珍、趙建銘那種「搬錢」的姿態，不是阿扁授意嗎？

人民如何原諒他們？

人生須要自我克制的地方很多，給自已太多自由就是「放縱」，人放縱自己便一切全都「完了」。筆者有一兒時同伴，最討厭受到約束，所以初中畢業就不讀書（因討厭被管），在社會上到處鬼混，他常說「我就是愛自由自在」。結果數十年過著打零工的日子，五十多歲後，因沒零工可打，淪為小偷……慘啊！他不懂何謂「自由」？那叫「放縱」。

至於筆者呢？從軍、讀書、犧牲三十年部份自由，現在嘿！嘿！嘿！

第五節　愛惜光陰

人常犯錯或無知，以為很多就可以浪費。如陽光、空氣、水和時間，最後都要自已付出代價。其中代價最高的是光陰，年青時大多不知道，以為來日方長。

人生最大的浪費，就是時間之浪費。宇宙之間的行星恆星，草蟲走獸，一切都是有軌道的，因此才不致紛亂。人生也是如此，不管是為了生活和專業，都要有規律，有計劃的進行，一個人如果能好好控制住自己的時間，就必然能夠好好的計劃和安排他自已的生活。別人都在抱怨「今天好忙，沒有時間做這做那！」而你會有充裕時間，做別人所不能完成的事。

富有與沒有，成功與失敗，豐裕與貧困，希望與失望，生與死的分水嶺，都在自己能否運用自己的智慧和時間，在自己對未來是否有計劃安排，所謂「無遠慮必有近憂」正是。時間誠然寶貴，必須珍惜，如何才能使時間不浪費？在我們一生當中隨時須自我警惕，躬行實踐下列各項：

一、做事有準備：

有準備的進行任何事情，計劃才會週全，才不致掛一漏萬，行行停停，浪費時間，真不划算。另見第十章第五節「攻勢原則與準備」。

二、做事有方法：

依據合理的科學方法擬訂計劃，才能可行，計劃才不致落空，按計劃進行才能節省時間。方法也包含戰略戰術的思維，做任何事都有「前言↓本文↓結論」的邏輯，而不是臨時起意，半途而廢等。

三、少做胡思亂想：

無目的無意義的空想，最浪費時間，凡是「想」，必有對象，有目的，仔細推想，想出最佳可行方案。注意！「創意」並非胡思亂想。

四、統整零碎時間：

生活中有許多零零碎碎的時間，如不在乎不用它，日積月累，就等於荒廢大量光陰，要有計劃運用它們。注意！越忙的人越有時間讀書，越閒的人越沒有時間讀書。

五、勿虛度光陰：

所謂「虛度」，是單位時間裡沒有任何成效可言。即進無獲得成果，退不是休息養神，昏昏沈沈，迷迷糊糊的過了。有的人成天在舞廳歌廳，酒家茶室窮泡，其光陰真不如糞土。

六、當機立斷：

該進行的事情，當機立斷去開始，否則過了今年就後悔，是浪費一年。該結束的，當機立斷下結論，否則過了一年，又浪費一年。

七、勿做無意義的事：

例如沒有作用，非「調節性」的吃喝嫖賭，浪費時間且傷害身體，是雙倍的浪費。現代年青人迷網路、卡通、漫畫、聊天等，青春如此這般飛了，可惜。但少數上進的人，他懂的把握青春，他後面有大收穫。

八、科學管理：

身為管理幹部，時間有限，要運用科學管理，合理用人，適時授權，可以節省大量時間。而把時間用在創造、發明、思考政策性工作等方面。

不要把精力和時間用在你不知道的事，使人發生困擾的，都是那些你自以為知之甚詳，其實是無知的事。一知半解常會使人類陷入泥淖，凡事經過透徹週密的思考，你的計劃一定比別人週全，你的執行必然方便得多，成功率一定比別人高。

要有時間就是生命的觀念，心存過一天算一天的人永遠沒有作為。每個人所配給的時間都是等量的，浪費時間就等於浪費生命。相等的時間，有人可以做十件事，有人只能做一件事，有人還在賭桌上，到蓋棺論定那天會有多大差別。張良說：「人生如白駒過隙，不過數十寒暑耳。」豈能不愛惜！

把零碎的時間組織起來，好好運用，是有效使用時間不可缺少的，那些時間不敷使用的人，就是最不會組織時間的人，時間的流逝，是不可能用任何手段去挽救，也無法彌補。如果你不在乎就讓生命浪費吧！十年後不要羨慕別人功成名就。

千萬不要把時間用在無謂的爭吵，花在沒有結果的辯論上，如果你實在忍不下「那口氣」，打算要爭個長短，真是最笨不過，因為你的時間正在浪費。佛家有一首「存心忍耐歌」，想一想，你就不與人做無謂之爭了：

「忍一句。禍根從此無處生。饒一著。切莫與人爭強弱。耐一時。火坑變作白蓮池。退一步。便是人間修行路。任他嗔。任他怒。只管寬心大著肚。終日被人欺。神明天地知。若還存心忍。步步只得便宜。世人欺我害我打我罵我騙我。如何處之。禪師答曰。只管任他憑他遠他，莫要理他。再過些時。看他。能依這忍字。一生過到老。」（節錄）

古人說：「人生百年，夢寐居半，愁病居半，襁褓垂老之日又居半，所僅存者十一二。況我輩蒲柳之質，猶未必百年者乎。」再不惜光陰，人生將無可用之時間了。

問題討論：

一、你能自我檢討嗎？請檢討出自己缺點，逐條列明。

二、你打算如養成運動習慣，請擬訂一個運動計劃。

三、你的時間運用有無浪費，要如何改進？你始終在追求自我實現嗎？結果如何？

四、你對金錢、美女、喝酒的自制力如何？有無致命傷？要如何改進？

五、如果你現在是大法官（已婚），偶然的機會有一美女（認識不久、很有女人味），主動邀你到汽車旅館休息一下，去或不去？

六、何謂「自由」？何謂「放縱」？你很清楚嗎？

七、你常在浪費時間嗎？檢討一下你的時間管理，有那些時間是可以節省的？那些是浪費掉的？

八、以五十歲做為追求自我實現的達成，合理嗎？太早或太晚？

14 Chapter

知彼：致勝之道——從人類的原始基因找答案

在第十章提到「知」的重要和方法，本章進一步討論經過觀察後；所獲得「知」的結果。上司與下屬對談時，已從潛意識的相互「讀你」，這是面相與表情知術，不論看人或論事，知術是初步工夫，有五個步驟：

一、用心觀察：

孟子說：「**存乎人者，莫良於眸子。胸中正，則眸子瞭解；胸中不正，則眸子眊然。聽其言也，觀其眸子，人焉廋哉。**」可見孟子連聊天時，也不放過用心觀察的機會。所謂觀察，不僅用眼睛仔細看，更要用靈心入微觀察。如伍子胥知道勾踐親自替夫差嘗糞占疾之事，馬上警覺到「**虎卑其勢，將有擊也；狸縮其身，將有取也。**」。凡事只要用心觀察，必有所得。

二、計算測量：

經過觀察之後，如尚未得到滿意答案，就用計算測量，可以獲得精確肯定的結論。拳擊手用局部接觸探測對方強弱，軍隊用威力搜索探察有無敵人或其實力，都是要用計算測量的方法來知彼。呂氏春秋上說：「**使之喜，以考驗其操守；使之樂，以考驗其邪僻；使之怒，以考驗其志節；使之懼，以考驗其特性；使之哀，以考驗其仁德，使之苦，以考驗其心志。**」不外是經過「接觸」，實施計算測量，獲得答案。現代流行「試婚」，想必道理相同。

三、由小看大：

這是「從一朵花看天堂」「三歲看一生」的智慧，如見著一人吃飯發出聲響，知其無多少教養。孫子說：「眾樹動者，來也。眾草障者，疑也。鳥起者，伏也。獸駭者，覆也。塵高而銳者，車來也。」都是「見微知者」的工夫。如部屬進門，一看眼神，就知道那筆交易的成敗好壞，這便是「慧眼」，所謂「牛眼識青草，慧眼識英雄」，都是同理。

四、瞭解常情常理：

所謂「常情常理」就是事物正常之情理，如愛錢，是人性之常情。地球繞日旋轉，是天文現象。喜歡追求美女，是人情的常理，這也是常說的「常識」。生活中對人性心理，天文也理，宗教哲學，自然生態等多加觀察，可以獲得更多常識，所有廣博繁複學問，都以簡單的常識為憑藉。

五、窺破反常：

事情超過常情常理之外，往往有「大善大惡」之事要發生。如勾踐親嘗夫差糞便，這是違反了常情常理，所以伍子胥察覺有大陰謀正在進行著。他說：「**勾踐下嘗大王之糞，上食**

大王之心，其卑躬屈節，做出一般臣子所做不到的事，是有陰謀的，不可中了他的圈套。」或有來歷不明的人，忽然送你大把鈔票，就是反常。凡是發現反常的現象，都要小心應付。

在人際關係中，知已知彼都是一個起點，這兩件都解決了，關係才易於向更上一層樓建立。前面五種知的步驟是不能分離的，任你從那一種角度去瞭解一個人，都離不開觀察或計算等。本章試從面相、表情、血型、潛意識幾個方面，探討如何來了解你所面對的人。

第一節　從面相觀察到人的內心

中國人看相從臉部開始，也就是眼、眉、鼻、口及耳等五官。面相在我國有數千年歷史，亦為中華文化之一，長久的經驗累積加上近代的科學印證，在人際關係，人我相處中，仍極有參考價值。在工商發達的今天，人群關係極為複雜而重要，有作為的領導者必須獲得上司部屬、友誼同仁等各種良好的關係。突破人的內心玄機，真是好處多多。本節先從面相說起……

一、眼，靈魂之窗：

(一)眼尾上傾，對事務敏感，臨危果斷而有超人的勇氣。眼尾下垂，則顯示本性善良、樂觀、好逢迎、慷慨而體貼。上下眼瞼腫脹，則是生命力弱的象徵。下眼簾直下並延伸至眼尾之橫班線，顯示其人有自毀傾向。

(二)上白眼的人，個性陰險常有害人之心；下白眼的人，重氣節，個性倔強，大眼睛較具有勇氣、才能、智慧、小眼睛屬於內向、自滿固執之人。

(三)獅子眼具有正義感，可以成為堅強的領導者。龍眼是權力慾很強的人。象眼是安靜友善，處世條理之人。虎眼衝動殘酷，但有榮譽感。羊眼是自我毀滅性的人物。馬眼多悲傷災難。豬眼個性殘暴，經常犯罪。狼眼邪惡無情，心存報復。雞眼無冒險精神。蛇眼有暴戾、殺人、侵犯的本性。

(四)眼睛是人體的一扇窗扉，由此可以看清內心活動，顯示內在生活力與品格。眼睛閃爍光芒，代表著一個人的生活力強；目光無神，就顯得遲鈍痴呆，缺乏生命的光輝，眼睛最能顯示一個人的內在生活力，通常以大眼而圓，清秀均衡，眼皮完美無瑕疵，瞳孔位中而穩定管制，眼神閃爍光芒明亮，就是你所要的幹部。

二、鼻、面貌相稱之主宰：

(一)鼻子較短的、個性開朗、活潑樂觀、精力向外發展、容易衝動。凡事大而化之，不重細節。稍長而能與其餘四官相稱者，是誠實可靠的人。

(二)鼻子的高度，與驕傲孤獨等特性成正比。鼻子狹窄，如劍一般是勞碌命。鼻子大而平扁多為不愁吃穿的人，且又深沈多慮。鷹　鼻為陰險精明，智慧和靈敏快捷之表徵，其人具有報復天性，任何事情絕不吃虧。

(三)鼻子特長屬保守派人物，經常自命清高，有豐富的精神生活，往往仙跡無影，不易為伍，不適擔任公共關係工作。唯若鼻子又長又寬，乃個性溫和，頭腦聰明，沈著平靜，卻踏實地的人，可與之共事。鼻樑高直而光滑，飽和豐潤而無瑕疵者，是理想之相。

(四)鼻頭大而飽滿，是熱忱肯犧牲的人。鼻頭朝上外露，是放蕩不羈，敗光家產，搞垮公司，揮霍好色衰敗之人。

(五)鼻子之顏色以色豔微紅最佳，黑色是疾病災禍之兆，更有天上掉下的災難。青色入獄，深色將有重大損失。

(六)從形狀來看，方形堅定固執頑固，三角形吝嗇平庸，圓形示機智創意，水平橢圓示平凡之輩，斜向橢圓示冒險犯難。

三、眉、藝術智慧

(一)一字掃開之濃眉，個性正直，少有商量餘地。人字眉意志堅強，有屢戰屢敗，屢敗屢戰的勇氣。八字眉具有想像力，創作發明具佳。

㈡眉看如柳下垂，為內向害羞而柔弱之人。眉長而清秀者，做事平實，為人隨和，有留名青史與與長壽之命。眉比眼長是有智慧的人，眉比眼短是做事負責任的人，和此種人做生意，比較能放心。如果又短又濃，粗糙而稠密之眉，是作奸犯科之人，是管理運用上的一大挑戰。

㈢一般人看眉毛不容易觀察得仔細，有時經過人工修飾，更是摸不到邊際了，不過經常說的「眉目清秀」或「濃眉大耳」都是上好的眉。惟粗造不均的眉，是一種無情不仁之輩，與之交往要多小心。

㈣理想之眉毛，為寬長清秀而不亂，如一輪明月，顯示他是有智慧與藝術修養的人。反之，如有破眉逆毛，濃短粗糙、四週膚色發黑等，就是淫蕩邪惡，犯罪叛逆的表徵。

四、耳，禍福與功業：

㈠從一個人的正面審視時，耳朵顯現得越少越好，也就是說耳以貼腦為上相。但如正面看不到，則為粗俗說謊的人。耳外傾前招，則個性古怪，難以相處，無法從事公共關係工作。耳朵顏色至為重要，紅色正常，白色可有成就，黃青色衰弱，黑色有病。

㈡耳過大為自負固執表徵，過小為天資不足，無自信心，欠缺決斷力。一般人欣賞大耳，為有福氣的人，並不完全正確。耳垂圓而長，顯示長壽，堅強示好運，特長具有超人智慧和靈性。

㈢耳朵為聽覺器官，以飽滿、堅實、肥大，色豔為佳。耳之上緣高於眉者，則有高度智慧。耳之上緣低於眼線者，則係平庸之人。

五、口、人際關係的指標：

㈠口小顯示怯弱，若口小加薄唇，則此人沒有擔當，不足以成大業。臉型小而口寬，顯示外向，具有組織的才能。嘴不停抽動，是心神不寧和緊張的表現。歪嘴顯示善變與難以應付，經常胡言亂語，到處得罪人。

㈡口張開時像個大方形，顯示個性爽朗，肚可渡船，口寬而飽滿，是自我意識很重的人，有旺盛的企圖心，有冒險犯難的精神，不達目的不會終止行動。

㈢口唇之大小形狀，能測定一個人的內在生命力，一般說來，口唇張得越大，個性越好。但不能緊閉的大口唇，就成了做事隨便，優柔寡斷之相。

㈣上唇遮掩下唇，其人好自誇，又無本錢，不知足，偶而會逾越常規。下唇比上唇厚，其人自私自利，很難得到眾望，群體觀念極淡薄。

就一個人的臉型來說，長方形面型具有遠見、領導、統御、智慧、管理的表徵，有組織能力並能與人合作，是好的行政管理人才。三角形面型則是多愁善感、陰險嫉妒、合作困難，關係欠佳的人，方形面型是個性相燥、堅強固執、鬥志高昂的人，適於打前鋒。圓形面型屬溫順柔和安靜之人。「相」在人際關係的運用，應著重於瞭解其個性，找出相交或管理之道，而少在「命運」二字打圈圈，聞好命則喜，聞壞命則憂，能突破「君子問禍不問福」的，太少了！

照中國古相術的觀念，一個人一生的事功命運，福禍吉凶不但早已寫在臉上，而且無法逃避的。但是，與近代命相的新觀念，表相經過手術矯正後，可以促使內心愉快平靜，情緒穩定，雖不能完全改變，助益事業婚姻之成功很大。後者應較能為現代人接受，在做員工管理、輔助教育，人際關係等工作時，宜妥加運用。

面相之學，博大精深，雖姜子牙再世，相信也不敢論斷。不能光看某一部位論人禍福，因人有顯相，有隱相，更有機率。理論經驗都是數千年的研究觀察，經過無數專家學者的試驗累積而成，本節所提不過皮毛，僅做人際關係中「察顏觀色」之參考。

第二節　人的表情是溫度計

一個靈光的主管經常會用「直覺」去觀察他的部屬，工作推展的順利與否，主管的要求是否產生偏見，在見面時看上兩眼是會看出幾成的。因為表情是內心的簡報，舉凡高興與憤怒，消極抵抗和內心有任何不滿，都能從一臉表情察覺的。例如，感到幸福快樂時，臉頰的筋肉自然鬆弛，嘴角後縮；如不高興時，則筋肉緊張，嘴角下沈，甚至流淚抽蓄；如恐怖緊張，則會表情失去控制，筋肉失去平衡，手腳不聽指揮。外部變化愈大，表示內心受到衝擊愈大。人的表情並非完完整整按內心喜怒，而表現在臉上，人有一種「自我防衛和保護自己」的本能，如果一種表情出來了，對自己有害，甚至受到大家攻擊指責，則此種表情往往以相反的表情表現出來，使自身獲得最多利益。以下將試人的表情例舉數端：

一、口部的表情，性向與人際關係：

㈠用手掩蓋口部的人，有意在隱藏一些事物，經常如此，顯示他的膽卻和順從，通常較能貫徹上司的規定。摀著嘴笑的人，個性比較羞澀。

㈡默默用手掩遮口部的人，表示想和對方斷絕來往。聽人說話時，唇的兩端向後方牽引，是個忠實的聽話者。

㈢嘴唇豐厚，鬆而不緊的人，慷慨熱情。嘴唇薄削，時時緊閉的人，憂鬱而沮喪。喜歡露出潔白牙齒的人，權力慾較強。

二、體態的表情，身體的象形文字：

㈠髮型可以表示性格和社會地位，是一種僅次於服飾而達到擴大自己軀體的表徵，例豎起來有自大的傾向，短髮充滿著戰鬥意志和青春氣息。光頭則表示拋開一切煩惱的侵襲，面無表情顯示漠不關心。

㈡觀察坐姿要注意三點，即距離、方位、坐姿等三項。通常關係愈好距離愈近，但如果突然改變距離，如遠而近或近而遠，表示關係的改變，也可能是一種侵犯。考慮方位的人，是顧慮安全，行事仔細的人。背向牆面，面向入口處佔優勢，有利領導管理，有自信心的人喜蹺二郎腿。

㈢明明不冷而把手插在褲袋步行的人，有著神秘的內涵。背著雙手走路的人，彷彿在考慮什麼，不希望別人打擾他。

三、笑容的表情，明顯的告訴你了：

㈠聳肩一笑，表示對事物的無奈，或意味著放棄及掩飾失敗的困窘。微笑最能給人服務的感覺，是建立人際關係的開端，微笑通常沒有惡意，對相識的人微笑，則表示歡迎。

㈡既不贊同，又不便明白表示，只好以微笑來表示為難或委婉拒絕，苦笑是遇到極大不平，或有苦難無能解決。大聲哭笑，是精神失常了。笑容中斷，是對饒舌者表示無言的警告。

㈢斷斷續續的笑是陰險的表徵，皮笑肉不笑充滿殺氣，有一種冷笑，聽了使人發寒。謙虛而持久的微笑，表示願意接納你，開朗大笑的人通常較無心機。

㈣微笑恰到好處突然而止，表示無意與你攀交。人的笑聲要仔細聽，仔細觀察，那是一種重要的告示。

四、眼部的表情，內心的告白：

㈠眼珠特大，是多情熱誠的人。含蓄吝嗇的人，眼珠較小。眼睛閃閃發光的人充盈著鮮活的生命力。

㈡眼中光茫遲滯，是正陷入憂鬱之中。兩眼不斷開拓視野，或視線有急速改變的人，通常是有些不安和警戒，是在搜尋什麼，準備行動。不敢面對別人的視線，有自卑感，或地位已居劣勢。當你正責斥你的部下，而他面無表情的瞪著你，可能已有強烈的反抗心。談話中凝視對方，表示有著濃厚的興趣和尊重。

㈢不看對方的人，一定是心不在焉並且輕視。對談話中睜大眼睛到處亂看的人，大多有著不誠實的性格。用斜眼瞄人的動作，表示懷疑對方的話。視線向上的表情，含有尊敬和撒嬌的意味。

五、從談話觀察判斷對方的企圖：

㈠談話中帶很多髒話者，乃屬三教九流中人。閒聊中聲音越大者，修養越差，學識越低。抑揚頓挫得宜者，大多是有為有守的人，或飽讀詩書的君子。

㈡說話速度忽然比平常緩慢，表示懷有不滿或敵意。如低沈而更慢，可能馬上要發起攻擊。速度忽然比平常加快，表示心虛氣餒，故作姿態。

㈢把話題扯得很遠，表示對主題有些懼怕。喜歡引用名人話語或典故，大部份屬於權威主義者。故意使用髒話，乃自認佔有優勢。把視線脫離講話者，去玩弄手上的小東西，表示他對主題沒興趣。

㈣喜歡用「我喜歡…，我高興…，我希望…」等做起頭語，其人大多自利自私，自我意識很高，頑固不靈。用「我們」較能尊重對方，並有意把自己與他人共同歸屬在一起。喜歡在年輕人或員工部屬面前自吹自擂的人，乃是不能適應職務，甚至無能的表現。

六、由嗜好與行動觀察對方：

㈠吝嗇的人很講信用，大方的人信口開河。寫出的字跡有稜角，這種人冷漠而富有理智。字跡規整，為人謹慎，缺乏幽默感。

㈡外向型的人先抓緊工作，不考慮責任問題。內向型的人先考慮責任問題，再承擔工作。

㈢喜歡飼養小動物的人，比較嬌縱和優雅。喜歡養狗的人，具有熱情活潑，誠實可靠，關係良好的開放性。喜歡飼養鳥類和魚類的人，頗具清高孤獨癖性，而養貓則有冷漠孤獨的內向性，都不適宜做公共關係。

㈣有奇特嗜好或趣味者，是工作或家庭遭遇苦惱的人。男生而愛蒐集女內衣褲，肯定是性變態者。有極端蒐集癖好者，通常都具有固執的性格。

㈤十分珍惜象徵過去光榮的紀念品，表示對目前的境況感到不滿。很喜歡用名牌或舶來品的人，是有意用「外物」提高自己的身份地位，因其自信心不足。

㈥不想喝醉酒的人，是自我保護的表示，用以避免暴露自己弱點。內向性格的人，具有慢吞吞喝酒的傾向，他總是防著別人。大多數藉酒消愁的人，往往都是小心謹慎，工作認真者。

(7)人際關係愈差的人，愈孤獨，也愈沈醉在「孤獨產業」中（如養寵物、迷網路），會造成惡性循環，成為一種「病」。

觀察人的表情要注意四方面，即笑容、講話、坐姿、眼神。許多內心活動，都會在這裡暗示出來，所以說：「表情是溫度計」。但如何才能觀察的很正確呢？須賴不斷的找對象「練習觀察」，何處才有對象？在乘車、坐飛機、公共場所、野外郊遊、集會等，就是自我訓練的良機。

「知彼知己，百戰百勝」，不僅是戰場上的至理名言，也是為人處世重要的密訣。特別是身負重任的人，倘能從部屬的各種舉動中，窺知其內心真正的意向，必能有助於管理工作的遂行，不至於隔靴搔癢，杆格不入。人嘛！須要那一點感覺，便能「士為知已者用」。

第三節　外表姿態也是語言

人們經過大腦過濾後才表達的語言，往往不是全部真正心意。尤其在人際關係日形複雜的社會裡，人們對於透露「真心話」，已是愈趨謹慎而難能可貴了。所幸理性把人類的真心隱藏部份，卻又在漫不經心的狀態中，下意識的動作、態度、表情等表露無遺。若加以體察，不難瞭解他潛意識裡所涵蘊的感情與意圖，在某些情況下，簡直比言語更可靠：

一、肩部的姿態模樣，氣勢與威嚴：

(一)肩膀是一種威嚴的象徵，向後張肩的人，表示內心不平。聳肩的動作，是表達心情不快，驚訝懷疑，無可奈何，冷淡無趣等心理狀態。挺肩則表達一種凌人的氣勢，或是想擋開對方的攻擊。

(二)肩往下落，把頭縮在肩膀裡面，像一隻　敗的公雞，此人是得過且過，懶惰又喜歡睡覺的人，一生不會有什麼作為。

(三)斜著肩膀聽對方說話，是對所談的表示懷疑。用肩膀去碰擊對方，表示友好的意念。

肩搭背，更是親密的表示。除了外國人喜歡聳肩外，中國人在肩部的動作單純得多，所以肩部較不易觀察。

二、背部姿態的模樣，精神與情緒：

㈠從各種不同的「背影」中，可以探索到人們心理上的各種情緒。精神不好，情緒不佳時，人常會駝背低頭走路。

㈡將背脊拉得很直的人，時常自我警惕自我要求，不願鬆懈自己。以塑造自己最佳形象。彎腰駝背者，正是心神不安，沒有積極作為，內向膽卻，過於謹慎，不滿現實。

㈢雙手支顎，背部曲蜷如待罪羔羊者，是受不了過份沈重的精神壓力。轉身背向著你，並不一定是拒絕的意思，或係掩飾情感，或係以退為進。

三、腹部的姿態模樣，消極與積極：

㈠復部乃是表現「自我意識」的主要部份。主觀意識強的人，總肚子挺出。反之彎腰收腹的人，大多是自卑、消沈、膽卻，採取防禦及自我保護的姿態。但挺胸收腹的人就不同了！是主動、積極而有信心的人。

㈡挺胸膛，繃緊肚皮的人，表示他有信心有果斷力。走路抬頭挺胸收腹的人，有很強的自制能力，他喜歡當領導者。慣於挺出肚皮的人，喜歡對別人發威。而且肚子挺的大大的，裡面沒有「貨」。

㈢談話時解開外衣，表示推心置腹，鬆鬆腰帶表示已不存戒心。腹部起伏不平是要爆發怒氣，或極度興奮的表示。

㈣四十歲不到就挺個大肚子的人，有懶惰、愛吃、鬼混、不進取之嫌。即使年過四十還能保持飲食運動正常，使肚子不挺出來的人，多半是很有雄心企圖的人。

四、腰部的姿態模樣，表示他的力量：

㈠彎腰表示謙虛服從的心意，附帶的對自己採取保護的姿態。一個人趾高氣揚，或表示有權力地位時總是挺的直腰。

㈡雙手插腰，是告訴別人他已完成心理和體能準備，必定達成任務，雙手插入褲袋，身體範圍自行縮小，表示心理緊張。

㈢大姆指插入腰帶的，是表示優越感兼具侵略性。以蹲姿是一種服從心理的表示，但蹲在地下以悠悠的眼光往上看的人，則表示內心不服氣。半蹲是防禦性姿勢，沒有攻擊意味。兩腳一高一低的蹲姿顯示紀律與教養，「大便式」的蹲姿，是隨便而沒有教養的姿式。

五、腳部的姿態模樣，領域的表達：

㈠腳的表現比較單純，在一群人當中你注意，誰最先蹺起二郎腿，他八成就是這些人的帶頭，你的重點應該放在他身上，才易於達到目的。

㈡用兩個腳尖敲擊地面發出咯咯聲音，顯示出內心的焦急與不耐。當一個人被他人不必要的接近或迫於某種事物，感到自己的「私人領域」被侵犯時以腳尖踢著地面，表示混身焦躁難安。

㈢腳搖晃的動作，表示心情輕鬆。喜歡站三七步抖腳的人，顯示沒有什麼教養，所謂「男抖貧，女抖賤」正是。二人站著談話，雙方站立面對挨近談話，足以顯示兩關係親密。二人站立的方向，若是成六十度的角度，則表示兩人關係並不密切。

六、手部的姿態模樣，人際關係的關鍵：

㈠手是表現人際關係最有利的部份，以握手言，就包含著一種「契約」和誓言的意義。倘對方手心有汗或冰冷、顫抖，則分別表示對方正處於不安，無助及恐懼之中。

㈡藉著手與手的接觸，可以很輕易的瞭解對方心靈上的一些微妙變化。用手摸頭或用手支撐頭部，是他正在思考一件事情。

㈢依醫學觀點上說，大腦皮質的運動範圍，常會表現在手和臉部之間，此區是大腦皮質最寬闊的運動領域，所以潛意識活動經常從手部表現出來。

七、頭部的姿態模樣，與人溝通的重鎮：

㈠「點頭」或「搖頭」代表著肯定與否定，同意或拒絕，這種表達方式是與生俱來的。頻頻點頭或搖頭，當然是表示充份的肯定與否定，同意或拒絕。

㈡但是機械式的點頭，卻表示心不在焉。而搖頭微笑有時又代表著高度的讚嘆，卻是非常奇妙的事。把頭向後仰，是對方的話不感興趣的態度。偏著頭，則表示需要仔細的加以思索。

㈢垂下頭來，代表著承認自己的失敗，但有時也表示一種深思。搖頭的動作，率直的顯示出不滿，困惑，害羞和嫌惡自己的心情。偏著頭說話的人，大多童心未泯，具有一顆童稚的愛心。

要察覺一個人的個性和內心活動，實在有許多門道，例如我們從抽菸的姿式、用錢的方式、癖性嗜好、生活習慣等，都能探知。因為人們內心在想什麼！打算做什麼！早已表現在臉上，要不然在意識中也有徵狀。古書「毛詩大序」上說：「情動於中而形於言，言之不足故嗟歎之，嗟歎之不足故詠歌之，詠歌之不足，不覺手之舞之足之蹈之也。」。如果肯仔細觀察，任何人在你面前將毫無秘密，你就無所不知了。

第四節 從血型看性格及改進辦法

一、A型的人：

性格較為溫和，行動規矩，具有責任感，做事情謹慎，感情豐富，為人誠實。但遇事優柔寡斷，拿不定主義，多愁善感，往往情感太敏感而自尋煩惱。

㈠重要缺點：

⑴當A型人受不了外在環境壓方時，經常想逃避現實。

⑵思考太多，自討苦吃，惹人討厭。也常會感用事，決斷力又不足。

⑶凡事太講究完美，常招來無謂的困擾。

⑷容易悲觀，走入極端，意志消沈，看破人生。

㈡改進辦法：

⑴當主管的人要利用機會培養他的自我決斷力，做事有計劃，並且根據計劃要親自執行。

⑵多說話，接近別人，訓練他樂觀處世，避免他走向保守與積極。

(3) A型人的感情脆弱，易受損傷，要訓練他勇於迎接挑戰。
(4) 因欠創造性，多做益智性活動，激發心智。

概括而言，A型人的長處是順從、細心、謙讓、自我反省、感情豐富、有同情心，有犧牲精神、融洽而沈默不多言，但男女有很大不同，惟自殺者以A型人最多。

二、B型的人：

為人直爽，不會説謊。個性隨和，善於交際，心情開朗，富有創造性。做事負責認真，只要工作富於多姿多彩，他會全力以赴，廢寢忘食去做。那些日以繼夜的作家、演員、有創意的企業家均屬之。行動與判斷都敏捷，處於艱難困苦之環境中，也能自得其樂，被稱為「富有生活能力的人」。B型人對待朋友毫無疑心，四海之內皆兄弟，易於與一般人親近，所以也容易上當受騙。缺乏耐心，健忘是B型人最大「特色」。

(一) 重要缺點：

(1) 處事不夠慎重，且經常我行我素，甚至有些大膽無恥的作為，使人心生討厭。
(2) 意志不堅定，性情容易浮動，見異思遷，對沒有興趣的工作就更換，常造成失業。
(3) 不拘小節，不計小過，不修邊幅，做事馬虎，常使人不能接受。
(4) 對社會現有的法律規章，企業組織中的規則規定，團體生活的精神限制，常不能循規遵守。最不善於做固定流程或順序的工作，尤其討厭固定的上下班。

(5)對人群社會的脫離感較大。因為他對社會並不執著，喜歡我行我素，過自己的生活，討厭規章、制度等約束。

(6)因為接觸面廣，感情開放，有時發生風流事。

㈡改進辦法：

(1)B型人缺乏定力，要針對這點訓練，專心一志，避免見異思遷。

(2)容易做出違反道德的事，要設法自制，用做事認真那種精神要求自己，必有所成。

(3)健忘是B型人最大缺點，養成凡事筆記便能克服和改善。

(4)主觀、衝動、敏感、缺乏毅力、朝三暮四，都是B型人要克服的「天敵」。

大概而言，B型人淡泊、快活、有創造性、有社交力、親切而樂觀，又善長直覺判斷，且常是八九不離十，只要克服缺點，發揚優點，B型人很有作為。

三、O型的人：

樂觀爽快，性格明朗外向，理智重於感情，意志堅定，有自信心，好出風頭，做事有魅力，個性頑固，缺乏謙讓之心，自私自利。求知心切，好奇心大。做惡為善都有一手。好色也是他的寫照。在社會上容易獲得眾人擁護，取得領導地位。對任何人都喜歡稱兄道弟，有時陷於濫交朋友之苦。對任何事情都有強烈的追求慾望，甚至不擇手段爭取。由於物慾色慾，權力慾等個人慾望太強，常導致眾判親離。

㈠重要缺點：

(1)慾望太大，使人害怕，甚至生厭惡之心。

(2)太多主張，爭勝好強，工作不易協調的完美。

(3)只為自己打算，處處防範別人，難取得眾人的信用和合作，故常遭致失敗。

(4)個性乖僻，不易與人相處融洽，個性火爆，少有人接近他，故易陷於孤立無援。

㈡改進辦法：

(1)培養成他溫和的態度，減少暴躁之處。

(2)訓練他多為別人著想，久而久之可彌補自我識太強的習慣。

(3)引導他走向理智，避免為所欲為。

(4)由於此等人慾望強，做事不擇手段，應加強其品德教育。

概括而言，O型人意志堅強，有信心、富理智、冷靜、客視、現實、有實踐力，又有強大的精神戰力，O型人最大特色是理性主義者，做任何事只講理，不講情，但人際關係則從感情出發，敵我分明，與其交往不可不知。

四、AB型的人：

兼具A型與B型的特質。做事有計劃，但欠耐性，易衝動。直覺敏銳，有創意，個性性情都千變萬化。善於接人待物，做事能衡量情理因素。對外界不合法理的事情勇於批判，不受人情包圍。不受愛情困擾，愛情觀極單純，處世積極，但也很難與人融洽相處。AB型最可自傲的是，富於判斷、分析、急智及高水準的才能，所以有時稱「天才型」。

㈠重要缺點：

⑴好說話，引人討厭。因為言行常在時代尖端，多數人不能接受。

⑵缺乏一貫努力精神，常有頭無尾。

⑶不講人情，生活陷於孤立。但會很快挽回，重新站上「制高點」。

⑷身心憔悴，缺乏精力，不安於室。

㈡改進辦法：

⑴培養合群態度，盡量使社會能接納。

⑵訓練他自我控制，避免極端。

⑶訓練他欣賞異性美，豐富愛情生活。

概括而言，AB型人直覺敏銳、注意力集中、有同情心、能夠反省、有融合性，但「行百里半九十」和「矛盾情結」是他的「天敵」。

此處只是簡略血型看人術，類似的還有從星座人，例如獅子座最易見色忘友，牡羊座最健忘，雙子座最易翻臉，射手座最會出賣朋友等等，都只能當參考。

本章雖然企圖從人的原始基因，人的本性或性格來剖析一個人，以利人才的運用和發揮。惟智者皆知，相隨心轉，心能改變態度，態度能改變習慣，習慣能改變性格，性格能改變人生。所以，人生的成敗富貧，不過是那一點點態度，一點點習慣，或一點點性格罷了！

問題討論：

一、你相人的工夫是否深入，對人的血型、面相、星座、表情瞭解多少？你懂他的肢體語言嗎？

二、利用機會觀察你的部屬，注意他的小動作，表達出什麼意見？他在想甚麼？

三、你是否不善於觀察人，經常拿過人家名片不久又忘了，要如何自我訓練？

四、你覺得自己常受到先天基因（性格、血型、背景等）限制、而無法「脱困」嗎？試著用本章的改進辦法看看。

五、所謂「相隨心轉」，表示內心想甚麼？是可以從外相看的出來，你有這種功力嗎？李登輝在蔣經國面前必恭必敬，使蔣誤判而把大位給他。現在你身邊對你必恭必敬的人有幾位？你知道他心中想甚麼嗎？

六、你的態度、習慣和性格，那些對事業成敗有傷？那有有幫助？

15 Chapter

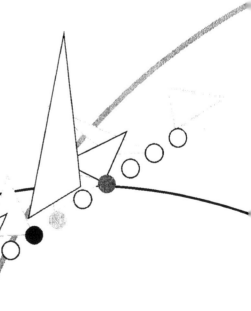

堅持成功的決心

有些人總覺得別人對不起他，不瞭解他，不重視他；其實你在別人心中的份量，都靠你自己建立起來。一個人要想獲得別人的尊敬，聰明人就會先從自己下手。使自己多才多藝，允文允武，謙虛大方，廣結善緣，多付出助人，自然得道多助。進而創造事業，領導眾人。像這樣，要想讓人不敬你，不重你，也是一件難事。

第一節　樹立堅強的自信心

一個人之必須樹立自信心，正如一個民族要有民族自信心才能永存於世的道理是同樣的。中國在清末因為民族自信心喪失，幾乎亡國。所以一個人要有個立身處世，只有把堅強的自信心建立起來，則機會來了進可攻，無法突破時可以堅守原陣地，遇有急流須勇退，如此將永不失敗，兵法上說：「善敗者不亡」正是此理。凡有自信心的人，遇到困難阻礙，還是會不斷努力以達成功。

所以你要有信心，信心是補救意志軟弱的良藥，是弱者的「威而鋼」，是強者的「蠻牛」。信心來自自己，假如視自己為喪家之犬，則人人皆可玩弄我，踐踏我，「我」將來永遠站不起來。假使我的行為自認卑微渺小，毫無自信心，不尊重自己，那麼如何去期待別人信任我，尊重我呢？所以必須建立強固的「自信心」。假使拿破崙認為翻越阿爾卑斯山太難的話，那麼拿破崙的軍隊就不可能創下戰史奇跡。堅強的自信心是用生活磨練出來的，永遠不要動搖自己的自信心。用堅強的自信心，去消滅疑惑與猶豫，才能徹底剷除意志不堅，才能奇妙地增加集中的力量。

近人研究拿破崙、克勞塞維茲、孫子等軍事天才多人，得一結論：一個人即使具備優良的「天資」，但如果缺乏後天的「修養」，即無法克盡「軍事天下」的本分。他們的成就不外是「資質的精進」加上「不斷的力行」所產生。故知，堅定信心，不斷力行，乃成功之法門。操下去，幹下去，永不放棄，就有自我實現的一天。

中國本是世界之大國，中國人也是了不起的民族，只因清末民族主義消失，民族自信心瓦解，險些亡國亡種。廿一世紀中國崛起，因為我們的民族自信心和民族主義又回來了，個人成敗的道理也一樣，有信心才有事業有天下；信心垮了，事業和天下都垮了，連愛人也跑了，不是嗎？

第二節　獨立、擔當與開創

人生如戰場，如有「勝利」放在你前面，而你不主動去獲得，勝利也不會自動跳到你手上的。縱使給你十個勝利，你也只是一個爆發富。等到吃光、喝光、用光，你會比沒有得到勝利還落魄。

民國六十一年五月，蔣總統經國先生擔任行政院副院長時，親自主持桃園幼獅工業區破土奠基典禮，他當時對數百名創業者說：「在幼獅工業區籌備的兩年半期間，我沒有要任何單位幫過你們的忙，但事實上我幫了一個忙——讓你們體會到創業的艱難。」

他說：「從今天開始，我很關心幼獅工業區，但是我也不會幫你們的忙，也不想從我自己個人的一個職位方面來幫什麼忙，這並不是說我不願意幫忙，凡是我可以做的，應當做的，我儘量幫你們的忙，但你們要咬緊牙根，要來開天闢地，要創造新的事業，要用你自己的精力，任何的一切，只有自己的血汗，用自己的心力創造來的事業，才是千古不朽的事業。」

從這段話可以體會經國先生訓勉我們要一切靠自己雙手，只有自己的心力才能創造偉業。

這些創業青年目前都已事業有成，他們組成「中國青年創業協會」來積極回饋國家社會，幫助大家創業，將自己的創業經驗傳遞給新的創業青年。

有人說：「人生如舞台」，其實角色並不是已經固定。因為從來就沒有一人終其一生，未曾離開過原來的時間與空間。不要把一時主觀客觀的現象，看成固定，這世界上的風雲變換，人事動易是永無止息的。如果你認為角色已固定，則等於被角色所困，你就等於被重重敵人包圍，沒有突圍的一天，死在原地，人生將毫無做為。這是自己設困局，困死了自己。

依靠自己就是生存和成功，仰賴別人就是死亡和失敗。運用你自己的時間、身體、智慧，他們會因為你的不斷運用，而更加發達，並能演變成主客觀的力量都歸你所用。如你不用或用之不勤，它們都會慢慢退化消失，最後一事無成，連你自己也消失了！

你現在就可以運用自己現有的資源——智慧、經驗、時間、身體、體力、雙手，加上所可能獲得的助力——家族、朋友、良好關係等，在這充滿良機的時代中，在這個人生的舞台上，盡情的揮灑吧。你看過路旁或車站邊的流浪漢吧！他其實甚麼都有，獨缺信心。許多「口足畫家」，甚麼都沒有，獨有信心。

第三節　要敢於迎向任何挑戰

天下事沒有不勞而獲的，尤其是想要在這個競爭劇烈的時代裡，有所作為，當一個被人仰慕的成功者，至少是一個能得眾望的領導者，是要付些代價的。

這個代價是什麼？可能是一串串的失敗，再接以一波波的挑戰，你都通過了考驗，成功才屬於你。假如我們的 國父在第八次失敗就算了，就不敢再迎向前去，現在中華民國也許尚未誕生，這個變化多大？這種損失更無法對歷史交待了。所以，你要不斷迎向挑戰，你是強者。

勇者的智慧是接受現實的挑戰，不逃避。聰明的士兵定面向敵人的挑戰，他才能看清楚敵人的弱點，給予致命的打擊。如果你背向敵人，因為人的背部是不長眼睛的，看不清楚何處危險，很快就被消滅。所以面對現實，面對敵人，敢於向前迎向任何挑戰，竭盡所能尋找打敗敵人的良機，才能獲得最後勝利，創造生命的光輝。

近年來領導與管理哲學流行所謂「藍海策略」，談相互合作，不談競爭。吾人以為競爭仍是合作的前提，有實力才有資格競爭，有競爭力才有資格談合作。所以，不論「藍海」或「紅海」，建立實力，迎向挑戰，才有贏的機會。

一個有守有為，敢進敢退的人永遠沒有失敗，諸葛亮敗了嗎？拿破崙敗了嗎？他們絕不承認是個失敗者，歷史也沒有說他們是敗軍之將。在董顯光博士的「萬年長青」中有這一段話：「**真正勇敢的人決不承認失敗。他把錯誤不幸和判斷失當視為獲得智慧和訓練的功課，他雖然並未達到他所希望的目的，他不以為失敗。認為小挫折是成就較高事業所必經過的途徑。許多人在人生的競走上之所以落後並不是因為失敗，乃是因為他們缺少繼續懇切的努力。正確的努力加上勤勉和懇切之心，終久會給你必然的報酬的。**」這個報酬是你「屢戰屢敗，屢敗屢戰」的代價。

現代的人都生長在美好的環境中，那裡有最好的享受。有經過調整的空氣和色彩，所有風雨和烈日都在大廈之外，少有面對波濤洶湧的機會，少有接受自然磨練的良機。而現代的社會又極其複雜，甚且黑暗，所以想要有作為決定不能怕苦怕難怕挫折，否則必無前途事業可言。進入一個原始叢林如台灣，能不拿出求生絕活嗎？

富家大少爺是罕見真有大本領的，如果他再不主動積極去接受挑戰磨練，一味靠他父母的祖業在炫耀，遲早都要垮台。世上的名山大川都是受暴風雨的沖擊，才能有今日的壯麗。反之，在隱蔽地方風雨侵蝕不到，則粗陋黯然，無人去觀賞。

成功都是要付出代價的，是則唯有強者，不怕恐怖的襲擊，不怕殘酷的失敗，能勇敢地在危險中生存奮鬥。他知道這戰爭是不可避免的，所以歡樂的高歌上戰場。

軍逆中有一句諷人的話，「畏苦怕難沒出息」；上一代父母勉勵兒女，「不要一年換二十四個頭家」，都是期許人們不要碰到折難是就「落跑」。創業惟艱，守成亦難，否則豈不人人都是「郭台銘」。惟敢於迎向挑戰者，不斷開彊闢土者，就有機會成為「郭台銘」。

第四節　不要灰心

自負領導責任要有一顆偉大的愛心，其基本條件乃是我自己要有「本錢」，足夠去看高自己的天地，足夠去施愛給每一個人。如果你連這些本錢都沒有。如何去教育人，管理人，更談何經營人？

我們要生存在這個社會裡，首先要接受一些事實。例如小偷太多是事實，搶案兇殺多是事實，甚至說黑暗太多也不為過。例如台灣是移民社會，投機性的本質，二〇〇四年的「319槍擊案」，使台灣社會又變成「篡竊社會」，這是一種極缺仁義道德倫理的社會，所見陳水扁、游錫堃、葉菊蘭、陳菊……所謂「四大天王」、「三寶」、「三朵花」，那一個不是篡竊者的嘴臉，真是滿街狼犬，小偷當家，但我們活在這裡，得接受事實。為什麼先要接受這個事實？因為你不接受。只好否定，但又否定不了，弄得自己灰心喪志，最後只好讓自己消失於這個世界，此路並不通，所以我們先要接受這個事實，正好像接受社會有壞人也有好人的道理同樣。進一步再從管理的過程教育他們，使壞人愈來愈少。接受這些「事實」只是初步，還要繼續努力窮追如何改革（或革命）的道理，怎樣進行的技巧。而絕不是「憤世嫉妒」的批評：「應該」怎樣，「應該」怎樣…，也不是「灰心喪志」的咒罵「這個年頭…」。比方說你的公司有人貪污或員工偷材料去賣，就要研究如何使之「不能、不必、不敢」的方法，而不只是停留在痛恨，咒罵，處分的感情層面，那是無濟於事的。

每一個企業管理者，管的對象不是別人就是自己，但如更深一層探討，他所管理的也是一個社會。根據非正式的統計，台灣地區的公司有近百萬家之多。換言之，各級老闆可能有數十萬之眾，如再加上所有政府機構，豈不有百萬之眾以上。若每個主管都能以此自教教人，我們的社會一定更芬芳，更安寧。更進步，腐敗墮落或篡竊行為必能杜絕。

我說不要灰心，就是永遠對光明要有信心，對內部的貪污腐敗要勇於改革，甚至起而革命，公司和國家皆如此，只有不斷的改革、革命，才會愈來愈好。

第五節　堅持永遠追求成功的決心。

再談成功與失敗之問題，成功與失敗是沒有界限的。有人一生不做官，清苦過一輩子，公認是了不起的成功。有人幹到科長就算成功，有的人有房屋數不完還不算成功。有的人自認極大的成功，換成另一位卻說是極大的失敗。所以成功失敗之間，如以表面的勝負來區分，實在困難而且不合理。二〇〇四年「319案」，對篡竊者是大大的成功，對全民是大大的失敗。

三國時代，諸葛亮最後一戰與司馬懿對抗於五丈原（今陝西郡縣西南），相持數月，司馬懿固守不戰，到建興七年（劉後主年號）秋，武侯病死軍中。死後，其秘書長楊儀依預囑退兵，蜀軍乃全師而退。孔明共發動五次北征的雄圖，屢遭挫敗，理想成空，若單從表面看，武侯也許是失敗了。但歷史對武侯的評價高於仲達，而且視之如軍事政治奇才，「鞠躬盡瘁，死而後已」亦為千秋典範。就他的氣節，在出師表堅持的「漢賊不兩立」，是了不起的大成功。

於此，聰明的讀者，該可以比較明顯的區分出「何謂成功？何謂失敗？」成敗之間，應該以「春秋正義和盡其在我」做標準，而不要用有形的物質或固定的方向距離做依據。

讀者又會問，「我做生意賺錢和春秋正義何干？」讓我舉例解釋，馬關條約後日本出兵台灣，當時的一個台灣生意人叫辜顯榮（辜振甫父親），竟引日軍登陸，日本殖民台灣屠殺很多人，但辜家發財，筆者小時候聽民間故事，最多的是辜顯榮如何當漢奸發財，舉此例並無損辜振甫名聲，辜老仍是兩岸和平的功臣，「個人作業個人擔」，鄭成功之父是降臣，無損兒子是民族英雄地位，本書教人賺錢，但不能賺「黑心錢」。更不能搞台獨，當漢奸去謀利，許文龍應該很清楚。

再舉一例，這幾年台獨政權當道，人民普遍認為「執政五年，腐敗速度超過國民黨的五十年」。因為陳水扁為首的那班頭目，利用民營化之名，把國家的財富、人民的財富（即國營事業），以五鬼搬運法搬給自已的親戚朋友。他們吃的是黑心錢，是不義之財，這不叫成功，這叫亂臣贓子的勾當。

我所強調的觀念，是賺錢要合乎正義，才有成功的美味。若搞的是黑心錢，是不義之財，事業做的多大，還是亂臣賊子，還是奸商。

這不是什麼高深的學問或道理，常聽的那句話說：「自己是自己最大的敵人」。真正的失敗，永遠是自己的因素，是因為自己不想成功。「害怕成功」，明明是要稍加努力，再加前進就可以成功的事，卻偏偏認為可能失敗。為失敗找很多理由，替失敗找很多機會。因此自己以為不可能成功，所以就失敗了。此舉，豈不是「害怕成功」。其實，「永遠面向太陽，那麼陰影永遠在我背後」。永遠面向成功前進，那麼失敗永遠只能在我背後離得遠遠的。

再把成功的定義說清楚些，莎士比亞說：「一個人為追求他的理想，而不斷獲得道德、學識、才能、去發展到能夠利用機會，使社會人類再進一步的那種表現。」

我要做一個成功的人，要能夠自制，要渡過成功的人生，成為一個創造性的人。相信自己都是為求勝利而生的，不管「失敗」的次數怎樣多，時間怎麼晚，情況如何惡劣，反正我就要找出一條出路，永遠的追求勝利，就像拿破崙在阿爾卑斯山高喊著：前進！前進！那麼，還有什麼能算是「失敗」？

第六節　起而行，馬上做，與人共利

別光用嘴巴說，講些理想、方案、計劃等，沒有起而行，都是幻想！

讀者讀到這裡，已經是眼到、口到、心到。洋洋大觀十餘萬言，你也許有了自己的打算，想重新調整步伐，再來一個開始，接著就是手到、腳到的時候了，也就是力行的功夫。

一般人通常犯的毛病是光念不做，或說的多做的少，就是我們數千年士大夫觀念尚不能改正。近年來從大專畢業生普遍失業，起薪逐年降低等現象，都可以看出光說不做的毛病，還是許多人無法去除的病。

領袖 蔣公訓勉：「我們要戰勝敵人，就必須徹底根除以往的形式主義—以往的虛浮不實，以往的表演粉飾，一切從認真、實在、精熟、徹底、一棒一條痕、一摑一掌血做好做起才行。」講的就是力行的道理，只要著手做，一定會有成就的，所以說「心過眼過，不如手摸過，腳走過」。

關於行的道理，要以領袖 蔣公在民國二十八年三月十五日講「行的哲學」，講的最為透澈，大要如下：（別以為時代不同，老總統講的是廢話，那可是有恆久性價值的）

一、行的哲學為唯一的人生哲學。若不力行，全是空話。

二、行與動的區別——動並不是行，因動是臨時的…動有善有惡，行則無不善…行是繼續不斷的，動是隨作隨止的。

三、運用科學方法，注重「行」的四大要件：

㈠必須有起點，要找到著手之點，登高必自卑，行遠必自邇，不可越級開始，要往基層做起。

㈡必須有順序，定計劃，定步驟，認清時間環境與事件內容，在事先確事準備。

㈢必須有目的，朝著正大光明的目標，與確定的目的做去，不達不止。

㈣必須經常的，用平平實實的行為，不要投機取巧，始終如一，把一件件事情完成。

四、行就是人生，要效法天行健自強不息。

聖賢偉人明確的告訴我們，不論革命救國或創造事業，必須不間斷，不中輟，不達目的，決不終止。不論做任何事，都要有起點，有順序，有目的，有恆心，這就是「行」的道理，是以我們馬上做，不斷的做。

NCR 台灣公司（安迅資訊系統股份有限公司）總經理溫金海，曾在參加一項企管聯誼會中，與現場來賓分享「NCR 經驗」時指出，NCR 的一個基本信念正是「行動─行動─行動」（**Action-Action-Action**）。他解釋這是一種「不怕做錯，只怕不做」的精神。吾人以為這是給我們古老的觀念「多做多錯，少做少錯，不做不錯」一劑良藥，更是一種積極的力行。

為甚麼起而行，馬上做，更強調「與人共利」的分享觀念，前面各章節已有論述。此再提示，不與人共利絕不能成大事業，與人共利才能得道多助。劉邦和項羽爭天下的成敗，歷史上已有很多評論分析，重要一項是劉邦與夥伴分享利益，項羽獨得其利。

讀完本書，請：起而行，馬上做，絕對不能光說不做。切記！與朋友、夥伴共享利益，甚至利往下分。

問題討論：

一、到目前為止，你在人生旅途中已經遭遇到幾次失敗？有何感想？很介意嗎？你打算如何東山再起。

二、你能相信自己可以永不失敗嗎？你賺的錢是否與人分享？好處都自已撈嗎？請反省。

三、你以往是否很怕失敗？容易灰心？欠缺信心？打算如何檢討？才能有大轉變？

四、請你即刻「起而行，馬上做」，第一步要如何邁出？

五、你認為台灣社會的本質是甚麼？所謂的「移民社會」、「殖民社會」、「篡竊社會」，你了解多少？

結論：成功的大道——走向「做大餅、成大功、發大財」的途徑

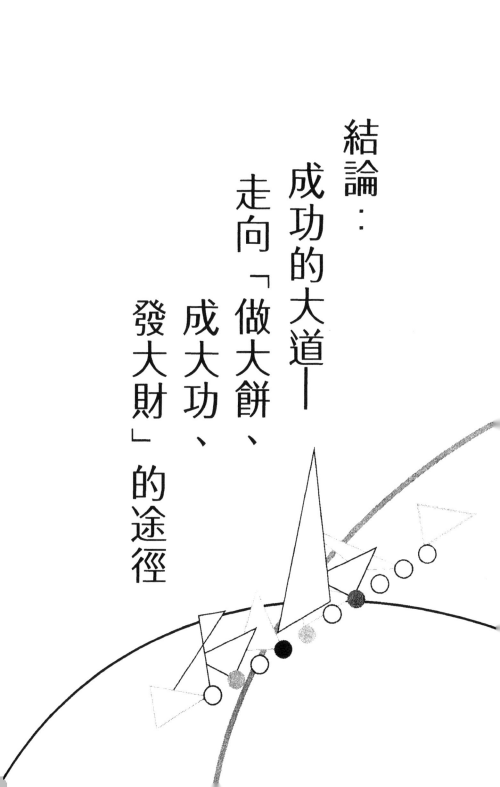

你的「餅」為甚麼愈做愈小?你的路為甚麼愈走愈狹窄?人家的「餅」為甚麼愈做愈大?終於成大功,發大財。首先你得認識自己身處甚麼環境,在台灣打拼,要知道台灣是「移民社會、殖民社會、篡竊社會」的本質,正常的仁義道德失靈了。放眼中國,是一個講民族主義,講大一統與崛起轉型的社會。放眼全世界,更是一個資本主義的社會。總之,這是一個「無法無天」的新叢林時代,在這種時代做領導管理的工作,除了仁義道德智慧的思維,也要有兵法、權謀和叢林鬥爭智慧:

第一條:運用新的領導方式,迎合新叢林時代潮流,須要有兵法、戰略、權謀的思維。
第二條:員工部屬的情緒要隨時調適掌握運用,即加強EQ管理。
第三條:做好勞資雙方及組織內部的溝通,及媒體、政府、外界溝通。
第四條:加強員工教育訓練與輔導工作,尤其有安全顧慮者的輔導和處理。
第五條:適度適機激勵員工士氣,提高工作效率,善用激勵士氣的工具。
第六條:惟才是用,並能活用兵法上的原理原則,尤其要找到有大用處的大人才。
第七條:青年員工的領導管理至為重要,要下工夫,老人、外勞愈來愈多也要注意。
第八條:建立優良的公共關係和人際關係,做人是永久的必修課。
第九條:知己知彼的若干工夫要不斷自我磨練,知己貴在反省克制,知彼在觀察精準。
第十條:起而行,馬上做,利共享,不成功,不終止。

以上各條都是雙方向的，可以用以管理教育員工，亦可以做管理者自我訓練。前面有言，國家興亡，企業成敗，利潤盈虧，關鍵在「人」而已，這十條就是使人成功的途徑。

如果你有興趣，不仿參照一些成功者做典範，如石油業鉅子洛克菲勒，旅館業強人希爾頓，娛樂王國華德迪斯奈，演說家邱吉爾，豐田汽車公司創辦人的豐田佐吉，軍事強人拿破崙，悲劇英雄諸葛亮，及當代國內企業家王永慶、張忠謀和郭台銘等人。他們是如何起來？又如何走向成功？不要被「命」騙了，成功是可以「複製」的，用「操作」的。

讀完全書（就算只看導讀），讀者一定覺得作者對台灣這塊土地是悲觀的，完全站在中國統一的前提談領導和管理，談企業經營，談人生規劃，談交友或做生意等。這是當然，我尚有更悲觀的（事實上是真相，是救你的一輩子、救你的事業的良藥）。簡述如下給有頭腦、有智慧、有大志向的人參考：

第一、搞台獨的結果：

本土產業出走，外國企業前進中國，台灣經濟空轉，所得下降，失業率自殺率升高，全民沈淪，最後「一把戰火」燒光光，公司關門吧！大膽西進。

第二、台獨政客的心態：

分離主義政權在歷史上屬「地方割劇政權」，是「暫時性」的，因為隨時要結束（被統一）。政壇上有大位的人都知道沒有明天，能撈就撈，能搬就搬，吃飽了走人。政府是這個樣子，你的事業怎做的下去？

第三、搞台獨大浪費：

除台獨政客每年A走千億台灣人的錢外，在國防、外交、內政、教育等都要配合搞台獨，每年浪費至少一兆台幣。（注意！統一後這些錢都不用花，可用在社福和基礎建設。）社會福利當然被壓縮，經濟環境惡化，產業有不跑光乎？

第四、搞台獨使「台灣人」沈淪：

禮義廉恥仁義道德忠孝節義，因台獨的操弄，從台灣人的血液中流失，從社會中流失，台灣人還是人嗎？台灣社會乃成「篡竊社會」。本書一開始就提醒了，我們是在這種「叢林」中打拼，這種地方要如何做事業？

第五、台灣人欠缺「國際法人」資格：

「台灣」不是國家，台灣是中國的一個「省」。當「台灣人不是中國人」，你甚麼都不是；當「中國人也是台灣人」，你光明正大走徧天下吃徧中國，學學王永慶或許文龍吧！他們前進中國的領導方向是正確的。

第六、劫數與詛咒的島嶼：

自從鄭成功收回台灣，他走後，他的子孫分統獨兩派。四百年來統獨之爭未斷，還會持續下去，劫數難逃，在台灣永無安寧之日，被詛咒的島嶼。（可另見作者著，被詛咒的島嶼，文史哲出版，二〇〇七年六月）

第七、台島下沈後：

二〇〇七年四月間，政壇上除「四大妖孽」新聞外，尚有更大而無人關心的新聞。台灣島因地球化和超抽地下水，及水土環保經費被貪污或拿去搞台獨，島嶼下沈超快（南部嚴重），大約本世紀末前南部僅剩壽山露出海面，這是科學家估算的，非作者嚇人。想想「本世紀末前」，很快的，下下代而已。

總結前七項可知，台灣這塊土地只宜「短期覓食」，想要長期佈局，建立事業王國的人，都只有前進中國一途。產業、資金和人才都大膽西進，已是擋不住的趨勢，根據「兩岸三地一千大企業」調查，二〇〇六年時，台灣還有二八九家；二〇〇七年春只剩一七二家，衰退之快無法想像。只有中國的和平統一才能救台灣的產業各界，搞台獨只有統統死光光。所以，有心經營「百年老店」或「百年家族」的人，乘早大膽西進（很多人早已佈局中國），才是可長可久的道路。

至於台灣嘛！人心沈淪，地層下陷，台獨劫數搞垮台灣。當島嶼下沈到只剩一個「玉山島礁」浮出海面，上面住著兩戶打漁人家。一戶姓游主張獨立，一戶姓李說「我沒講過要獨立」。

兩戶人家同時住在玉山島礁（標高約五十公尺）公然叫罵，累了坐下來休息，看看四面都是海，準備再「對決」……

最後，希望大家對本書各章要能深入再三研讀，對原理原則要靈活運用。祝福您不久的將來能在自己的事業王國創下神蹟和紀錄，永遠是一個成功的領袖人物。不管是在台灣叢林中「短期覓食」，或大膽西進中國做「百年大業」，領導與管理的智慧都要不斷磨練精進的。

問題討論

一、讀完本書，能否把自己未來的歲月打算完成的工作，概略計劃出來，逐年逐步去完成？

二、你是否有企圖想要成為一個領袖人物，或集團領導經營者，按本書論述操作吧！

三、讀完全書有何意見？或有錯誤要指正，感謝之至，請上網交換意見或預覽作者其他作品：Http://CFQ.intaichung.com.tw

四、廿一世紀是中國人的世紀，廿一世紀你想在兩岸四地華人經齊圈打拼，堅持統一，反對台獨是唯一選項，事業才能做的大，奇美企業的許文龍就是活生生的例子，你的路走對了嗎？

五、看了本書總結，你有何感想？救台灣還是救你自己？

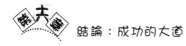

陳福成生命歷程與創作年表（只記整部出版著作）

民國四十一年（一九五二）一歲

△元月十六日，生於台中縣大肚鄉，陳家。

民國四十八年（一九五九）八歲

△九月，進台中縣大肚國民小學一年級。

民國四十九年（一九六〇）九歲

△夏，轉台中市太平國民小學一年級。

民國五十年（一九六一）十歲

△春，轉台中縣大雅國民小學六張犁分校二年級。

年底搬家到沙鹿鎮，住美仁里四平街。

民國五十一年（一九六二）十一歲

△轉台中縣新社鄉大南國民小學三年級（月不詳）。

民國五十四年（一九六五）十四歲

△六月，大南國民小學畢業。

△九月，讀東勢工業職學學校初中部土木科一年級。

△是年，開始在校刊《東工青年》發表作品。

民國五十七年（一九六八）十七歲

△六月，東工第一名畢業，獲縣長王子癸獎。

△八月三十一日，進陸軍官校預備班十三期。

持續在校刊發表作品，散文、雜記等小品較多。

民國五十九年（一九七〇）十九歲

△春，大妹出車禍，痛苦萬分，好友王力群、鍾聖錫、劉建民、虞義輝等鼓勵下接受基督洗禮。

民六〇年（一九七一）二十歲

△六月，預備班十三期畢業。

△七月，同好友劉建民走橫貫公路（另一好友虞義輝因臨時父親生病取消）。

△八月，升陸軍官校正期班四十四期。

△年底，萌生「不想幹」企圖，四個死黨經多次會商，一直到二年級，未果，繼續

讀下去。

民六十四年（一九七五）二十四歲

△四月五日，蔣公逝世，全連同學宣誓留營以示效忠，僅我和同學史同鵬堅持不留營。（多年後國防部稱聲那些留營都不算）

△五月十一日（母親節），我和劉、虞三人，在屏東新新旅社訂「長青盟約」。

△六月，陸軍官校四十四期畢業。

△七月，到政治作戰學校參加「反共復國教育」。

△九月十九日，乘「二二九」登陸艇到金門報到，任金防部砲指部斗門砲兵連中尉連附。

民國六十五年（一九七六）二十五歲

△醉生夢死在金門度過，或寫作打發時間，計畫著如何可以「下去」（當老百姓去），考慮「戰地」軍法的可怕，決定等回台灣再看情況！

民國六十六年（一九七七）二十六歲

△春，輪調回台灣，在六軍團砲兵六〇〇群當副連長。駐地桃園更寮腳。

△五月，決心不想幹了，利用部隊演習一走了之，當時不知道是否逃亡？發生「逃官事件」，險遭軍法審判。

△九月一日，晉升上尉，調任一九三師七七二營營部連連長，不久再調任砲連連長，駐地中壢。

△十一月十九日，「中壢事件」，情勢緊張，全連官兵在雙連坡戰備待命。

民國六十七年（一九七八）二十七歲

△七月，全師換防到馬祖，我帶一個砲兵連弟兄駐在最前線高登（一個沒水沒電的小島），島指揮官是趙繩武中校。

△十二月十五日，美國宣佈和中共建交，全島全面備戰，已有迎戰及與島共存亡的心理準備，並與官兵以「島在人在，島失人亡」共盟誓勉。

民國六十八年（一九七九）二十八歲

△十一月，仍任高登砲兵連連長。下旬返台休假並與潘玉鳳小姐訂婚。

民國六十九年（一九八〇）二十九歲

△七月，換防回台，駐地仍在中壢雙連坡。

△十一月，卸連長與潘玉鳳結婚。

民國七〇年（一九八一）三十歲

△三月，晉升少校（一九三師）

△七月，砲校正規班結訓。

△八月，轉監察，任一九三師五七七旅監察官。（時一九三師衛戍台北，師長李建中將軍）。

民國七十一年（一九八二）三十一歲

△三月，仍任一九三師五七七旅監察官。駐地在新竹北埔。

△現代詩「高登之歌」獲陸軍文藝金獅獎。當時在第一士校的蘇進強上尉，以「青青子衿」拿小說金獅獎。很可惜後來走上台獨路，不知可還有臉見黃埔同學否？

△長子牧宏出生。

△年底，全師（193）換防到馬祖北竿。

民國七十二年（一九八三）三十二歲

△六月，調任一九三師政三科監察官（馬祖北竿，師長丁之發將軍）

△十二月，調陸軍六軍團九一兵工群監察官。

民國七十三年（一九八四）三十三歲

△十一月，仍任監察官。

△父喪。

民國七十四年（一九八五）三十四歲

△四月，長女佳青出生。
△六月，〈花蓮十日記〉（台灣日報連載）。
△八月，調金防部政三組監察官佔中校缺，專管工程、採購。（司令官宋心濂上將）
△九月，「部隊管教與管理」獲國防部第十二屆軍事著作金像獎。
△今年，翻譯愛倫坡（Edgar Allan）恐怖推理小說九篇，並在偵探雜誌連載，多年後才正式出版。

民國七十五年（一九八六）三十五歲

△元旦，在金防部監察官晉任升中校，時金防部司令官趙萬富上將。
△六月，考入政治作戰學校政治研究所第十九期三研組。（所主任孫正豐教授、校長曹思齊中將）
△八月一日，到政治作戰學校研究所報到。

民國七十六年（一九八七）三十六歲

△元月，獲忠勤勳章乙座。
△春，「蔣公憲政思想研究」獲國民黨文工會學術論文獎。
△九月，參加「中國人權協會」講習，杭立武當時任理事長。
△今年，翻譯愛倫坡小說五篇，並在偵探雜誌連載，多年後才正式出版。

民國七十七年（一九八八）三十七歲

△六月，政研所畢業，碩士論文「中國近代政治結社之研究」。到八軍團四三砲指部當情報官。

△八月，接任第八團四三砲指部六〇八營營長，營部在高雄大樹，準備到田中進基地。（司令是王文燮中將、指揮官是涂安都將軍）

民國七十八年（一九八九）三十八歲

△四月，輪調小金門接砲兵六三八營營長。（大砲營）（砲指部指揮官戴郁青將軍）

△六月四日，「天安門事件」前線情勢緊張，前後全面戰備很長一段時間。

民國七十九年（一九九〇）三十九歲

△七月一日，卸六三八營營長，接金防部砲指部第三科作戰訓練官。

△八月一日，伊拉克入侵科威特，海峽情勢又緊張，金門全面戰備。

民國八〇年（一九九一）四〇歲

△元月、二月，波灣戰爭，金門仍全面戰備。

△三月底，輪調回台南砲兵學校任戰術組教官。（指揮官周正之中將）（以後的軍職都在台灣本島，我軍旅生涯共五次外島，金門三，馬祖二。）

民國八十一年（一九九二）四十一歲

△三月，參加陸軍協同四十五號演習。
△六月，考入三軍大學陸軍指參學院。（校長葉昌桐上將、院長王繩果中將）
△七月四日，到大直三軍大學報到。

民國八十二年（一九九三）四十二歲

△六月十九日，三軍大學畢業，接任花東防衛司令部砲指部中校副指揮官，時中校十一級。（指揮官是同學路復國上校，司令官是畢丹中將）
△九月，我們相處的很好，後來我離職時，同學指揮官送我一個匾，上書「運籌帷幄，決勝千里」。可惜實際上沒有機會發揮，只能在紙上談兵，在筆下論戰，幾年後路同學升少將不久也退伍了。調原單位司令部第三處副處長。
△這年經好同學高立興的努力，本有機會調聯訓部站一個上校缺，卻因被一個姓「朝鮮半島」的同學「穿小鞋」，功敗未成，只好持續在花蓮過著如同無間地獄的苦日子。

民國八十三（一九九四）四十三歲

△二月，考取軍訓教官，在復興崗受訓。（教官班四十八期）
△四月，到台灣大學報到，任中校教官。當時一起來報到的教官尚有唐瑞和、王潤身、劉亦哲、吳曉慧共五人。總教官是韓懷豫將軍。

△四月，老三佳莉出生。她的出生是為伴我中老年的寂寞，從她出生到小三，洗澡換尿片三更半夜喝奶，全我包辦，三個孩子只有她和我親近。

△七月，母喪。

△十一月，在台大軍官團提報「一九九五閏八月的台海情勢」廣受好評。

民國八十四年（一九九五）四十四歲

△六月，「閏八月」效應全台「發燒」。

△《決戰閏八月——中共武力犯台研究》一書出版（台北：金台灣出版社）。本書出版後不久，北京《軍事文摘》（總第59期），以我軍裝照為封面人物，大標題以「台灣軍魂陳福成之謎」，在內文介紹我的背景。

△七月，開始編寫各級學校軍訓課程「國家安全」教材。

△十二月，《防衛大台灣——台海安全與三軍戰略大佈局》一書出版：（台北：金台灣出版社）

民國八十五年（一九九六）四十五歲

△元月，為撰寫軍訓課本「國家安全」，本月十一日偕台大少校教官陳梅燕拜訪戰略家鈕先鍾先生，主題就是「國家安全」。（訪問內容後來發表在「陸軍學術月刊第375、439期」

△三月，擔任政治大學民族系所講座。（應民族系系主任林修澈教授聘請）。
△《孫子實戰經驗研究》一書，獲中華文化總會學術著作總統獎，獎金五萬元。
△《國家安全》幼獅版，納入全國各級高中、職、專科、大學軍訓教學。
△四月，考上國泰人壽保險人員證。
△九月，佔台灣大學上校主任教官缺。
△榮獲全國軍訓教官論文優等首獎，《決戰閏八月》。

民國八十六年（一九九七）四十六歲

△元旦，晉升上校，任台大夜間部主任教官。
△七月，開始在復興廣播電台「雙向道」節目每週一講「國內外政情與國家安全」（鍾寧主持）。
△八月，《國家安全概論》（台灣大學自印自用，不對外發行。）
△十二月，《非常傳銷學》出版。

民國八十七年（一九九八）四十七歲

△是年，仍在復興電台「雙向道節目」。
△五月，在台大學生活動中心演講「部落主義及國家整合、國家安全之關係」。
△十月十七日，籌備召開「第一屆中華民國國防教育學術研討會」（凱悅飯店，本

會在淡江大學戰略所所長翁明賢教授指導下順利完成，工作夥伴除我之外，尚有輔仁大學楊正平、文化大學李景素、淡江大學廖德智、中央大學劉家楨、東吳大學陳全、中興法商鄭鴻儒、華梵大學谷祖盛（以上教官）、淡江大學施正權教授。）我在本會提報論文「論國家競爭優勢與國家安全」（評論人：台灣大學政治系助理教授楊永明博士），本論文為銓敘部公務人員學術論文獎，後收錄在拙著《國家安全與情治機關的弔詭》一書。

△七月，出版《國家安全與情治機關的弔詭》（台北：幼獅出版公司）。

民國八十八年（一九九九）四十八歲

△二月，從台灣大學主任教官退休，結束三十一年軍旅生涯。

「化敵為我，以謀止戰」（小說三十六計釜底抽薪導讀，與實學社總編輯黃驗先生對談。）；考上南山人壽保險人員證。

△四月，應國安會虞義輝將軍之邀請，擔任國家安全會議助理研究員。（時間約一年多，每月針對兩岸關係的理論和實務等，提出一篇研究報告（論文）。

民國八十九年（二〇〇〇）四十九歲

△三月，《國家安全與戰略關係》出版（台北：時英出版社）。

△四、五、六月，任元培科學技術學院進修推廣部代主任。

△六月一日，在高雄市中山高中講「兩岸關係及未來發展——兼評新政府的國家安全構想」（高雄市軍訓室軍官團）

△十一月，與台灣大學登山會到石鹿大山賞楓。

△十二月，與台灣大學登山會到司馬庫斯神木群。

民國九〇年（二〇〇一）五十歲

△五月四到六日，偕妻及一群朋友登玉山主峰。

△六月十六、十七日，參加陸軍官校建校七十七週年校慶並到墾丁參加44期同學會。

△十月六日，與台大登山隊到睏牛山。

△十二月，《解開兩岸十大弔詭》出版（台北：黎明出版社）。

△十二月八到九日，登鎮西堡、李棟山。

△十二月二二到二三日，與台大登山隊走霞克羅古道。

民國九十一年（二〇〇二）五十一歲

△去年至今，我聽到三位軍校同學過逝，甚有感慨，我期至今才約五十歲。想到學生時代很要好的同學，畢業已數十年，怎都「老死不相往來」，我決定試試，召集住台大附近（半小時車程），竟有七人（含我）來會，解定國、高立興、陳鏡培、童榮南、袁國台、林鐵基。這個聚會一直持續下去，後來我定名「台大周邊

地區陸官44期微型同學會」（後均簡稱「44同學會」第幾次等。

△二月，《找尋一座山》現代詩集出版，台北，慧明出版社。

△二月十二到十四日，到小烏來過春節，並參訪赫威神木群。

△二月二三到二四日，與台大登山會到花蓮兆豐農場，沿途參拜大理仙公廟。

△四月七日，與山虎隊登夫婦山。

△四月十五日，在范揚松先生的公司第一次見到吳明興先生（當代兩岸重要詩人、作家），二十多年前我們曾一起在「腳印」詩刊發表詩作，未曾謀面。

△四月二十一日，與台大隊登大桐山。

△四月三十日，在台大鹿鳴堂辦第二次44同學會：我、解定國、袁國台、高立興、周念台、林鐵基、童榮南。

△五月三到五日，與台大隊登三叉山、向陽山、嘉明湖。（回來後在台大山訊發表紀行一篇）。

△六月二一到二三日，與苗栗三叉河登山隊上玉山主峰（我的第二次）。

△七月第一週，在政治大學參加「社會科學研究方法」研習營。（主任委員林碧炤）。

△七月十八到二一日，與台大登山會登雪山主峰、東峰、翠池。在「台大山訊」發表「雪山盟」長詩。

△八月二十日，與台大登山會會長張靜二教授及一行十餘人，勘察大溪打鐵寮古道、草嶺山，並到故總統經國先生靈前致敬。

△八月二九到九月一日，與山友十餘人登干卓萬山、牧山、卓社大山。（因氣候惡劣只到第一水源處紮營，三十一日晨撤退下山。）

△九月，《大陸政策與兩岸關係》出版（黎明出版社，九十一年九月）。

△九月二十四日，在台大鹿鳴堂辦第三次44同學會：我、高立興、童榮南、林鐵基、周念台、解定國、周立勇、周禮鶴。

△十月十八到二十日，隨台大登山隊登大霸尖山（大、小霸、伊澤山、加利山），在「台大山訊」發表「聖山傳奇錄」。

△十一月十六日，與台大登山隊登波露山（新店）。

民國九十二年（二〇〇三）五十二歲

△元月八日，第四次44同學會（在台大鹿鳴堂），到有：我、周禮鶴、高立興、解定國、袁國台、林鐵基、周立勇。

△元月八日，在台灣大學第一會議室演講「兩岸關係發展與變局」，併發表四本年度新書。（台大教授聯誼會主辦），除《解開兩岸十大弔詭》和《大陸政策與兩岸關係》兩書外尚有：《找尋一座山》（現代詩集，慧明出版）、《愛倫坡恐怖

小說選》。

△二月二十八日，應佛光人文社會學院董事會秘書林利國邀請，在宜蘭靈山寺向輔導義工演講「生命教育與四Q」。

△三月十五、十六日，與妻參加台大登山隊「榛山行」（在雪霸）。

△三月十八日，與曾復生博士在復興電台對談兩岸關係發展。

△三月十九日，到非政府組織（NGO）會館，參加「全球戰略新框架下的兩岸關係研討會」，由「歐洲文教基金會與黨外圓桌論壇」主辦。席間首次與前民進黨主席許信良先生閒談。晚間餐會與前立法委員朱高正先生和台大哲學系教授王曉波夫婦同桌，我和他們都是素昧平生。但兩杯酒一喝，大家就開始高談近代史事，朱委員酒量很好，可能有「千杯不醉」的境界。名片上印有「周易」文言：「夫大人者。與天地合其德。與日月合其明。與四時合其序。與鬼神合其吉凶。先天而天弗違。後天而奉天時。天且弗違。而況予人乎。況于鬼神乎。」，其境界更高。

△三月二十日，叢林一隻不長眼的「肥羊」闖進頂層掠食者的地盤，性命恐將不保；美伊大戰開打，海珊可能支持不了幾天。

△三月二十六日到三十日，隨長庚醫護人員及內弟到大陸，遊西湖、黃山。果然「上有天堂下有蘇杭」、「黃山歸來不看山」，我第一次出國竟是回國。歸程時 SARS

開始流行，全球恐慌。

△四月三日到六日，同台大登山隊登雪白山，氣候不佳，前三天下雨。第一天宿司馬庫斯，第二天晨七時起程，沿途林相原始，許多千年神木，下午六時雪白山攻頂，晚上在山下紮營，第三天八點出發，神木如林，很多一葉蘭，下午過鴛鴦湖，五點到棲蘭。第四天參觀棲蘭神木，見「孔子」等歷代偉人，歸程。

△四月十二、十三日，偕妻與台大登山隊再到司馬庫斯，謁見「大老爺」神木群等。

△四月二十一日，第五次44同學會（在台大鹿鳴堂），到者：我、袁國台、解定國、林鐵基、周立勇。

△六月十四日，同台大登山隊縱走卡保逐鹿山，全程二十公里，山高、險惡、瀑布，螞蝗多。

△六月二十八日，參加中國文藝協會舉行「彭邦楨詩選」新書發表會。彭老已在今年三月病逝紐約，會中碰到幾位前輩作家，鍾鼎文、司馬中原、辛鬱、文曉村等人，還有年青一輩的賴益成、羅明河等。

△七月，《孫子實戰經驗研究》出版（黎明出版公司），本書是八十五年學術研究得將作品，獲總統領獎；今年又獲選為「國軍連隊書箱用書」，陸、海、空三軍各級，一次印量七千本。

△七月二十二日到八月二日，偕妻同一群朋友遊東歐三國（匈牙利、奧地利、捷克）。
△十月十日到十三日，登南湖大山、審馬陣山、南湖北峰和東峰。
△十一月，在復興電台鍾寧小姐主持的「兩岸下午茶」節目，主講「兵法‧戰爭與人生」（孫子、孫臏、孔明三家）。
△十二月一日，第六次44同學會（台大鹿鳴堂），到有：我、林鐵基、童榮南、解定國、周念台、盧志德、高立興、劉昌明。

民國九十三年（二〇〇四）五十三歲

△二月二十五日，第七次44同學會（台大鹿鳴堂），到有：周立勇、高立興、童榮南、鍾聖賜、林鐵基、解定國、周念台、盧志德、劉昌明和我共10人。
△春季，參加許多政治活動，號召推翻台獨不法政權，三月陳水扁自導自演「三一九槍擊作弊案」。
△三月，《大陸政策與兩岸關係》出版，黎明出版社。
△五月二十八日，大哥張冬隆發生車禍，二週後的六月四日過逝。
△五月，《五十不惑》（前傳）出版，時英出版社。
△六月，第八次44同學會（台大鹿鳴堂），到有：我、周立勇、童榮南、林鐵基、解定國、袁國台、鍾聖賜、高立興。

△八月十一到十四日，參加佛光山第十二期全國教師生命教育研習營。

△十月十九日，第九次44同學會（台大鹿鳴堂），到有：我、童榮南、周立勇、高應興、解定國、盧志德、周小強、鍾聖賜、林鐵基。

△今年在空大講「政府與企業」，並受邀參與復興電台「兩岸下午茶」節目。

△今年完成龍騰出版公司《國防通識》（高中課本）計畫案合作伙伴有李文師（政大教官退）、李景素（文化教官退）、項台民（彰化高中退）、陳國慶（台大教官）。計有高中二年四冊及教師用書四冊，共八冊課本。

△十二月，《軍事研究概論》出版（全華科技），合著者九人：洪松輝、許競任、秦昱華、陳福成、陳慶霖、廖天威、廖德智、劉鐵軍、羅慶生，都是對國防軍事素有專精研究之學者。

民國九十四年（二〇〇五）五十四歲

△二月十七日，第十次44同學會（台大鹿鳴堂），到有：我、陳鏡培、鍾聖賜、金克強、解定國、林鐵基、高立興、袁國台、周小強、周念台、盧志德、劉昌明，共12人。

△六月十六日，第十一次44同學會（台大鹿鳴堂），到有：我、盧志德、周立勇、解定國、陳鏡培、童榮南、金克強、鍾聖賜、劉昌明、林鐵基、袁國台。

△八月，計畫中的《中國春秋》雜誌開始邀稿，除自己稿件外，有楊小川、路復國、廖德智、王國治、一飛、方飛白、郝艷蓮等多人。

△十月，創刊號《中國春秋》雜誌發行，第四期後改《華夏春秋》，實務行政全由鄭聯臺、鄭聯貞、陳淑雲、陳金蘭負責，妹妹鳳嬌當領導，我負責邀稿，每期印一千五百本，大陸寄出五百本。

△持續在台灣大學聯合辦公室當志工。

△今年仍在龍騰出版公司主編《國防通識》；上復興電台「兩岸關係」節目。

民國九十五年（二〇〇六）五十五歲

△元月《中國春秋》雜誌第二期發行，作者群有周興春、廖德智、李景素、王國治、路復國、一飛、范揚松、蔣湘蘭、楊小川等。

△二月十七日，第十二次44同學會（台大鹿鳴堂），到有：劉昌明、高立興、陳鏡培、盧志德、林鐵基、金克強和我共7人。

△四月，《中國春秋》雜誌第四期發行。

△六月，第十三次44同學會（台大鹿鳴堂），到有：我、周小強、解定國、高立興、袁國台、林鐵基、劉昌明、盧志德。

△七月到九月，由時英出版社出版中國學四部曲，四本約百萬字：《中國歷代戰爭

新詮》、《中國近代黨派發展研究新詮》、《中國政治思想新詮》、《中國四大兵法家新詮》。

△七月十二到十六日，參加佛光山第十六期全國教師生命教育研習營。

△七月，原《中國春秋》改名《華夏春秋》，照常發行。

△九月，《春秋記實》現代詩集出版，時英出版社。

△十月，第五期《華夏春秋》發行。

△十月二十六日，第十四次44同學會（台大鹿鳴堂），到有：我、金克強、周立勇、解立國、林鐵基、袁國台、高立興。

△十一月，當選中華民國新詩學會第二屆理事，任期到九十九年十一月十一日。

△《華夏春秋》第六期發行後，無限期停刊。

△高中用《國防通識》（學生課本四冊、教師用書四冊）逐一完成，可惜龍騰出版公司後來的行銷欠佳。

民國九十六年（二〇〇七）五十六歲

△元月三十一日，第十五次44同學會（中和天香回味鍋），到有：我、解定國、盧志德、高立興、林鐵基、周小強、金克強、劉昌明。

△二月，《國家安全論壇》出版，時英出版社。

△二月一日，到國防部資電作戰指揮部演講，主題「兩岸關係與未來發展：兼論台灣最後安全戰略的探索」。

△二月，《性情世界：陳福成情詩集》出版，時英出版社。

△三月十日，在「秋水詩屋」，與涂靜怡、莫云、琹川、風信子四位當代大詩人研究，幫我取筆名「古晟」。以後我常用這個筆名，有一本詩集就叫《古晟的誕生》。

△五月，當選中國文藝協會第三十屆理事，任期到一百年五月四日。

△五月十三日，母親節，與妻晚上聽鳳飛飛的演唱會，可惜二〇一二年初病逝，我為她寫一首詩「相約二十二世紀，鳳姐」。

△六月六日，第十六次44同學會（台大鹿鳴堂），到有：我、解定國、高立興、盧志德、周小強、金克強、林鐵基。

△六月十九日，榮獲中華民國新詩學會「詩運獎」，在文協九樓頒獎，由文壇大老鍾鼎文先生頒獎給我。

△十月，小說《迷情・奇謀・輪迴：被詛咒的島嶼》（第一集）出版，文史哲出版社。

△十月十六日，第十七次44同學會（台大鹿鳴堂），到有：我、周立勇、解定國、張安麟、林鐵基、盧志德。

△十月三十一日到十一月四日，參加由文協理事長綠蒂領軍，應北京中國文聯邀訪，

一行人有綠蒂、林靜助、廖俊穆、蘇憲法、李健儀、簡源忠、郭明福、廖繼英、許敏雄和我共10人。

△十一月七日，同范揚松、吳明興三人到慈濟醫院看老詩人文曉村先生。

△十二月中旬，大陸「中國文藝藝術聯合會」一行到文協訪問，綠蒂全程陪同，十六日由我陪同參觀故宮，按其名冊有白淑湘、李仕良等14人。

△十二月十九日，到台中拜訪詩人秦嶽，午餐時他聊到「海鷗」飛不起來了。

△十二月二十二日上午，在國父紀念館參加由星雲大師主持的皈依大典，成為大師座下臨濟宗第四十九代弟子，法名本肇。一起皈依的有吳元俊、吳信義、關麗蘇四兄姊弟，這是一個好因緣。

△十二月二十七日，《青溪論壇》成立，林靜助任理事長，我副之，雪飛任社長。

△十二月，有三本書由文史哲出版社出版：《頓悟學習》、《公主與王子的夢幻》、《春秋正義》。

民國九十七年（二〇〇八）五十七歲

△元月五日（星期六），第一次在醉紅小酌參加「三月詩會」，到民國一〇三年底退出。

△元月二十四到二十八日，與妻參加再興學校舉辦的海南省旅遊。

△二月十三日，到新店拜訪天帝教，做《天帝教研究》的準備。

△二月十九日，第十八次44同學會（新店富順樓），到有：我、高立興、解定國、林鐵基、盧志德、金克強、周小強。

△三月二日，參加「全國文化教育界新春聯歡會」，馬英九先生來祝賀，前台大校長孫震、陳維昭等數百人，文壇司馬中原、綠蒂、鍾鼎文均到場，盛況空前。這是大選的前奏曲。

△三月十二日，參加中國文藝協會理監事聯席會議。

△三月，《新領導與管理實務》出版，時英出版社。

△五月十三日下午二時，四川汶川大地震，電話問成都的雁翼，他說還好。

△六月十日，第十九次44同學會（在山東餃子館），到有：我、童榮南、高立興、解定國、袁國台、盧志德、金克強、張安祺。

△六月二十二日，參加青溪論壇社舉辦的「推展華人文化交流及落實做法」，我提報論文「閩台民間信仰文化所體現的中國政治思想初探」，其他重要提文報告人有林靜助、封德屏、陳信元、潘皓、台客、林芙容、王幻、周志剛、一信、徐天榮、漁夫、落蒂、雪飛、彭正雄。

△七月十八日，與林靜助等一行，到台南參加作家交流，拜訪本土詩人林宗源。

△七月二十三日到二十九日，參加佛光山短期出家。

△八月十五日到二一日，參加青溪新文藝學會理事長林靜助主辦「江西三清山龍虎山之旅」，並到九江參加文學交流會。同行者有我、林靜助、林精一、蔡雪娥、彭正雄、金筑、台客、林宗源、邱琳生，鍾順文、賴世南、羅玉葉、羅清標、吳元俊、蔡麗華、林智誠、共16人。

△十月十五日，第二十次44同學會（台大鹿鳴堂），到有：我、陳鏡培、解定國、盧志德、同小強、童榮南、袁國台、林鐵基、黃富陽。

△十一月三十日，參加「湯山聯誼會」，遇老師長陳廷寵將軍。

△今年有兩本書由文史哲出版社出版：《幻夢花開一江山》（傳統詩）、《一個軍校生的台大閒情》。

△整理這輩子所寫的作品手稿約一人高，贈台大圖書館典藏。

民國九十八年（二〇〇九）五十八歲

△二月十日，第二一次44同學會（台大鹿鳴堂），到有：我、袁國台、解定國、高立興、童榮南、盧志德、黃富陽。

△六月，小說《迷情・奇謀・輪迴：進出三界大滅絕》（第二集）出版，文史哲出版社。

△六月上旬，第二二次44同學會（台大鹿鳴堂），到有：我、林鐵基、童榮南、袁國台、高立興、解定國、金克強、盧志德。

△六月十七、十八日，參加台大「退聯會」阿里山兩日遊。

△十月，小說《迷情・奇謀・輪迴：我的中陰身經歷記》（第三集）出版，文史哲出版社。

△十月六日，第二三次44同學會（公館越南餐），到有：盧志德、解定國、林鐵基、金克強、周小強和我。

△十一月六到十三日八天，參加重慶西南大學主辦「第三屆華文詩學名家國際論壇」，後四天到成都（第一次回故鄉）。此行我提報一篇論文「中國新詩的精神重建」（約兩萬多字），同行者另有雪飛、林芙蓉、李再儀、台客、鍾順文、林于弘、林精一、吳元俊、林靜助。

△十一月二十八日，到國軍英雄館參加「湯山聯誼會」，老將郝伯村批判李傑失了軍人氣節。

△十二月，《赤縣行腳・神州心旅》（詩集）出版，秀威出版公司。

△今年有三本書由文史哲出版社出版：《愛倫坡恐怖推理小說》、《春秋詩選》、《神劍與屠刀》。

民國九十九年（二〇一〇）五十九歲

△元月二十三日，由藝文論壇社和紫丁香詩刊聯合舉辦，「陳福成小說《迷情・奇謀・輪迴》評論會」，在台北老田西餐廳舉行。提評論文有金劍、雪飛、許其正、狼跋、謝輝煌、胡其德、易水寒等七家，與會有文藝界數十人。會後好友詩人方飛白也提出一篇。

△三月一日，第二四次44同學會（台大鹿鳴堂），到有：我、周小強夫婦、解定國、袁國台、林鐵基、盧志德、曹茂林、金克強、黃富陽、童榮南共11人。

△三月三十一日，「藝文論壇」和「創世紀」詩人群聯誼，中午在國軍英雄館牡丹廳餐敘。創世紀有張默、辛牧、落蒂、丁文智、方明、管管、徐瑞、古月，八人與會；藝文論壇有林靜助、雪飛、林精一、彭正雄、鄭雅文、徐小翠和我共7人參加。

△四月二一到二二日，台大溪頭、集集兩日遊，「台大退聯會」主辦。

△六月，《八方風雨・性情世界》出版，秀威出版社。

△六月八日，第二五次44同學會（台大鹿鳴堂），到有：我、金克強、郭龍春、解定國、高立興、童榮南、袁國台、林鐵基、盧志德、周小強、曹茂林，共11人。

△八月十七到二十日，參加佛光山「全國教師佛學夏令營」，同行有吳信義師兄等

多人。

△十月五日，第二六次44同學會（今起升格在台大水源福利會館），到有：曹茂林、解定國、童榮南、林鐵基、盧志德、周小強和我共7人。

△十月二六日到十一月三日，約吳信義、吳元俊兩位師兄，到山西芮城拜訪尚未謀面的劉焦智先生，我們因看「鳳梅人」報結緣。

△十一月，《男人和女人的情話真話》（小品）出版，秀威出版社。

△今年有四本書由文史哲出版社出版：《洄游的鮭魚》、《古道・秋風・瘦筆》、《山西芮城劉焦智鳳梅人報研究》、《三月詩會研究》。

民國一〇〇年（二〇一一）六十歲

△元月，小說《迷情・奇謀・輪迴》合訂本出版，文史哲出版社。

△元月二日，當選中華民國新詩學會第十三屆理事、任期到一〇四年一月一日。

△元月十日，第二七次44同學會（台大水源福利會館），到有：我、黃富陽、高立興、林鐵基、周小強、解定國、童榮南、曹茂林、盧志德、郭龍春共10人。

△二月，《找尋理想國》出版，文史哲出版社。

△二月十九日，在天成飯店參加「中國全民民主統一會」會員代表大會，吳信義、吳元俊兩位師兄也到，會場由王化榛會長主持。會中遇到上官百成先生，會後我

寫一篇文章「遇見上官百成：想起上官志標和楊惠敏」，刊載《新文壇》雜誌（26期，一〇一年元月）。

△三月二二日，上午參加「台大退聯會」理監事聯席會議。

△三月二五日，晚上在台大校總區綜合體育館開「台大逸仙學會」，林奕華也來了，認識她很久了，每回碰到她都很高興。

△四月，《我所知道的孫大公》（黃埔28期）出版，文史哲出版社。

△四月，《在鳳梅人小橋上：中國山西芮城三人行》出版，文史哲出版社。

△五月五日，參加緣蒂在老爺酒店主的「中國文藝協會三十一屆理監事會」，同時當選理事，任期到一〇四年五月五日。與會者如以下這份「原始文件」：

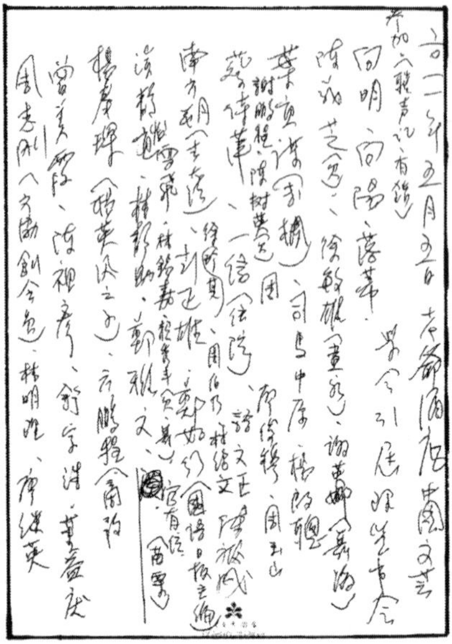

△五月，《漸凍勇士陳宏傳》出版，文史哲出版社。

△六月，《大浩劫後》出版，文史哲出版社。

△六月三日，第二八次44同學會（台大水源福利會館），到有：我、郭龍春、解定國、高立興、童榮南、林鐵基、盧志德、周小強、黃富陽、曹茂林、桑鴻文共11人。

△六月十一日，到師大參加「黃錦鋐教授九秩嵩壽華誕聯誼茶會」，黃伯伯就住我家樓上，他已躺了十多年，師大仍為他祝壽，真很感人。

△七月，《台北公館地區開發史》出版，唐山出版社。

△七月七到八日，與妻參加台大退聯會的梅峰、清境兩日遊。

△七月，《第四波戰爭開山鼻祖賓拉登》出版，文史哲出版社。

△八月，《台大逸仙學會》出版，文史哲出版社。

△八月十七到二十日，參加佛光山「全國教師佛學夏令營，主題「增上心」」。

△九月九日到二十日，台客、吳信義夫婦、吳元俊、江奎章和我共六人，組成「山西芮城六人行」，前兩天先參訪鄭州大學。

△十月十二日，第二九次44同學會（台大水源福利會館），到有：我、黃國彥、解定國、高立興、童榮南、袁國台、林鐵基、周小強、金克強、黃富陽、郭龍春、桑鴻文、盧志德、曹茂林，共14人。

△十月十四日，邀集十位佛光人中午在台大水源會館雅聚，這十人是范鴻英、刑筱

容、陸金竹、吳元俊、吳信義、江奎章、郭雪美、陳雪霞、關麗蘇。

△十一月十日，台大社團晚會表演，在台大小巨蛋（新體育館），由我吉他彈奏，吳普炎、吳信義、吳元俊、周羅通和關麗蘇合唱三首歌，「淚的小花」、「茉莉花」、「河邊春夢」。

民國一〇一年（二〇一二）六十一歲

△元月四日，第三十次44同學會（台大水源福利會館），到有：我、桑鴻文、高立興、林鐵基、解定國、童榮南、袁國台、盧志德、金克強、曹茂林、郭龍春、陳方烈。

△元月十四日，大選・藍營以689萬票對綠營609萬票，贏得有些辛苦。基本上「九二共識」、「一中各表」已是台灣共識。

△《中國神譜》出版（文史哲出版社，二〇一二年元月）。

△二月，寫一張「保證書」給好朋友彭正雄先生，把我這輩子所有著作全送給他，由他以任何形式、文字，在任何地方出版發行。這是我對好朋友的回報方式。

△二月，開始規畫、整理出版《陳福成文存彙編》，預計全套八十本（總字數近千萬），由彭正雄所經營的文史哲出版社出版。

△二月十九日中午，葡萄園詩刊同仁在國軍英雄館餐聚，到會有林靜助、曾美玲、

杜紫楓、李再儀、台客、賴益成、金筑和我八人。大家商討今年七月十五日是葡萄園的五十大壽，準備好好慶祝。

△三月二十二日，倪麟生事業有成宴請同學《公館自來水博物館內》，到有：我、倪麟生、解定國、高立興、盧志德、曹茂林、郭龍春、童榮南、桑鴻文、李台新，共十人。

△《金秋六人行：鄭州山西之旅》出版（文史哲出版社，二〇一二年三月）。

△《從皈依到短期出家》（唐山出版社，二〇一二年四月）。

△《中國當代平民詩人王學忠》出版（文史哲出版社，二〇一二年四月）。

△《三月詩會二十年紀念別集》（文史哲出版社，二〇一二年六月）。

△五月十五日，第三一次44同學會（台大水源福利會館），到有：我、陳方烈、桑鴻文、解定國、高立興、童榮南、林鐵基、盧志德、周小強、金克強、曹茂林、李台新、倪麟生，共十三人。

△九月有三本書出版：《政治學方法論概說》、《西洋政治思想史概述》、《最自在的是彩霞》，文史哲出版社。

△十月二十二日，第三二次44同學會（台大水源福利會館），到有：我、解定國、高立興、童榮南、林鐵基、盧志德、李台新、桑鴻文、郭龍春、倪麟生、曹茂林、

周小強，共十二人。

△《台中開發史：兼龍井陳家移台略考》出版，文史哲出版，二〇一二年十一月。

△十二月到明年元月，大愛電視台記者紀儀羚、吳怡旻、導演王永慶和另三位攝影師，一行六人，來拍「陳福成講公館文史」專集節目，在大愛台連播兩次。

民國一〇二年（二〇一三）六十二歲

△元月十一日，參加「台大秘書室志工講習」，並為志工講「台大・公館文史古蹟」（上午一小時課堂講解，下午三小時現場導覽）。

△元月十五日，「台大退休人員聯誼會」理監事在校本部第二會議室開會，並選舉第九屆理事長，我意外當選理事長，二二日完成交接，任期兩年。

△元月十七日，第三三次44同學會（台大水源福利會館），到有：我、倪麟生、林鐵基、桑鴻文、解定國、高立興、盧志德、周小強、曹茂林、郭龍春、陳方烈、余嘉生、童榮南，共十三人。

△二月，《嚴謹與浪漫之間：詩俠范揚松》出版，文史哲出版社。

△三月，當選「中國全民民主統一會」執行委員，任期到一〇三年三月二十八日。（會長王化榛）。

△三月，《讀詩稗記：蟾蜍山萬盛草齋文存》出版，文史哲出版社。

△五月，《與君賞玩天地寬：陳福成作品評論和迴響》、《古晟的誕生：陳福成60詩選》、《迷航記：黃埔情暨陸官44期一些閒話》三書出版，由文史哲出版社出版發行。

△五月十三日，第三四次44同學會（台大水源福利會館），到有：我、李台新、解定國、高立興、林鐵基、童榮南、盧志德、金克強、曹茂林、虞義輝、郭龍春、桑鴻文、陳方烈、倪麟生、余嘉生、共十五人。

△七月，《孫大公的思想主張書函手稿》、《日本問題終極處理》、《一信詩學研究》三書出版，均文史哲出版社。

△七月四日，鄭雅文、林錫嘉、彭正雄、曾美霞、落蒂和我共六個作家詩人，在「豆豆龍」餐廳開第一次籌備會，計畫辦詩刊雜誌，今天粗略交換意見，決定第二次籌備會提出草案。

△八月十三到十六日，參加佛光山「教師佛學夏令營」，同行尚有吳信義、關麗蘇。

△八月三十一日，為詩人朋友導覽公館古蹟，參加者有范揚松、藍清水夫婦、陳在和、吳明興、胡其德、吳家業、許文靜、鍾春蘭、封枚齡、傅明其。

△九月七日，上午在文協舉行《一信詩學研究》新書發表會及討論，由綠蒂主持。

△九月十日，假校總區第二會議室，主持「台大退休人員聯誼會」第九屆第四次理

監事聯席會議，會中由會員組組長陳志恆演講，題目「戲緣——京劇與我」。
△九月二七日，參加「台大文康會各分會負責人座談會暨85週年校慶籌備會議」，地點在台大巨蛋，由文康會主委江簡富教授（電機系）主持，各分會負責人數十人到場。
△十月七日，第三五次44同學會（改在北京樓），到有：我、余嘉生、解定國、虞義輝、童榮南、盧志德、郭龍春、桑鴻文、李台新、陳方烈、袁國台，共十一人。
△十月十二日，在天成飯店（火車站旁），參加「中國全民民主統一會」第七屆第二次執監委聯席會。討論會務發展及明春北京參訪事宜。
△十月十九日，由台大三個社團組織（教授聯誼會會長游若簌教授、職工聯誼會秘書楊華洲、退聯會理事長我本人）聯合舉辦「未婚聯誼」，在台大巨蛋熱鬧一天，到場有第二代子女近四十人參加。
△十一月九日，重慶西南大學文學系教授向天淵博士來台交流講學，中國詩歌藝術學會理事長林靜助先生，在錦華飯店繳請「兩岸比較文學論壇」，我和向教授在兩年前有一面之緣。
△十一月十二日，假校總區第二會議室，主持「台大退聯會」第十屆第五次理監事聯席會議。陳定中將軍蒞臨演講，題目「原子彈與曼哈頓計劃的秘密」，另討論十二月三日會員大會事宜。

△十一月十三日，小路（路復國同學）來台北開會，中午我和老袁（袁國台）與他相見，老袁請吃牛肉麵，我在「新光」高層請喝咖啡賞景。

△十一月二十四日，台大退聯會、教聯會和職工會合辦「兩性聯誼」活動，第三場在文山農場，場面熱鬧。

△十一月二十八日，晚上，台大校慶文康晚會在台大巨蛋舉行，退聯會臨時組合唱團由我吉他伴奏參加，也大受歡迎。

△十二月三日上午，台大退聯會在第一會議室舉行年度大會，近兩百教職員工參加，主秘林達德教授代表校長致詞，歷屆理事長（宣家驊將軍、方祖達教授、楊建澤教授、丁一倪教授）均參加，我自今年元月擔任理事長以來，各方反應似乎還算滿意。

△十二月十日，約黃昏時，岳父潘翔臯先生逝世，高壽九十四歲，福壽雙全，除老人退化病外，無任何重症，睡眠中無痛而去，真是福報。他們兒女決定簡約辦理，十七號舉行告別式。

△十二月十八日，中午，參加在「喜萊登」由鄭雅文小姐主持成立的「華文現代詩刊」，到會有主持鄭雅文、筆者及麥穗、莫渝、林錫嘉、范揚松帶秘書曾詩文、曾美霞、龔華、劉正偉、雪飛等。

△十二月二十二日，在「儷宴會館」（林森北路），參加44期北區同學會，改選理監事及會長，虞義輝當選會長，我當選監事。

△十二月三十日，這幾年，每年年終跨年，一群詩人、作家都在范揚松的大人物公司跨年，今年也是，這次有：范揚松、胡爾泰、方飛白、許文靜、傅明琪、劉坤靈、吳家業、梁錦鵬、吳明興、陳在和及筆者。

民國一〇三年（二〇一四）六十三歲

△元月五日，與妻隨台大登山會走樟山寺，到樟山寺後再單獨走到杏花林，中午在「龍門客棧」午餐，慶祝結婚第34年。

△元月九日，爆發「梁又平事件」（詳見《梁又平事件後：佛法對治風暴的沈思與學習》乙書）。

△元月十一日，在天成飯店參加「中國全民民主統一會」執監委員會，由會長王化榛主持，並確定三月北京行名單。

△元月十二日，與妻隨台大登山會走劍潭山，沿途風景優美。

△元月二十四日，參加台大志工講習會，會後參觀台大植博館。

△元月、二月，有三本書由文史哲出版，《把腳印典藏在雲端》、《台北的前世今生》、《奴婢妾匪到革命家之路：謝雪紅》。

△春節，那裡也沒去，每天照常在新店溪畔散步、寫作、讀書。

△二月九日，參加「台大登山會」新春開登，目的地是新莊牡丹心環山步道」，在泰山、林口接壤的牡丹山系，全天都下著不小的雨，考驗能耐。我和信義、俊歌兩位師兄，都走完全程，各領一百元紅包。

△二月十八日，中午與食科所游若篍教授共同主持兩個會，教授聯誼會邀請台北市教育局長林奕華演講，及「千歲宴」第二次籌備會。到會另有職工會秘書華洲兄、陳梅燕等十多人。

△二月廿一、廿二日，長青四家夫妻八人（虞、張、劉、我及內人們），在張哲豪的基隆「公館」度假，並討論四月花蓮行，決議四月十四、十五、十六共三天到花蓮玩。

△三月三日，中國文藝協會以掛號專函通知，榮獲第五十五屆中國文藝獎章文學創作獎，將於五月四日參加全國文藝節大會，接受頒獎表揚。

△三月八日，晚上在三軍軍官俱樂部文華廳，參加由中國文藝協會理事長王吉隆先生所主持的理監事聯席會，有理監事周玉山、蘭觀生、曾美霞、徐菊珍等十多人參加。

△三月十日，由台大教聯會主辦，退聯會和職工會協辦，邀請台北市教育局長林奕

華演講，主題關於十二年國教問題，中午十二時到下午一點三十圓滿完成（在台大第一會議室）。

△三月十六日，三月是台大的「杜鵑花節」，每年三月的假日，我們擔任台大秘書室的志工們，都輪值校門口「坐台」（服務台），招呼人山人海的參訪來賓。今天上午九時到下午一時我值班，下班立即前往第一殯儀館「鼎峰會館」，向陳宏大哥上香致敬，並以《漸凍勇士陳宏傳：他和劉學慧的傳奇故事》一書代香花素果，獻於陳大哥靈前。此因十八號他的追思會我在台大有兩個重要會議要開，向學慧師姊說了先來拈香，我也因寫了陳宏的回憶錄，和他有心靈感應，他也給我的人生有重大啟示，故向陳宏大哥獻書，願他一路好走，在西方極樂世界修行，別再重回六道，受人間諸苦。

△三月十八日，上午主持今年第一次「台大退休人員聯誼會」理監事會，並邀請吳信義學長會後演講，到有全體理監事各組長二十多人。下午參加校長楊泮池主持的「退休人員茶會」，按往例我參與茶會並在會中報告退聯會活動，陳志恆小姐隨同我參加，在現場「招兵買馬」，成效甚佳。

△三月二十日，上午到二殯參加海軍少將馬振崑將軍公祭（現役五十七歲），我以台大退聯會理事長身份主祭，信義和俊歌兩位師兄與祭。現場有高華柱、嚴明、葉昌桐等高級將領，至少有五十顆星星以上。

下午，到翔順旅行社（松江路）參加北京行會議，下週二共二十人參加這次訪問。

△三月二十一日，中餐，在「台大巨蛋」文康交誼廳，參加由台大文康委員會主委

江簡富教授（電機系）所主持，「一〇三年文康會預算會議」，到有台大教職員各社團負責人近三十人。

△三月廿五到三十日，應中國全民民主統一會會長王化榛先生及信義、俊歌兩位師兄之邀請，以特約記者的身份參加全統會北京、天津參訪團，全團二十人。我們拜會天津、北京的中國和平統一促進會、黃埔軍校同學會等。（詳見我所著《中國全民民主統一會北京天津行：兼略論全統會的過去現在和未來發展》，文史哲出版）

△四月十四、十五、十六，近半年來我積極推動的「長青家族花蓮行」，終於成真，內心感到安慰極了。回想五年多來，長青家族的聚會竟如同打烊，太氣人了。這件事能促成，比我在花蓮擁有一甲地更值得。這心聲在三天旅遊中我沒說出來，今只在此說給大家聽，義輝、阿妙、阿張、金燕、劉建、Linda 和我妻，「以心傳心」傳給你們聽！

△五月二日，由中國文藝協會主辦，行政院文建會贊助指導，第五十五屆文藝獎章得獎人，今天在部份平面媒體公告，下列是聯合報資料。後天就是「五四文藝節」，將在三軍軍官俱樂部盛大慶祝並頒獎。據聞，副總統吳敦義將親自主持。

聯合報.103.5.2.

〈聯副文訊〉二則

中國文藝獎章名單揭曉

由中國文藝協會主辦的中國文藝獎章，本年度榮譽文藝獎章得主為：廖玉蕙（文學類）、崔小萍（影視類）、陳陽春（美術類）、張炳煌（書法類）。

第五十五屆文藝獎章獲獎人為：王盛弘（散文）、鯨向海（新詩）、田運良（詩歌評論）、梁欣榮（文學翻譯）、陳福成（專欄）、洪能仕（書法）、吳德和（雕塑）、張璐瑜（水彩）、劉家正（美術工藝）、林再生（攝影）、戴心怡（國劇表演）、李蕙峻（客家戲表演）、梁月嬡（戲曲推廣）、孫麗桃（民俗曲藝）、魏大為（音樂工作）、孫翠玲（舞蹈教學）、曾美霞、鄭雅文、鄔迅（文藝工作獎）楊寶華（文創及文化交流）、劉詠平（海外文藝工作獎）。　（丹墀）

△五月四日，下午到晚上，參加全國文藝節及文藝獎章頒獎典禮，直到晚上的文藝晚會都在三軍軍官俱樂部。往年都是總統馬英九主持，今年他可能因母喪，改由副總統吳敦義主持。

△五月初的某晚，關雲的女兒打電話給我，媽媽走了！我很震驚，她是中國文藝協會會員、三月詩會詩友，六十五歲突然生病很快走了！怎不叫人感慨！

△五月二十日，籌備半年多的「台大退聯會千歲宴」，終於快到了，今天是退聯會上班日，大家做最後準備。中午到食科所午餐，三個分會（退聯會、教聯會、職工會），再開宴前會，確認全部參加名單和過程。

△五月廿二日，上午九點到下午兩點，千歲宴正式成功辦完，校長楊泮池教授也親臨致詞，和大家看表演、合照。今天到有八十歲以上長者近四十人，宣家驊將軍、方祖達教授等都到了。

△六月二日，今天端午節，中午在中華路典漾餐廳，由全統會會員（會長王化榛、秘書長吳信義、會員吳元俊，我等十多人），宴請天津來訪朋友，有些我們三月去天津已見過，他們到有：王平、劉正風、李偉宏、蔣金龍、錢鋼、商駿、吳曉琴、李衛新、賈群、陳朋，共十人。

△到六月止，近十個月來，完成出版的書有：《把腳印典藏在雲端：三月詩會詩人手稿詩》、《台北公館台大地區考古・導覽》、《我的革命檔案》、《中國全民民主統一會北京行》、《六十後詩雜記現代詩集》、《胡爾泰現代詩研究》、《從魯迅文學醫人魂救國魂說起》；另外，《臺大退聯會會務通訊》也正式出版，第

一版先給理監事會看，年底會員大會再印贈會員。

△六月十一日，《臺大會訊》報導「千歲宴」盛況如下：

《臺大校訊》，二〇一四年六月十一日，第四版。

退休人員 職工及教師聯誼分會舉辦千歲宴活動

為關懷退休人員較年長者平常較少於校園活動，文康會退休人員、職工及教師三個聯誼分會5月24日假綜合體育館文康室舉辦80歲以上「千歲宴」活動。出席名單包括：教務處課務組主任郭輔義先生、軍訓室總教官宣家驊、軍訓室教官鍾鼎文、軍訓室教官鄭義峰、總務處保管組股長林 參、總務處蕭添壽先生、總務處翁仙啓先生、圖書館組員柯環月女士、圖書館閱覽組股長王鴻龍、文學院人類系組員周崇德、理學院動物系教授李學勇、法學院王忠先生、法學院工王本源先生、醫學院組員洪林寶祝、醫學院組員連興潮、工學院電機系教授楊維禎、農學院生工系教授徐玉標、農學院園藝系教授方祖達、農學院技正路統信、農學院園藝系教授康有德、附設醫院護士曾廖日妹、農業陳列館主任劉天賜、圖書館組員紀張素瑩、附設醫院組員宋麗音、理學院海洋所技正鄭展堂、理學院化學系技士林添丁、附設醫院組員葉秀琴、附設醫院技佐王瓊瑛、附設醫院技士劉人宏、農學院農化系教授楊建澤、農學院農經系教授許文富、園藝系教授洪 立、農學院森林系教授汪 淮、軍訓室教官茹道泰、電機系技正郡依俤。

△六月十三日，上午率活動組長關麗蘇、會員組長陳志恆、文康組長許秀錦，拜會位於新店的天帝教總會，他們有劉曉蘋、李雪允、郝寶驥、陳啟豐、陳己人等多位接待我們。議決九月十七日，台大退聯會組團（40人）參訪天帝教的天極行宮（在台中清水）。會後，中午在總會吃齋飯。

△六月十七日，主持台大退聯會理監事會，我主要報告《會務通訊》出版事宜，經

費籌劃等。

△六到七月，我的《華夏春秋》雜誌打烊後，曾有大陸朋友要在大陸復刊，江蘇的高保國搞一期又打烊了。最近遼寧的金土先生復刊成功，希望他能長長久久辦下去。以下是創刊號的封面和內首頁。

本刊社長陳福成2009年於西南大學留影。

葫蘆島市環保局局長、本刊顧問羅建彪題。

△到八月止：在文史哲出版社完成出版的著作，七、八月有：《留住末代書寫的身影》、《我這輩子幹了什麼好事》、《「外公」和「外婆」的詩》、《中國全民民主統一會北京天津行》。

△八月一到五日，參加「二〇一四佛光山佛學夏令營」，今年主題是「戒定慧」。同行的好友尚有：吳信義、吳元俊、關麗蘇、彭正雄。

△八月二十六日，主持「台大退休人員回娘家」聯歡餐會，在「台大巨蛋」文康室熱鬧一天，近百會員參加。

△九月二日，主持「台大退聯會」第九屆第七次理監事會，我在會中發表〈不連任、不提名聲明書〉，但全體理監事堅持要我接受提名連任，只好從善如流，接受承擔。

△九月十六日，下午參加由校長楊泮池教授主持的「退休人員茶會」，我的任務是報告「台大退聯會」概況並積極「招兵買馬」。

△九月十七日，率台大退休人員一行40人，到台中清水參訪「天帝教天極行宮」。

△九月到十月間，退聯會、聯合服務中心，工作和值班都照常，多的時間寫作、運動，日子好過，天下已不可為，就別想太多了。

△十一月四日，主持「台大退聯會」第九屆第八次理監事會，也是為下月二日年度

會員大會的籌備會，圓滿完成。

十二月二日，主持「台灣大學退休人員聯誼會」第九屆2014會員大會，所提名十五位理事、五位監事全數投票通過，成為下屆理監事。

△十二月十三日，下午參加《陸官44期同學理監事會》，會後趕回台大參加社團幹部座談、餐會。

△十二月十四日，三軍軍官俱樂部參加「中華民國新詩學會」理監事會。

△台大秘書室志工午餐（在鹿鳴堂），到有：叢曼如、孫茂鈴、郭麗英、朱堂生、吳元俊、吳信義、孫洪法、鄭美娟、簡碧惠、王淑孟、楊長基、宋德才、陳蓓蒂、許詠婕、郭正鴻、陳美玉、王來伴、蘇克特、許文俊、林玟妤來賓和筆者共21人。

△關於民一〇二、一〇三年重要工作行誼記錄，另詳見《台灣大學退休人員聯誼會第九任理事長記實》一書，文史哲出版。

民國一〇四年（二〇一五）六十四歲

△元月六日，主持「台大退休人員聯誼會」第十屆理監事，在校本部第二會議室開會投票，我連任第十屆理事長。

△關於民一〇四、一〇五年重要工作行誼記錄，詳見《台灣大學退休人員聯誼會第十任理事長記實暨2015 2016事件簿》（計畫出版）為準。